Cara

a

Cara

ENCUENTROS CON DIOS

Cara a Cara

BILL JOHNSON

CASA
CREACIÓN

La mayoría de los productos de Casa Creación están disponibles a un precio con descuento en cantidades de mayoreo para promociones de ventas, ofertas especiales, levantar fondos y atender necesidades educativas. Para más información, escriba a Casa Creación, 600 Rinehart Road, Lake Mary, Florida, 32746; o llame al teléfono (407) 333-7117 en Estados Unidos.

Encuentros con Dios cara a cara por Bill Johnson
Publicado por Casa Creación
Una compañía de Charisma Media
600 Rinehart Road
Lake Mary, Florida 32746
www.casacreacion.com

Traducido por: www.pica6.com (con la colaboración de Salvador Eguiarte D.G.)
Diseño de la portada: Justin Evans
Director de Diseño: Justin Evans

Visite la página web del autor: www. ibethel.org

Library of Congress Control Number: 2018961939
ISBN: 978-1-62999-416-1
E-book: 978-1-62999-421-5

Porciones de este libro fueron previamente publicadas por Casa
Creación en el libro *Cara a cara con Dios*, ISBN 978-1-59979-404-4,
copyright 2008.

Impreso en los Estados Unidos de América
19 20 21 22 23 * 5 4 3 2 1

Introducción
UNA VIDA DEDICADA A ALBERGAR LA PRESENCIA DE DIOS

¿SABÍA QUE USTED tiene el mismo acceso a Dios el Padre que el que tiene Jesús? *Encuentros con Dios cara a cara* es un devocional de 365 días basado en mi libro *Cara a cara con Dios*. La meditación de cada día contiene un versículo de la Escritura, una lectura breve del libro, un punto sobre el cual reflexionar y espacio para anotar sus pensamientos.

Mucho del contenido de este devocional y del libro al que acompaña, *Cara a cara con Dios*, fue el primero en ser presentado en nuestra iglesia alrededor de 2002. Predicar acerca de este tema me asustaba, por todas las razones correctas. Esta fue la única vez en mi vida en la que temblé durante días después de predicar un mensaje. Se convirtió en toda mi vida, la vida que me he propuesto vivir, una vida dedicada a descubrir y albergar la presencia de Dios. Perseguir esa meta ha sido costoso, pero eso no evitó que se fijara más y más en mí como la única razón para estar vivo.

Si usted desea crecer en intimidad con Dios y desarrollar un sentido más fuerte de aprecio por su presencia y favor, si usted desea profundizar en su relación con Dios por medio de procurar su presencia y favor, o si ha leído *Cara a cara con Dios* y desea continuar la jornada espiritual que usted inició a través de ese libro, ¡este libro es para usted!

Día 1
LA JORNADA COMIENZA

*Mas buscad primeramente el reino de Dios y su
justicia, y todas estas cosas os serán añadidas.*
—MATEO 6:33

EL AIRE ESTÁ grávido de posibilidades; ¿puede sentirlo? El cielo mismo está anhelando invadir el plano natural. Quizá tinieblas cubran la Tierra, pero la gloria de Dios sobre su pueblo se está volviendo más y más palpable, trayendo esperanza a las situaciones más desesperadas. ¿Y qué es lo que Dios está desvelando en este día? Es una época de encuentros divinos, por lo menos para los que *procurarán* lo que esta revelación pone a nuestra disposición. ¿Está listo para buscarlo?

PUNTO PARA MEDITAR

*Hoy es el primer día en mi búsqueda de más
de la presencia de Dios en mi vida.*

REFLEXIÓN PERSONAL

_____

_____

_____

_____

_____

_____

_____

_____

Día 2
SABIDURÍA Y REVELACIÓN

Para que el Dios de nuestro Señor Jesucristo, el Padre de gloria, os dé espíritu de sabiduía y de revelación en el conocimiento de él.
—**Efesios 1:17**

En su búsqueda de Dios es importante entender que el espíritu de sabiduría y de revelación no le es dado para hacerlo más inteligente, sino para que esté más consciente de las realidades invisibles. El propósito del Espíritu o de la unción es darle sabiduría y revelación *en el conocimiento de Él.* Opera no meramente para incrementar su conocimiento de principios del Reino, sino que también revela al Rey mismo. La presencia siempre gana sobre los principios. Cuando usted tiene un encuentro con su presencia divina, sucede una transformación que va más allá de meramente buenas ideas; es una transformación que primero sucede *dentro de usted* para que usted pueda provocar una transformación a su alrededor. ¿Cree que encontrar su presencia tiene prioridad sobre entender los principios del Reino?

Punto para meditar

Pongo todo lo que sé acerca de Dios a un lado con el fin de buscarlo al máximo y permitirle transformar mi vida para su gloria.

Reflexión personal

_____

_____

_____

_____

_____

Día 3
EL TESORO DE LA VERDAD DE DIOS

Si como a la plata la buscares, y la escudriñares
como a tesoros, entonces entenderás el temor de
Jehová, y hallarás el conocimiento de Dios.
—Proverbios 2:4-5

DIOS ESTÁ ABRIENDO el tesoro de su verdad y soltándolo sobre toda la humanidad de maneras extraordinarias. Como dolores de parto que marcan el tiempo del alumbramiento, hay cosas que están siendo soltadas en conocimiento de revelación que han sido preservadas a través de los siglos para esta hora en particular. En otras palabras, este incremento exponencial en sabiduría y revelación está siendo precipitado por el día que Dios está soltando en nuestro tiempo en la historia. No estoy hablando acerca de nuevos libros de la Biblia u otros escritos sagrados. Estoy hablando de que el Espíritu Santo desate las mismas Escrituras que usted tiene en sus manos. ¿Cómo responde a lo que Dios le revela en las páginas de la Escritura? ¿Cree que estos tesoros están disponibles para usted?

Punto para meditar

Recibo el Espíritu de sabiduría y de revelación para
que pueda entender cada aspecto de lo que Dios
me está diciendo hoy a través de su Palabra.

Reflexión personal

_____

_____

_____

_____

Día 4
GUSTE Y VEA

Gustad, y ved que es bueno Jehová.
—SALMOS 34:8

L CORAZÓN PARA buscar a Dios es dado a luz en nosotros por Dios mismo. Como todos los deseos, no es algo que se pueda legislar o forzar, sino que más bien crece dentro de nosotros a medida que somos expuestos a la naturaleza de Dios. Él genera un apetito en nosotros por Él mismo por medio de prodigarnos con la realidad de su bondad: su gloria irresistible. El amor de Dios por su pueblo va más allá de la comprensión y la imaginación. Él está por nosotros, no en contra de nosotros. Dios es bueno cien por ciento del tiempo. Estas realidades arden profundamente en los corazones de todos los que simplemente se toman el tiempo de contemplarlo. ¿Cuándo fue la última vez que usted experimentó la realidad de su bondad de tal manera que su deseo por buscar a Dios se intensificó? ¿Cómo respondió a este deseo?

PUNTO PARA MEDITAR
Necesito más de la revelación de la bondad
de Dios para ser atraído a Él.

REFLEXIÓN PERSONAL

_____

_____

_____

_____

_____

_____

Día 5
TRANSFORMADO A SU IMAGEN

Por tanto, nosotros todos, mirando a cara descubierta como en un espejo la gloria del Señor, somos transformados de gloria en gloria en la misma imagen, como por el Espíritu del Señor.
—2 Corintios 3:18

PABLO DESCRIBE EL lugar de contemplación de Dios como el centro absoluto del nuevo pacto al que hemos sido introducidos. El impulso que conduce la vida del creyente no es la necesidad de hacer cosas para Dios, sino tener comunión con Él. Solamente cuando percibimos el rostro de Aquel en cuya imagen fuimos hechos conocemos quiénes somos y a Aquel para quien fuimos hechos. Y a causa de quién es Él, contemplarlo y permanecer sin cambiar es imposible. A medida que nos infecta con su presencia, somos atraídos a una misión en curso por Aquel que nos anhela. La misión es simplemente volvernos más y más capaces de verlo en su plenitud. ¿La necesidad de hacer cosas para Dios impulsa su pensamiento y su comportamiento en alguna medida? ¿Diría que usted encuentra su identidad en el rostro de Cristo o en lo que hace para Él?

Punto para meditar
Ver verdaderamente a Dios es ser cambiado por Él y volverse más como Él.

Reflexión personal

_____

_____

_____

_____

Día 6
LA MANIFESTACIÓN DE CRISTO

…el que me ama, será amado por mi Padre, y
yo le amaré, y me manifestaré a él.
—Juan 14:21

EL GRADO CON el que usted percibe el rostro de Dios corresponde directamente con el grado en el que usted se ha rendido a la obra de transformación del Espíritu Santo para hacerlo a la imagen de Cristo. La pregunta es si estará satisfecho solamente con una transformación parcial o si será cautivado por quién es Él de tal manera que le permita matar en usted todo lo que lo inhiba de convertirse en una manifestación madura de Cristo. ¿Cuáles son las marcas de una manifestación madura de Cristo, y por qué son atractivas? ¿Cree que le han sido prometidas según se rinde a la obra del Espíritu?

DECLARACIÓN

Me rindo completamente a la obra de transformación del
Espíritu Santo para hacerme a la imagen de Cristo.

REFLEXIÓN PERSONAL

_____

_____

_____

_____

_____

_____

_____

_____

Día 1
EL MEJOR TRATO DE TODOS
Porque para mí el vivir es Cristo.
—FILIPENSES 1:21

ESTA BÚSQUEDA POR su rostro es la búsqueda máxima. Pero para abrazar la búsqueda del rostro de Dios, usted debe estar listo para morir. Por lo tanto, esta búsqueda no es una jornada para pusilánimes. Es demasiado costoso hacer esta búsqueda solo por curiosidad. Quizá se esté preguntando, ¿cuál es el costo de buscar su rostro plenamente? Debo advertirle: cuesta todo. En realidad, lo que uno obtiene a cambio hace que el precio que uno paga sea vergonzosamente pequeño en comparación. La conclusión es que uno da todo de sí para obtener todo de Él. Nunca ha existido un mejor trato. Cuando uno realiza el intercambio, descubre que lo que solía importar ya no lo hace más. La vida sin pasión da paso a una vida de temerario abandono. No solo todo lo que en su vida es inconsistente con el Reino de Dios comienza a morir en el momento que se encuentra con Él, sino que la realidad superior y sobrenatural de su Reino comienza a cobrar vida en usted. No es posible encontrar a Alguien tan abrumador y mantener el estado actual de las cosas. ¿Está listo para dejarlo todo y correr en pos de Él con un abandono temerario?

PUNTO PARA MEDITAR

*Estoy dispuesto a dejar que todo acerca de mí muera
para poder conocerlo más plenamente y experimentar
el poder de su Espíritu dentro de mí.*

REFLEXIÓN PERSONAL

_____

_____

Día 8
NO SE LO PIERDA

Dios, Dios mío eres tú; de madrugada te buscaré; mi alma tiene sed de ti, mi carne te anhela, en tierra seca y árida donde no hay aguas.
—SALMOS 63:1

ESTA JORNADA ES tan sagrada, tan consumidora de todo, que muy pocos responden a su llamado. Mientras que las semillas de esta búsqueda se encuentran en el corazón de cada hombre, mujer y niño, la mayoría parece estar entumecido a su existencia. Muchas cosas operan para ahogar su deseo de buscar el rostro de Aquel en cuya imagen usted fue creado. Sea que se sienta abrumado por los vientos prevalecientes del razonamiento secular o el dolor de la decepción religiosa, tales fuerzas lo llevan a abandonar la búsqueda máxima y rendirse al otro impulso que ha infectado al hombre desde la caída: el impulso de esconderse de Dios. ¿Ha permitido que las distracciones y el engaño ahoguen su deseo por Dios o que lo lleven a esconderse de Él?

PUNTO PARA MEDITAR
Yo recibo la sabiduría de Dios y su gracia para reconocer las cosas que me impiden que vaya en pos de Él.

REFLEXIÓN PERSONAL

_____

_____

_____

_____

_____

_____

Día 9
NO SE CONFORME CON MENOS

Bienaventurados los que tienen hambre y sed
de justicia, porque ellos serán saciados.
—MATEO 5:6

L A BÚSQUEDA FINAL de su rostro es bastante realizable y dentro de su alcance. Es tan inclusivo que el niño más pequeño puede venir. Cualquier otra jornada y cualquier otra ambición palidecen en comparación. Uno podría decir que este desafío le añade significado y definición a todas las demás búsquedas de la vida. Los que responden a la invitación encuentran poco más por lo cual vivir. Los que dicen que no, pasan la vida buscando un reemplazo adecuado. Y no hay alguno que se pueda encontrar, en ningún lado. ¿Se ha sentido satisfecho con una vida según el estado normal de las cosas o con una transformación parcial a la imagen de Cristo? ¿Tiene hambre de más? ¡Es momento de que su corazón sea cautivado por quién es Él!

PUNTO PARA MEDITAR

Sé que voy en pos del propósito mismo por el que fui hecho, y
me rehúso a conformarme con sustitutos o reemplazos.

REFLEXIÓN PERSONAL

_____

_____

_____

_____

_____

_____

_____

RESPONDA AL LLAMADO

Mas los sacerdotes levitas [...] se acercarán para
ministrar ante mí, y delante de mí estarán para ofrecerme
la grosura y la sangre, dice Jehová el Señor.
—EZEQUIEL 44:15

EN MI VIDA la búsqueda por encuentros profundos con Dios comenzó cuando le dije que sí a su llamado sobre mi vida. No era un llamado al ministerio. Era un llamado a Dios mismo. Sucedió en 1971 cuando mi papá, quien también era mi pastor, dio un mensaje sobre Ezequiel 44 acerca de nuestra ministración al Señor en acción de gracias, alabanza y adoración. Nos enseñó que hay una diferencia entre ministrar a Dios y ministrar a la gente. El ministerio a Dios es la responsabilidad más importante de todas, y está disponible a cada creyente. Este llamado a la adoración no se trata de música, instrumentos o equipos de alabanza. Hasta donde respecta a la música, ni siquiera las grandes canciones escritas *acerca* de Él son apropiadas; uno necesita canciones que le pueda cantar *a* Él. Se trata de ministrar directamente al Señor en su presencia real. ¿Lo ha sentido llamándolo a este ministerio? ¿Cómo va a responder?

PUNTO PARA MEDITAR

Respondo al llamado a ministrar al Señor en verdadera adoración.

REFLEXIÓN PERSONAL

_____

_____

_____

_____

Día 11
ESTE ES TU MOMENTO

Ministrando éstos al Señor, y ayunando, dijo el Espíritu Santo:
Apartadme a Bernabé y a Saulo para la obra a que los he llamado.
—HECHOS 13:2

COMO HA LEÍDO en los primeros días de esta jornada para buscar el rostro de Dios, mi oración es que haya sido estimulado más allá de cualquier cosa que haya sentido antes. Aunque no es típico hacer un llamado al altar en un libro devocional, quiero desafiarlo a responder justo ahora en este momento. Justo donde se encuentra mientras está leyendo esto, ore: "Padre celestial, te doy el resto de mi vida para que me enseñes esto".

Esta fue la oración que hice en 1971. Fue mi momento. Ya le había dado mi vida a Cristo de una manera en la que no le retuve nada. Pero ahora estaba diciendo que en mi rendición a Cristo tenía una agenda específica la cual tenía más peso que cualquier otra: mi ministración al Señor mismo. ¿Ha hecho esta oración, u otra semejante? Si lo ha hecho, le puedo prometer que su vida jamás será la misma.

PUNTO PARA MEDITAR

Pasaré el resto de mi vida en pos de una sola cosa: ministrar a Dios.

REFLEXIÓN PERSONAL

_____

_____

_____

_____

_____

_____

Día 12
PREPÁRESE PARA MÁS

Porque sacia al alma menesterosa, y llena
de bien al alma hambrienta.
—SALMOS 107:9

REO QUE EL Señor ya comenzó a responder rápidamente a su estilo de vida de abandono a su presencia por medio de confirmar, por medio de una revelación que está desplegándose, que este es en realidad el propósito para el que lo hizo y lo redimió. La Escritura está saturada con el tema de que fuimos hechos para una relación que nos permite conocer por experiencia al Dios sobrenatural que nos creó, y pronto se volverá evidente para usted que los encuentros que Dios tuvo con la gente de la Biblia no estaban reservados solo para los de esa época. Los encuentros de esa magnitud de hecho comenzarán a parecer posibles, incluso probables, de nuevo. Quizá nunca ha pensado calificar para nada extraordinario. Me siento de la misma manera acerca de mí mismo. De hecho, es perfecto porque todo se trata de Él de todos modos. Todo lo que necesita saber es que Él lo ama, y, a su vez, se encontrará cada vez más hambriento de Él. ¿Cree que Dios desea hacer su presencia evidente en y a través de su vida?

PUNTO PARA MEDITAR

Dios me da revelaciones de lo que está disponible
para mí por medio de encuentros divinos en las
Escrituras, en la historia y alrededor de mí.

REFLEXIÓN PERSONAL

———————————————————————

———————————————————————

———————————————————————

Día 13
SIGA EN POS DE DIOS
Está mi alma apegada a ti.
—SALMOS 63:8

EN MI BÚSQUEDA personal por más poder y unción en mi vida, he viajado a muchas ciudades donde Dios estaba visitándolas de maneras inusuales y notables. Algunas personas les restan importancia a tales búsquedas diciendo: "Se supone que las señales y maravillas lo deben seguir a uno, no que uno las siga". Mi perspectiva es un poco distinta: *Si no lo están siguiendo, sígalas hasta que lo sigan.* Dios ha utilizado mis experiencias en tales lugares para prepararme para encuentros transformadores en casa. Después de un viaje semejante en 1995 clamé a Dios durante meses: "¡Dios, quiero más de ti a cualquier costo! ¡Pagaré cualquier precio!". Luego, una noche Dios vino en respuesta a mi oración. Lo animo a que lea acerca de mi poderoso encuentro con Dios en mi libro *Cara a cara con Dios.* Fue la experiencia más abrumadora de mi vida. Fue poder puro. Era Dios. Había venido en respuesta a la oración que había estado haciendo. ¿Y usted? ¿Cree que Dios le responderá si usted busca su rostro?

PUNTO PARA MEDITAR
Seguiré en pos de las señales y maravillas de Dios hasta que me sigan.

REFLEXIÓN PERSONAL

_____

_____

_____

_____

_____

Día 14
HAMBRIENTO POR MÁS

Como el ciervo brama por las corrientes de las
aguas, así clama por ti, oh Dios, el alma mía.
—Salmos 42:1

¿LE HA PEDIDO a Dios que le revele más de sí mismo sin importar el costo? No hay manera correcta o equivocada de hacerlo. Simplemente confiese su hambre y sed por Él. En 1995 no estaba seguro de la manera correcta de orar, ni entendía la teología detrás de mi solicitud porque sabía que Él ya moraba en mí como resultado de mi conversión. Todo lo que sabía es que estaba hambriento por Dios. Hubo momentos en los que incluso me desperté en la noche porque en mis sueños estaba pidiendo más. Mi poderoso encuentro con Dios a mediados de la década de 1990 no vino en la manera en la que esperaba, aunque no podría decirle qué era lo que esperaba. Fue una experiencia gloriosa, porque fue Él. Pero no fue gratificante en ningún sentido natural. ¿Está listo para recibirlo, incluso si no es lo que esperaba?

Punto para meditar

Estoy hambriento por más de la presencia de Dios en mi vida.

Reflexión personal

_____

_____

_____

_____

_____

_____

Día 15
DESPÍDASE DE LA RESPETABILIDAD

Pero cuando el arca del pacto de Jehová llegó a la ciudad de David, Mical, hija de Saúl, mirando por una ventana, vio al rey David que saltaba y danzaba; y lo menospreció en su corazón.
—1 Crónicas 15:29

QUIZÁ PARA ESTE momento ya se dio cuenta de que su petición por más de Dios conlleva un precio. En 1995 mientras clamaba por más de Dios, fui invadido por el conocimiento de que Dios quería hacer un intercambio: una manifestación mayor de su presencia a cambio de mi dignidad. Después de todo, yo *había* orado: "A cualquier precio". Una noche, en medio de mis lágrimas, clamé: "Más, Dios. ¡Más! Si pierdo respetabilidad y te obtengo a ti a cambio, con gusto haré ese intercambio. ¡Solo dame más de ti!". ¿Está dispuesto a sacrificar su respetabilidad con el fin de tener más de Dios y ser más como Él?

Punto para meditar

La respetabilidad no puede llenar el deseo de mi corazón; solamente mayores medidas de la presencia de Dios me satisfarán.

Reflexión personal

_____

_____

_____

_____

_____

_____

Día 16
EL PROPÓSITO DE LOS ENCUENTROS DIVINOS

*Cuando Moisés entraba en el tabernáculo, la
columna de nube descendía y se ponía a la puerta
del tabernáculo, y Jehová hablaba con Moisés.*
—Éxodo 33:9

ALGUNAS PERSONAS QUIZÁ se pregunten qué producen los encuentros divinos en nuestra vida. Es difícil de explicar exactamente cómo uno conoce el propósito de los encuentros divinos. Todo lo que puedo decirle es que uno *simplemente sabe*. Usted conoce su propósito con tanta claridad que cualquier otra realidad se desvanece en las sombras, a medida que Dios pone su dedo en lo único que le interesa a Él. Algunas de las cosas más importantes que nos sucedieron durante estos tiempos son las más difíciles de explicar a otros; sin embargo, son innegablemente de Dios. La persona que tiene el encuentro sabe, y eso es lo que más importa. ¿Está dispuesto a abrazar un encuentro con Dios, aunque solo pueda conocer su propósito en su corazón y no en su cabeza?

PUNTO PARA MEDITAR

*No voy a pensar de más lo que Dios está haciendo; voy a abrazar
su obra en mi vida y a permitir que cumpla con su propósito.*

REFLEXIÓN PERSONAL

_____

_____

_____

_____

LOS ENCUENTROS DIVINOS NOS CAMBIAN

Cuando venía Moisés delante de Jehová para hablar con él, se quitaba el velo hasta que salía [...] la piel de su rostro era resplandeciente...
—ÉXODO 34:34-35

PIENSE EN JACOB y el encuentro donde luchó con un ángel a lo largo de la noche. Cojeó el resto de su vida después de ese encuentro con Dios. Y luego tenemos a María, la madre de Jesús. Ella tuvo una experiencia con Dios que ni siquiera su prometido creía era verdad. Requirió la visita de un ángel para ayudarlo a cambiar de opinión. Como resultado, ella dio a luz al Cristo; aunque llevó un estigma por el resto de sus días como la madre de un hijo ilegítimo. A medida que considere estas historias, algo debe quedar claro: desde la perspectiva desde la Tierra, el favor de Dios algunas veces luce distinto que desde la perspectiva del cielo. ¿En qué forma, considerar nuestras circunstancias desde una perspectiva celestial, podrá cambiar lo que percibimos?

PUNTO PARA MEDITAR

Me enfocaré en la perspectiva del cielo y dejaré que mi búsqueda por Dios cambie mi vida.

REFLEXIÓN PERSONAL

_____

_____

_____

_____

Día 18
LA MISMA TALLA NO LES QUEDA A TODOS

*Pues el hombre mira lo que está delante de sus
ojos, pero Jehová mira el corazón.*
—1 SAMUEL 16:7

OMO USTED HA escogido leer este libro, supongo que está buscando experimentar un encuentro cara a cara con Dios. Si estudia tales encuentros en las Escrituras y en los testimonios de los santos, descubrirá que los encuentros cara a cara con Dios con frecuencia son distintos entre sí. Él se revela a nosotros de acuerdo con sus propósitos, y algunas veces adecúa la manera en que lo hace según lo que ve en los corazones de las personas. Moisés lo encontró en una zarza ardiente. Pablo fue derribado por una luz cegadora. Sin importar la forma en la que vengan, tales experiencias tienen una cosa en común: hacen que sea casi imposible para las personas seguir su vida como antes de tenerlas. ¿Su búsqueda por el rostro de Dios lo ha cambiado ya? ¿De qué maneras?

PUNTO PARA MEDITAR

*Sé que Dios me conoce mejor de lo que me conozco a mí
mismo, y Él se me revelará de la manera que más lo necesito.*

REFLEXIÓN PERSONAL

_____

_____

_____

_____

_____

Día 19
OBTENER A DIOS A CAMBIO

Pero cuantas cosas eran para mí ganancia, las he
estimado como pérdida por amor de Cristo.
—Filipenses 3:7

CAMBIAR CUALQUIER COSA por más de Dios en realidad es el mejor trato alguna vez ofrecido a la humanidad. ¿Qué posiblemente pueda yo tener que pueda igualarse a esta relación costo-beneficio? Sé que muchos dicen que el avivamiento es costoso. Y lo es. Pero cuando lo recibo a Él a cambio, encuentro difícil sentirme noble por lo que he pagado. Muchos oran y estudian acerca del avivamiento, pero luego se lo pierden cuando viene. No están dispuestos a pagar el precio. Pero el avivamiento solamente cuesta en el aquí y en el ahora; la ausencia de avivamiento costará a lo largo de la eternidad. ¿Su deseo por avivamiento le ha costado algo? Si es así, ¿cómo?

Punto para meditar

Voluntariamente rindo todo lo que tengo a Dios a medida
que Él me prepara para ser un catalizador de avivamiento.

Reflexión personal

_____

_____

_____

_____

_____

_____

_____

Día 20
NO TODOS LO ENTENDERÁN

Porque a vosotros os es dado saber los misterios del reino de los cielos;
mas a ellos no les es dado. Porque a cualquiera que tiene, se le dará,
y tendrá más; pero al que no tiene, aun lo que tiene le será quitado.
—MATEO 13:11-12

In 1996 me convertí en el pastor de la iglesia Bethel Church de Redding, California, y un mes después comenzó un derramamiento del Espíritu de Dios. Las vidas fueron cambiadas, los cuerpos sanados y los encuentros divinos incrementaron en proporciones asombrosas, junto con las manifestaciones inusuales que parecían acompañar el avivamiento. Cuando esto sucedió, aproximadamente mil personas se fueron de la iglesia. No era el tipo de avivamiento que querían. Entendía que era difícil para personas con tal opinión coexistir felizmente con la perspectiva que yo mantenía, de que debemos tomar lo que sea que Él nos dé hasta que nos dé algo más. Apliquemos esta experiencia a su vida. ¿Alguna vez ha considerado que algunas personas se distanciarán si no abrazan lo que Dios está haciendo en y a través de usted?

PUNTO PARA MEDITAR
He decidido que lo que Dios piensa es más
importante que lo que piensa la gente.

REFLEXIÓN PERSONAL

_____

_____

_____

_____

D^{ia} 21
VIVIR EN GRACIA SOBRENATURAL

Y sabemos que a los que aman a Dios, todas las cosas les ayudan
a bien, esto es, a los que conforme a su propósito son llamados.
—ROMANOS 8:28

POCAS COSAS SON más devastadoras para los pastores que cuando la gente se va de la iglesia. Con frecuencia se siente como rechazo. Sin embargo, en la extraña temporada de éxodo en nuestros primeros días en Bethel, mi esposa y yo fuimos inmunes a la devastación. Usualmente eso solo es posible si su corazón se encuentra encallecido al punto de que nadie lo puede afectar negativa o positivamente, o si está en negación con respecto al impacto que tal pérdida está causando en su corazón. Gracias a Dios, existe otra posibilidad: que Dios de hecho le haya dado una gracia sobrenatural de vivir en una forma opuesta a sus circunstancias. ¿Alguna vez ha experimentado este tipo de gracia de Dios que le permite vivir en la paz de saber que usted lo está obedeciendo, incluso cuando los que están a su alrededor no lo entienden?

PUNTO PARA MEDITAR

Mi mente se encuentra tranquila porque sé que Dios está
haciendo que todas las cosas nos ayuden a bien.

REFLEXIÓN PERSONAL

_____

_____

_____

_____

_____

_____

Día 22
DIOS LO ESTÁ PREPARANDO

Mas el que nos hizo para esto mismo es Dios, quien
nos ha dado las arras del Espíritu.
—2 Corintios 5:5

En esos primeros días en Bethel, por la gracia que nos fue dada, no pasamos ni un día en desánimo o cuestionando a Dios. Nuestro alimento en realidad era hacer su voluntad. Brindaba toda la nutrición y fuerza que necesitábamos. Además, su presencia era la recompensa. Las críticas públicas y las calumnias, la humillación de tener cada vez menos personas, las llamadas diarias de queja a nuestra denominación durante casi un año; nada de esto realmente nos afectaba. La necesidad de respetabilidad desapareció la noche de mi primera visitación. Dios sabía lo que había estado yaciendo debajo de todo ello cuando me pidió mi respetabilidad a cambio del incremento de la manifestación de su presencia. Fue la benignidad de Dios lo que lo hizo todo posible. ¿Alguna vez ha experimentado este tipo de preparación divina en su vida?

Punto para meditar

Confío en que lo que Dios está haciendo en mí, divinamente
me preparará para lo siguiente a lo que me está llevando.

Reflexión personal

_____

_____

_____

_____

_____

Día 23
LOS TIEMPOS DE PÉRDIDA PUEDEN SER PRECIOSOS

*En ti confiarán los que conocen tu nombre, por cuanto
tú, oh Jehová, no desamparaste a los que te buscaron.*
—SALMOS 9:10

ESE PRIMER AÑO en Bethel, junto con el incremento en la manifestación de su presencia, Dios simplemente hizo que su voluntad fuera demasiado obvia como para dejarla pasar. Con frecuencia le habló a mi equipo o a mí con sueños o visiones. Algunas veces traía una palabra profética que confirmaba o añadía entendimiento a una dirección que estábamos por tomar. Nunca hubo un cuestionamiento. El fruto de este mover de Dios era innegable. Incluía un incremento en la medida de su presencia junto con la recompensa de vidas transformadas. Eso era todo lo que necesitábamos para hacernos sonreír frente a tal aparente pérdida. Hasta hoy consideramos ese tiempo de nuestra mayor pérdida como la temporada más preciosa y deleitosa de nuestra vida. ¿Han existido momentos de pérdida en su vida cuando Dios se ha vuelto más real para usted que nunca?

PUNTO PARA MEDITAR

*Sé que puedo contar con que Dios será fiel sin
importar la estación en la que esté.*

REFLEXIÓN PERSONAL

_____

_____

_____

LAS SEÑALES DE SU FAVOR

Porque tú, oh Jehová, bendecirás al justo; como
con un escudo lo rodearás de tu favor.
—SALMOS 5:12

CUANDO DIOS INVADE su vida las cosas cambian. No solo eso, sino que el impacto de su vida en el mundo también cambia. La medida de la gloria de Dios que descansa en su vida después de estos encuentros divinos inusuales afecta a cada persona que usted toque. Lo sobrenatural se vuelve natural a medida que Dios toma el centro del escenario en los lugares donde usted tiene influencia. Cuando su gloria está presente, las cosas por las que solía trabajar duro, como los milagros de sanidad y la transformación en la vida personal de la gente y las familias, vendrá con poco o nada de esfuerzo. ¿Alguna vez lo ha visto comenzar a moverse en su vida para hacer que lo sobrenatural se vuelva natural?

PUNTO PARA MEDITAR

Estoy esperando que el favor de Dios y su gloria hagan
su obra de maneras asombrosas en mi vida.

REFLEXIÓN PERSONAL

_____

_____

_____

_____

_____

_____

_____

Día 25

EL ROSTRO DE DIOS
BRILLA SOBRE USTED

*Levántate, resplandece; porque ha venido tu luz, y
la gloria de Jehová ha nacido sobre ti.*
—Isaías 60:1

Proverbios 16:15 dice: "En la alegría del rostro del rey está la vida, y su benevolencia es como nube de lluvia tardía". La Escritura describe a esos individuos cuyas vidas están marcadas por el poder y la bendición del Dios viviente como aquellos sobre quienes *brilla el rostro de Dios*. El rostro de Dios está hacia su pueblo, y el resultado es que sus vidas están marcadas por su favor. Ahora es la temporada en la que todo aquel que confiese a Cristo debe darle atención al papel del favor de Dios en nuestra vida. ¿Alguna vez le ha pedido favor a Dios? ¿Está seguro de lo que significa?

Punto para meditar

A medida que busco el rostro de Dios, su luz
brilla sobre mí, revelando su gloria.

Reflexión personal

_____

_____

_____

_____

_____

_____

_____

Día 26
EL FAVOR DE SU ROSTRO

Ahora vemos por espejo, oscuramente; mas
entonces veremos cara a cara.
—1 Corintios 13:12

EL CORAZÓN PARA buscar a Dios es dado a luz en nosotros por Dios mismo. Como todos los deseos, no es algo que pueda ser legislado o forzado, pero crece dentro de usted a medida que pone en práctica: "Gustad, y ved que es bueno Jehová" (Salmos 34:8). Aunque se le ha dado la capacidad de percibir la bondad de Dios en el Espíritu por medio del nuevo nacimiento, esa capacidad es algo que se debe desarrollar a lo largo de su vida. La búsqueda del rostro de Dios tiene dos dimensiones centrales: la búsqueda de su presencia y la búsqueda de su favor. Durante los siguientes días exploraremos la búsqueda de su presencia y luego tomaremos varios días para considerar la búsqueda de su favor. ¿Está listo para verlo cara a cara?

Punto para meditar

Sigo creciendo en mi comprensión de la bondad
de Dios a medida que busco su rostro.

Reflexión personal

_____

_____

_____

_____

_____

_____

_____

Día 27
MAYORES MEDIDAS DE SU PRESENCIA

Porque el que Dios envió, las palabras de Dios habla;
pues Dios no da el Espíritu por medida.
—Juan 3:34

Buscar la presencia de Dios no se trata de intentar llevar al Señor a que haga algo. Él ya le ha dado su Espíritu Santo sin medida. Todas las medidas son establecidas desde su lado de la ecuación, determinadas por el grado en el que su vida está en acuerdo con Dios y su Reino. La Escritura le da algunas claves específicas acerca de cómo puede traer su vida a un mayor acuerdo con Dios y "albergar" mayores medidas de su presencia. Significativamente, todas estas medidas corresponden con verdades más profundas acerca de quién es Dios. Si usted quiere llevar su vida en acuerdo más pleno con Dios y su Reino, lo principal que necesita es una convicción ardiente de que *Dios es bueno*. ¿Qué cosas está haciendo para llevar su vida a un acuerdo pleno con Dios?

Punto para meditar

Pondré mi vida en completo acuerdo con Dios
y recibiré tanto de Él como pueda.

Reflexión personal

_____

_____

_____

_____

_____

_____

Día 28
LA PRESENCIA DE DIOS EN LA CREACIÓN

...todas las cosas en él subsisten.
—COLOSENSES 1:17

OTRA REVELACIÓN FUNDAMENTAL acerca de la presencia de Dios es que el Señor de hecho sostiene todas las cosas. Lea Colosenses 1:17 arriba. La palabra traducida aquí como *subsisten* significa "sostener unidas". El panteísta adora todas las cosas, porque cree que todas las cosas son Dios. Aunque es loco adorar un árbol como Dios, es correcto caer en cuenta de que Dios sostiene cada célula de ese árbol en su lugar. Él está en todos lados. Y como no puedo imaginar un lugar donde no esté, igualmente puedo imaginarlo conmigo. Esta verdad acerca de Dios me trae a una medida de consciencia de su presencia. ¿Alguna vez había pensado en este nivel de consciencia de la presencia de Dios?

PUNTO PARA MEDITAR

Cualquier lugar al que vaya en esta Tierra, Dios ya está allí.

REFLEXIÓN PERSONAL

_____

_____

_____

_____

_____

_____

_____

Día 29
LA PRESENCIA DE DIOS EN SUS HIJOS

¿O ignoráis que vuestro cuerpo es templo del Espíritu Santo, el cual
está en vosotros, el cual tenéis de Dios, y que no sois vuestros?
—1 Corintios 6:19

UNA VERDAD MÁS profunda acerca de la presencia de Dios es que ha venido a vivir en cada persona que recibe a Jesucristo por medio de su obra en la cruz como el pago necesario por el pecado. En un sentido, ya estaba en mí como Aquél que sostiene mis células en su lugar. Pero cuando lo recibí, viene para hacer de mi cuerpo su templo; la morada eterna de Dios. Ha venido con una medida mayor de su presencia. ¿Cómo está rindiendo su cuerpo a la voluntad de Dios? ¿Qué piensa de la idea de que todo su cuerpo le pertenece a Dios?

PUNTO PARA MEDITAR

Mi cuerpo no es mío; es su morada, y me rindo a hacer su voluntad.

REFLEXIÓN PERSONAL

_____

_____

_____

_____

_____

_____

_____

_____

Día 30
LA PRESENCIA DE DIOS
EN MEDIO NUESTRO

Porque donde están dos o tres congregados en mi
nombre, allí estoy yo en medio de ellos.
—MATEO 18:20

AVANZAMOS A UNA verdad todavía más profunda cuando aprendemos que siempre que hay dos o tres personas reunidas en el nombre de Dios, Él está en medio. Él ya está en usted como parte de su creación, y Él está en usted como su templo, pero esa medida de su presencia incrementa todavía más cuando se reúne con otros creyentes en su nombre. "En el nombre de Jesús" significa más que la manera de terminar una oración. Es, de hecho, el intento de hacer y ser lo que Él haría y sería en esa situación dada. Reunirse en su nombre significa que su reunión debería verse como cuando Jesús se reunía con la gente hace dos mil años. Si esa es una definición correcta, entonces, ¿cuántas de sus reuniones son verdaderamente *en su nombre?*

PUNTO PARA MEDITAR

Cuando mi vida la vivo en el nombre de Jesús, me
vuelvo una reflexión de su vida y presencia.

REFLEXIÓN PERSONAL

_____

_____

_____

_____

_____

Día 31
LA PRESENCIA DE DIOS
SOBRE SU TRONO

Estás entronizado en las alabanzas de Israel.
—SALMOS 22:3, NTV

EN SALMOS 22:3 David descubrió una verdad maravillosa y todavía más profunda que le añade un grado más a esta revelación de grados crecientes de la presencia de Dios. Su trono es una medida todavía mayor de su presencia. Primero, el Señor sostiene unido su ser con su presencia, luego se muda a su interior para reinar como Dios sobre su vida, después, incrementa su manifestación al hacer que usted se reúna con otros en el nombre de Jesús, y finalmente, su gloria comienza a caer sobre usted a medida que aprende el honor de servirlo a través de acciones de gracias, alabanza y adoración. ¿Tiene el hábito de practicar: "Entrad por sus puertas con acción de gracias, por sus atrios con alabanza", como se instruye en Salmos 100:4?

PUNTO PARA MEDITAR

Mi ministración a Dios me lleva a la sala de su trono donde experimento el mayor grado de su presencia.

REFLEXIÓN PERSONAL

_____

_____

_____

_____

_____

_____

Día 32
SIEMPRE HAY MÁS

…vi yo al Señor […] y sus faldas llenaban el templo.
—Isaías 6:1

Los últimos días de reflexión han brindado el concepto fundamental de que al buscar a Dios por Él la presencia del Señor puede incrementar, y lo hará, en aquellos que se embarquen en esta búsqueda. Al parecer, Isaías se conectó con este entendimiento cuando escribió las palabras de Isaías 6:1 antes mencionadas. La palabra *llenaban* implica que Dios vino a su templo, pero también que *continúo viniendo*. Eso explica por qué aquellos que al parecer tienen una mayor medida de la presencia de Dios en su vida tienden a estar hambrientos por más. ¡Siempre hay más de lo cual estar hambriento! Este no debería ser un concepto difícil de abrazar ya que creemos que Él mismo llena el universo con su presencia. El rey David declaró que el universo, de hecho, es la obra de sus dedos. ¿No es emocionante saber que siempre va a haber más que buscar y descubrir de Dios?

Punto para meditar

Yo sirvo a un Dios realmente grande que tiene mucho más que dar de lo que me puedo imaginar.

Reflexión personal

_____

_____

_____

_____

_____

Día 33
UNA INVITACIÓN A CADA VEZ MÁS DE SU PRESENCIA

...he aquí yo estoy con vosotros todos los
días, hasta el fin del mundo...
—MATEO 28:20

USTED Y YO no podemos vivir en mediocridad, contentos con meramente saber que hay más que podemos experimentar y explorar de Dios, y luego no hacer nada al respecto. Las verdades que no son experimentadas son, en efecto, más teoría que verdades. Siempre que Dios le revele una verdad, lo está invitando a un encuentro divino. Su promesa para estar con usted para siempre tiene que ser más que un versículo que usted cita en momentos difíciles. Su presencia con usted es el factor que podría hacer que su comisión imposible de discipular a naciones se convierta en una orden que puede lograrse. La promesa debe convertirse en una invitación para descubrir esta manifestación cada vez mayor de su presencia en su vida, de modo que usted pueda caminar plenamente en su propósito en la Tierra. ¿Se siente poco cualificado para lo que ha sido llamado? ¿De qué forma saber que Él está con usted cambiará eso?

PUNTO PARA MEDITAR

Estoy listo para experimentar más verdades acerca de
Dios a medida que encuentro más y más de Él.

REFLEXIÓN PERSONAL

_____

_____

_____

CONOCERLO A PARTIR
DE LA EXPERIENCIA

Y yo rogaré al Padre, y os dará otro Consolador,
para que esté con vosotros para siempre.
—JUAN 14:16

¡VAMOS A ESTAR llenos del Espíritu Santo para siempre! Jesús no le puso límites a lo que podemos tener en esta vida, pero estableció un paso que debe ser seguido y no solo admirado religiosamente desde la distancia. Dios debe ser conocido por medio de encuentros. Muchas personas están contentas con vivir el *concepto* de la presencia de Dios en su vida, pero fallan en entrar a la *experiencia* que Dios quería que tuvieran. Cuando me casé con mi esposa no estaba interesado en el concepto o en la teoría del matrimonio. Yo quería experimentar el matrimonio con todos sus privilegios y responsabilidades. ¿Podría decir de su relación con Dios que usted lo conoce a partir de la experiencia o que solamente sabe *acerca* de Él? ¡Es tiempo de experimentarlo hoy!

PUNTO PARA MEDITAR

No voy a descansar hasta que personalmente me haya encontrado con Dios y haya experimentado su presencia en mi vida.

REFLEXIÓN PERSONAL

_____

_____

_____

_____

_____

Día 35
CÓMO SER MAYORDOMO
DE SU PRESENCIA

Examinadlo todo; retened lo bueno. Absteneos de toda especie de mal.
—1 Tesalonicenses 5:21-22

Somos mayordomos de la presencia de Dios por medio de aprender a obedecer dos mandamientos: "No contristéis al Espíritu" (Efesios 4:30), y: "No apaguéis al Espíritu" (1 Tesalonicenses 5:19). Lo contristamos cuando hacemos algo mal; lo apagamos cuando fallamos en hacer lo que está bien o detenemos el fluir del amor y el poder que provienen del Padre. ¿Alguna vez había pensado en la diferencia entre contristarlo y apagarlo? ¿Puede recordar algunas ocasiones en su vida cuando detuvo el fluir de lo que el Espíritu quiere hacer?

Punto para meditar

No detendré el fluir del Espíritu en mi vida, me mantendré totalmente rendido a su obra.

Reflexión personal

_____

_____

_____

_____

_____

_____

_____

_____

UNA VIDA SOBRE LA CUAL REPOSAR

*Vi al Espíritu que descendía del cielo como
paloma, y permaneció sobre él.*
—JUAN 1:32

JESÚS FUE EJEMPLO de cómo podría ser la vida cuando una persona no contrista ni apaga al Espíritu Santo. Es por esta razón que vemos una medida tan grande de la presencia de Dios en la persona de Jesús. Ciertamente Juan 1:32 no está hablando acerca de la presencia del Espíritu Santo que moraba ya dentro de la vida de Jesús. El Espíritu Santo vino a reposar sobre Jesús como evidencia de su fidelidad para ser perfectamente digno de confiarle la presencia de Dios. Lo mismo es cierto para nosotros. El Espíritu Santo vive en cada creyente, pero reposa solo sobre algunos. ¿Por qué? ¡No es porque sea frágil, es porque es santo! Pocas personas le brindan una vida sobre la cual reposar. Aquel cuya vida no está en acuerdo con Dios —qué es lo que Él llama entrar en su reposo— no le está dando un lugar para reposar. ¿Puede Dios confiar en que usted será un lugar de reposo para su Espíritu?

PUNTO PARA MEDITAR

*Quiero ser digno de que se me confíe la presencia
de Dios. Busco vivir en acuerdo con Él para que
su Espíritu pueda permanecer sobre mí.*

REFLEXIÓN PERSONAL

_____

_____

_____

_____

CÓMO CRECER EN FAVOR CON DIOS

Jesús crecía en sabiduría y en estatura, y en
el favor de Dios y de toda la gente.
—LUCAS 2:52, NTV

Jesús también es nuestro ejemplo cuando se trata de perseguir e incrementar en mayor medida el favor de Dios en nosotros, cómo leemos en Lucas 2:52. Esta es verdaderamente una declaración extraordinaria. Jesucristo fue perfecto en todo aspecto; no obstante, también necesitó crecer en el favor de Dios y los hombres. Es más fácil comprender que necesitaba crecer en el favor de toda la gente. Sin duda, el favor le abrió muchas puertas para la vida y el ministerio que de otra manera podrían haber quedado cerradas para Él. Pero ¿cómo es que el Hijo de Dios quien era perfecto en carácter y sin pecado necesitaba obtener más del favor de Dios? Aunque no puedo responder esa pregunta a mi entera satisfacción, sé que la implicación es bastante clara: si Jesucristo necesitaba incrementar en el favor de Dios, usted y yo lo necesitamos mucho más. ¿Está listo para crecer en sabiduría y favor de Dios?

PUNTO PARA MEDITAR

Le agradezco a Dios por mi crecimiento y avance
en la búsqueda de su rostro. Todavía no lo obtengo,
pero tampoco estoy donde solía estar.

REFLEXIÓN PERSONAL

_____

_____

_____

_____

Día 38
CÓMO SEGUIR LAS PISADAS DE JESÚS

Si alguno quiere venir en pos de mí, niéguese a sí mismo,
tome su cruz cada día, y sígame.
—LUCAS 9:23

ES POSIBLE QUE Jesús abrazara una vida que requería crecer en el favor de Dios solamente por *nuestra* necesidad de aprender a hacerlo. Estoy convencido de una cosa: Jesús definitivamente fue ejemplo de la vida cristiana para cada creyente. Él era plenamente Dios, no obstante, dejó a un lado sus privilegios divinos. Todo lo que hizo en esta vida y en su ministerio lo hizo como ejemplo del tipo de vida que Él pondría a disposición de cada uno de nosotros a través de su muerte, resurrección y ascensión. Por causa nuestra nos mostró cómo crecer en el favor de Dios. ¿Está listo para seguir el ejemplo de Jesús y vivir el mismo tipo de vida que Él vivió?

PUNTO PARA MEDITAR

Estoy agradecido por el ejemplo de Jesús del
tipo de vida que he sido llamado a vivir.

REFLEXIÓN PERSONAL

_____

_____

_____

_____

_____

_____

_____

Día 39
¿QUÉ ES FAVOR?

Porque de su plenitud tomamos todos, y gracia sobre gracia.
—JUAN 1:16

PARA CRECER EN favor, primero debe tener favor. Así que, ¿qué es exactamente el favor? Creo que estamos más familiarizados con la idea de que el favor es un trato preferencial que se le muestra a alguien. Denota aceptación, aprobación y agrado. Aunque las palabras griegas y hebreas traducidas como *favor* en la Escritura incluyen estas definiciones, hay una dimensión más profunda de la palabra griega para favor: *charis*. Casi en todas partes en el Nuevo Testamento esta palabra es traducida como *gracia*. La gracia (y el favor) es esencialmente un *regalo*. Es emocionante pensar que el favor de Dios viene sobre nosotros como un regalo por su gracia. ¿Cuáles son algunas de las maneras en que usted ha recibido el regalo de Dios del favor en su vida?

PUNTO PARA MEDITAR

*Le doy gracias a Dios por su favor que me
ha dado como gracia sobre gracia.*

REFLEXIÓN PERSONAL

_____

_____

_____

_____

_____

_____

Día 40
EL FAVOR ES ACCESO A DIOS

Siendo justificados gratuitamente por su gracia,
mediante la redención que es en Cristo Jesús.
—ROMANOS 3:24

SI USTED SE gana el favor de la gente, o cómo se podría decir "está en buenos tratos", tiene acceso a ellos y recibe algo de su parte. Lo mismo sucede con respecto a ganar el favor de Dios, aunque la *charis* que usted recibe de Dios obviamente es diferente del favor que usted recibe de los hombres. Cuando se convirtió, aprendió que la gracia de Dios es su *favor inmerecido* hacia los hombres por medio de la sangre de su Hijo, pero también significa que usted tiene acceso a la presencia de Dios de la misma manera que Jesús. ¿Saber que usted tiene el mismo acceso al Padre que Jesús afecta su manera de pensar y su comportamiento?

PUNTO PARA MEDITAR

El favor inmerecido de Dios significa que tengo acceso a la presencia de Dios de la misma manera que Jesús tiene acceso a Él.

REFLEXIÓN PERSONAL

_____

_____

_____

_____

_____

_____

_____

Día 41

EL FAVOR ES PODER

Bástate mi gracia; porque mi poder se perfecciona en la debilidad.
—2 Corintios 12:9

CADA CREYENTE RECIBE favor de Dios, pero no todos reconocemos las dimensiones adicionales de la *charis* que recibimos. La gracia de Dios también es su poder operativo, la fuerza de su naturaleza. Le da su gracia para empoderarlo con el fin de que usted se vuelva como Cristo. Estos dos aspectos de la gracia de Dios —acceso y poder— lo colocan en la posición de comprender lo que significa crecer en favor para con Dios. En el corazón de crecer en favor hay dos aspectos: (1) la búsqueda de Dios, la práctica de venir delante de Dios a través del "camino nuevo y vivo" (Hebreos 10:20) que Cristo ha puesto a su disposición y (2) recibir, en la presencia de Dios, medidas de su propia naturaleza que lo empoderen para ser hecho conforme a la imagen del Hijo que Él ama. Si crecer en favor es principalmente un asunto de recibir la gracia de Dios para imitar y demostrar su naturaleza y carácter, entonces ¿cuáles son algunas de las señales de una vida de favor divino?

PUNTO PARA MEDITAR

*Deseo buscar a Dios más plenamente y recibir medidas
de su propia naturaleza que me den el poder de
ser hecho conforme a la imagen de su Hijo.*

REFLEXIÓN PERSONAL

_____

_____

_____

_____

CÓMO SER MAYORDOMOS DEL FAVOR DE DIOS

Ahora, pues, si he hallado gracia en tus ojos, te ruego que me muestres ahora tu camino, para que te conozca, y halle gracia en tus ojos; y mira que esta gente es pueblo tuyo.
—ÉXODO 33:13

SI SE NECESITA favor para obtener más favor, y se nos ha dado una medida del favor de Dios por medio de nuestra conversión, eso significa que el tema de crecer en favor es un asunto de mayordomía. Creo que la falla en comprender la mayordomía del favor de Dios ha llevado a muchas personas a morir en la innecesaria tragedia de nunca ver cumplidos sus sueños y deseos dados por Dios. Con frecuencia esos mismos individuos culpan a otros a su alrededor por no apoyarlos en la búsqueda de sus sueños. La cruda realidad es que la mayoría de los sueños no se cumplen a causa de la falta del favor de Dios y los hombres. Donde el favor incrementa, somos testigos del poder de un incremento exponencial que viene a través del acuerdo. Ese es el producto secundario del favor. Así que la verdadera pregunta es ¿qué ha hecho con el favor que Dios le ha dado?

PUNTO PARA MEDITAR
Quiero ser un mayordomo excelente del favor de Dios.

REFLEXIÓN PERSONAL

_____

_____

_____

_____

Día 43

LOS SUEÑOS DADOS POR DIOS REQUIEREN FAVOR

Supliqué Tu favor con todo mi corazón; ten piedad de mí conforme a Tu promesa.
—Salmos 119:58, NBLH

NUESTROS SUEÑOS AUTÉNTICOS de Dios no pueden ser logrados por nuestra propia cuenta. Si usted puede lograr su sueño por su propia cuenta es una señal segura de que su sueño es demasiado pequeño. Debemos soñar tan a lo grande que sin el apoyo que viene a través del favor de Dios y de los hombres nunca podríamos lograr lo que está en nuestro corazón. Aunque Dios ama a todos por igual, no todos tienen la misma medida de favor. Sin embargo, todos están posicionados para incrementar en favor *si* cada uno de nosotros somos mayordomos eficaces de lo que tenemos. En otras palabras, cuando buscamos su rostro a partir del favor que tenemos, incrementaremos en favor. ¿Qué sueños auténticos de Dios tiene en su corazón? ¿Qué significa para usted buscar el rostro de Dios a partir del favor que actualmente tiene?

PUNTO PARA MEDITAR

Estoy listo para soñar a lo grande con Dios; para buscar su rostro desde la posición de favor que ya me ha dado.

REFLEXIÓN PERSONAL

_____

_____

_____

_____

Día 44
EL ASUNTO SUPREMO

...porque a todo aquel a quien se haya dado mucho, mucho se le demandará; y al que mucho se le haya confiado, más se le pedirá.

—LUCAS 12:48

EL FAVOR DE Dios nos es dado a todos libremente, sin condiciones escondidas, y también viene con un propósito. No todos deciden usarlo para su propósito original necesariamente, o siquiera utilizarlo. Pero el favor de Dios definitivamente es algo que se supone debemos usar. Jesús enseñó sobre el tema cuando contó la parábola de los talentos en Mateo 25. Vamos a desglosar esta historia a lo largo de los siguientes días, pero antes de que comencemos usted necesita comprender que la palabra *talento* no significa una habilidad natural para hacer algo bien. Un talento era una suma de dinero en el mundo antiguo. Ya que puede ser medido representa el tema del favor bastante bien, porque el favor también es un bien medible. Qué dulce es darse cuenta de que el favor de Dios viene a nosotros libremente sin condiciones ocultas. ¿Como cuánto favor le ha dado el Señor y con qué propósito cree que se lo dio?

PUNTO PARA MEDITAR

Seré intencional para utilizar el favor de Dios en mi vida para el propósito original de Dios, y me regocijaré en este don que me ha sido dado gratuitamente.

REFLEXIÓN PERSONAL

_____

_____

_____

_____

Día 45
LA IDEA QUE TIENE DIOS
DE LO QUE ES JUSTO

Porque el reino de los cielos es como un hombre que yéndose
lejos, llamó a sus siervos y les entregó sus bienes. A uno
dio cinco talentos, y a otro dos, y a otro uno, a cada
uno conforme a su capacidad; y luego se fue lejos.
—MATEO 25:14-15

Así como a estos siervos les fueron dadas diferentes cantidades de dinero no todos comienzan con la misma cantidad de favor. No nos podemos permitir tropezar por esto; donde haya un debate entre nuestra idea de lo que es justo y la idea de Dios seríamos sabios en quedarnos con la de Dios. Dios es soberano y decide quién comienza con qué.

Él ama a todos por igual. Pero no a todos se les es dada la misma medida de favor. Considerar injusto a Dios a causa de esto es ridículo. Él es Dios. Y Dios es amor, lo cual significa que Él hace todo a partir de su bondad. A los siervos se les dieron diferentes cantidades "a cada uno conforme a su capacidad". Se les dio algo porque tenían la capacidad de usarlo. ¿Qué tipo de equilibrio ve usted entre su capacidad y la medida del favor que Dios ha puesto en su vida?

Punto para meditar

Dios es soberano. Yo acepto la idea que tiene Dios de lo que es
justo y estoy agradecido por la medida de favor que me ha dado.

Reflexión personal

_____

_____

_____

LA NATURALEZA Y EL PROPÓSITO DEL FAVOR DE DIOS

*Y el que había recibido cinco talentos fue y negoció con ellos, y
ganó otros cinco talentos. Asimismo el que había recibido
dos, ganó también otros dos. Pero el que había recibido uno
fue y cavó en la tierra, y escondió el dinero de su señor.*
—MATEO 25:16-18

CLARAMENTE, LA MAYORDOMÍA apropiada es *utilizar* lo que se nos
ha dado con el fin de incrementar ganancias. De una manera similar, la palabra *negociar* aquí es una palabra que simplemente significa
"trabajar con". Los siervos fieles pusieron el dinero a trabajar, al igual
que nosotros debemos poner el favor que hemos recibido de Dios a
trabajar en nuestra vida con el fin de incrementarlo. Ahora bien, es
claro que alguien que entiende cómo funciona el dinero podrá tener
más éxito al trabajar con dinero que alguien que no; de la misma
forma, debemos buscar comprender la naturaleza y el propósito del
favor de Dios si es que vamos a ponerlo a trabajar de una manera
exitosa. ¿Qué tan bien entiende la naturaleza y el propósito del favor
de Dios para con usted?

PUNTO PARA MEDITAR

*Yo pondré a trabajar el favor que he recibido de Dios en
mi vida con el fin de honrarlo e incrementar el favor.*

REFLEXIÓN PERSONAL

_____

_____

_____

Día 41
EL ASUNTO ES LA FIDELIDAD

Y llegando el que había recibido cinco talentos, trajo otros cinco talentos, diciendo: Señor, cinco talentos me entregaste; aquí tienes, he ganado otros cinco talentos sobre ellos. Y su señor le dijo: Bien, buen siervo y fiel; sobre poco has sido fiel, sobre mucho te pondré; entra en el gozo de tu señor.
—MATEO 25:20-21

DIOS EN SU sabiduría nos da solamente lo que podemos manejar por su gracia a medida que participamos en este proceso de aprendizaje. Él no espera que resolvamos ecuaciones diferenciales antes de que haber aprendido a sumar y restar. Eso no quiere decir que Dios no quiera una madurez plena en cada uno de nosotros. Pero sabe que la clave para el crecimiento en cada etapa, sea que estemos a cargo de mucho o de poco, es la misma. El tema principal siempre es la fidelidad. Dios, quien es perfectamente fiel está buscando este rasgo en aquellos que dicen que lo aman. A cada uno de nosotros se nos da la oportunidad de incrementar lo que nos ha sido dado mediante su uso fiel. En el Reino de Dios la fidelidad es el valor supremo y siempre es recompensado. ¿Qué es la fidelidad para Dios y en qué es diferente de la pureza moral o de la observancia religiosa?

PUNTO PARA MEDITAR

Dios, quién es perfectamente fiel, está buscando que yo sea perfectamente fiel para con Él.

REFLEXIÓN PERSONAL

_____

_____

_____

Día 48
MANTENERSE EN EL CAMINO

Pero llegando también el que había recibido un talento, dijo:
Señor, te conocía que eres hombre duro, que siegas donde no
sembraste y recoges donde no esparciste; por lo cual tuve miedo, y
fui y escondí tu talento en la tierra; aquí tienes lo que es tuyo.
—MATEO 25:24-25

POR OTRO LADO, considere el veredicto de Dios sobre la infidelidad: "Respondiendo su señor, le dijo: Siervo malo y negligente, sabías que siego donde no sembré, y que recojo donde no esparcí. Por tanto, debías haber dado mi dinero a los banqueros, y al venir yo, hubiera recibido lo que es mío con los intereses. Quitadle, pues, el talento, y dadlo al que tiene diez talentos" (Mateo 25:26-28). ¿Habrá un área de su vida en la que haya dejado de tratar de cumplir con los mandamientos de Dios porque obedecer le parecía demasiado difícil o incluso imposible? ¿Qué lo llevaría de vuelta al camino?

PUNTO PARA MEDITAR

Examinaré mi vida para encontrar áreas de infidelidad
de modo que esté listo para administrar bien aquello
que Dios me ha dado con tanta generosidad.

REFLEXIÓN PERSONAL

_____

_____

_____

_____

_____

_____

$Día$ 49
CÓMO DEMOSTRAR FIDELIDAD

Porque a todo el que tiene, se le dará más, y tendrá en abundancia.
—MATEO 25:29

E N ESTA HISTORIA el que comenzó con más fue aquel que fue encontrado siendo el más fiel. Su responsabilidad era mayor y fue recompensado debidamente. Pero lo opuesto también puede ser cierto. He observado que algunos de los que al parecer tienen mayores oportunidades en la vida terminan siendo los que las despilfarran más y, por lo tanto, caen en un juicio mayor. Ellos tendrán que rendir cuentas; y dar una respuesta por su infidelidad. La Escritura es clara en este punto: "A todo aquel a quien se haya dado mucho, mucho se le demandará" (Lucas 12:48). El señor honra al esclavo que comenzó con más y que ganó más por medio de darle el talento no utilizado del siervo infiel. El primer siervo tenía la mayor responsabilidad, y probó ser el más fiel. La fidelidad es lo que Dios está buscando. ¿Cómo puedo demostrar mejor su fidelidad?

PUNTO PARA MEDITAR

*Siempre tendré en mente la verdad de que el
favor de Dios viene con responsabilidad.*

REFLEXIÓN PERSONAL

_____

_____

_____

_____

_____

TEMOR SANTO DE DIOS

Porque al que tiene, le será dado, y tendrá más; y al que no tiene,
aun lo que tiene le será quitado. Y al siervo inútil echadle en
las tinieblas de afuera; allí será el lloro y el crujir de dientes.
—MATEO 25:29-30

EN LA MISMA medida en que la fidelidad es recompensada, la infidelidad es juzgada. Dios juzga todo lo que se opone al amor. ¿Cómo se opuso el siervo negligente al amor? Considere la represión de su señor. Lo interesante es que no corrigió la perspectiva que tenía el siervo de él como un hombre duro, sino que lo reprendió por su respuesta equivocada a esa perspectiva. En lugar de ser inspirado por un temor santo de su señor, lo cual lo habría llevado a tener un sentido correcto del peso de la confianza que se le había encomendado, consideró la tarea y dijo: "Es demasiado difícil". Al ignorar su responsabilidad, estaba deshonrado a su señor diciéndole en esencia que sus expectativas eran demasiado altas. ¿Está viviendo con temor santo de Dios? ¿Sabe lo que significa?

PUNTO PARA MEDITAR

Yo abrazaré plenamente la responsabilidad que Dios ponga
delante de mí de modo que Él pueda recibir el honor que merece.

REFLEXIÓN PERSONAL

_____

_____

_____

_____

Día 51
CÓMO REPRESENTAR BIEN A DIOS

El que es fiel en lo muy poco, también en lo más es fiel; y el
que en lo muy poco es injusto, también en lo más es injusto.
—Lucas 16:10

Los siervos fieles no presentan excusas. Tomaron lo que se les dio y simplemente lo usaron. Quizá también conocían que su señor era un hombre duro, pero aparentemente también pensaban que era digno de confianza y deseaban agradarlo. De hecho, al salir y obtener más talentos utilizando los que se les habían dado, estaban actuando en la misma forma que su señor. Estaban al tanto de que representaban a su Señor en su ausencia e hicieron todo lo posible por elevarse a este nivel de hacer negocios. Su amor por él se demostró en sus acciones que revelaban el profundo honor y respeto que tenían por su autoridad y su sentir de que era un privilegio representarlo. Qué gran privilegio se nos ha dado de representar a Dios bien en el mundo. ¿De qué maneras usted es actualmente un representante de su Padre celestial?

PUNTO PARA MEDITAR

Quiero vivir con un asombro santo y una reverencia por
Dios que provenga de mi amor por su naturaleza divina y
que me inspire a dirigirme a una obediencia perfecta.

REFLEXIÓN PERSONAL

_____

_____

_____

_____

_____

Día 52
CÓMO CUMPLIR CON NUESTRA COMISIÓN

Y yendo, predicad, diciendo: El reino de los cielos se ha acercado. Sanad enfermos, limpiad leprosos, resucitad muertos, echad fuera demonios; de gracia recibisteis, dad de gracia.
—MATEO 10:7-8

ME HA PERTURBADO ver muchas veces la actitud del siervo negligente en operación en la Iglesia cuando se trata de cumplir nuestra comisión de imitar a Cristo en destruir las obras del diablo y realizar señales y maravillas. El favor que se nos ha dado para ser como Cristo tiene esta comisión incluida en su propósito. Nos coloca en una forma única como representantes de su Reino para llevar a cabo proezas que le traigan honor y conduzcan a las personas a su destino dado por Dios. Puede ser intimidante pensar que usted ha sido comisionado para destruir las obras del diablo y realizar señales y maravillas como Jesús; no obstante, Dios está con usted. ¿Cómo es que Dios lo ha colocado singularmente para representar su Reino y de qué manera está cumpliendo la gran comisión de Cristo desde esta posición única?

PUNTO PARA MEDITAR

Recibo el favor que me ha sido dado para ser como Jesús y tomo la posición disponible para mí con el fin de imitarlo en la obra de la Gran Comisión.

REFLEXIÓN PERSONAL

_____

_____

_____

EL MAYOR PRIVILEGIO

Fiel es el que os llama, el cual también lo hará.
—1 Tesalonicenses 5:24

Los siervos fieles no se quedan atorados en el *cómo* van a cumplir con el mandamiento de su Señor antes de siquiera haberlo intentado o incluso después de haberlo intentado algunas veces y no haber tenido éxito. Ellos confían en su Señor. Si Él lo dijo entonces aparentemente piensa que pueden con la tarea; si es que utilizan los talentos que les ha dado. Consideran que tener la oportunidad de representarlo con todo su poder y gloria es el más alto privilegio que podrían haber recibido. Llevar a cabo el llamado de Dios sobre su vida significa que usted tiene que confiar en que Él será fiel en ayudarlo a cumplir ese llamado. ¿Con frecuencia siente como si la responsabilidad del éxito recayera un usted o vive diariamente dependiendo de Él para que se encuentre con usted en cada punto de necesidad?

Punto para meditar

*Voy a comenzar hoy a confiar plenamente que Dios
suplirá todas mis necesidades en el poder de su Espíritu
Santo a medida que voy al mundo en su nombre.*

Reflexión personal

_____

_____

_____

_____

_____

_____

Día 54
VIVIR PARA HONRAR A DIOS

*Porque he aquí, los que se alejan de ti perecerán; tú
destruirás a todo aquel que de ti se aparta.*
—SALMOS 73:27

LOS SIERVOS INFIELES consideran los mandamientos que ordenan lo imposible y cuestionan la bondad y sabiduría del Señor. En lugar de buscarlo para encontrar una manera de cumplir con sus mandamientos, lo hacen a un lado y siguen adelante con sus asuntos. Ignorar a Dios al mismo tiempo de pretender servirlo es una violación seria de la relación y nos corta de ser capaces de hacer precisamente aquello para lo que fuimos puestos en el planeta: vivir nuestra vida para honrar a Aquel a quien le rendiremos cuentas. Con frecuencia ponemos los mandamientos de Dios fuera de nuestra vista porque parecen ser demasiado difíciles de manejar. Si ese es usted, ¿cómo puede recuperar esos mandamientos y comenzar a cumplirlos de maneras que honren a Dios?

PUNTO PARA MEDITAR

*Me comprometo a recuperar los mandamientos de Dios que he
hecho a un lado y buscaré cumplirlos para gloria de su nombre.*

REFLEXIÓN PERSONAL

_____

_____

_____

_____

_____

_____

Día 55
SU GENEROSO REINO

Porque recta es la palabra de Jehová, y toda
su obra es hecha con fidelidad.
—SALMOS 33:4

JESÚS FUE EJEMPLO de fidelidad perfecta para nosotros al tomar la forma de un siervo y cumplir perfectamente la voluntad de su Padre. Nos mostró que el mejor servicio proviene de aquellos que en realidad no son asalariados, sino por parte de amigos íntimos que toman el papel de siervo como una expresión de amor. Se nos ha dado favor porque nos da poder para servir con más eficacia. El favor no debe ser utilizado para atraer la atención o a las personas a nosotros mismos. El Reino de Dios es un reino generoso. Cuando la gente utiliza el favor de Dios para ganancia personal y no para propósitos del Reino, ha escogido dónde se detendrá en su desarrollo y experiencia. ¿Alguna vez se ha sentido tentado a usar el favor de Dios para sus propios propósitos? ¿Qué lo hizo volver a Dios?

PUNTO PARA MEDITAR
Quiero que la generosidad de Cristo se refleje en mi vida.

REFLEXIÓN PERSONAL

_____

_____

_____

_____

_____

_____

Día 56
COMO FUE EN EL PRINCIPIO

*Y se cumplió la Escritura que dice: Abraham creyó a Dios, y
le fue contado por justicia, y fue llamado amigo de Dios.*
—Santiago 2:23

Como Jesús nos mostró que el camino para convertirse en un
siervo fiel de Dios es aprender a ser su amigo. De hecho, la amistad es el propósito de nuestra creación. Todo en la creación fue hecho
para su deleite y placer, pero solo los seres humanos fueron hechos
con la capacidad de acercarse a Dios en intimidad. A ninguna otra
parte de la creación se le ha dado la oportunidad de hacerse amiga
de Dios, ni de incluso hacerse una con Él por medio de la llenura
de su Espíritu. Usted en realidad fue creado para tener amistad con
Dios. ¡Qué asombroso! ¿Cuáles son algunas de las maneras en las
que usted ha aprendido a ser su amigo?

Punto para meditar

*Soy uno con Dios por medio de su Espíritu Santo
que mora en mí. Me deleito en su amistad.*

Reflexión personal

_____

_____

_____

_____

_____

_____

_____

Día 57
LAS AUTORIDADES
DELEGADAS DE DIOS

Fructificad y multiplicaos; llenad la tierra, y sojuzgadla, y señoread...
—GÉNESIS 1:28

EN EL PRINCIPIO, Dios se paseaba con Adán al aire del día en el huerto. Su deseo de pasar tiempo con aquellos que lo amaran por decisión propia abrió el camino para todas las conquistas que vendrían. Aunque Adán y Eva fueron colocados en un huerto de perfecta paz, el huerto mismo fue colocado en medio de agitación. Fue en este ambiente original que a Adán y Eva se les dio la comisión de sojuzgar la Tierra. A medida que incrementaran en número podrían establecer y extender el gobierno de Dios sobre el planeta por medio de representarlo como autoridades delegadas. ¿Qué significa ser una autoridad delegada de Dios y cómo se ve a usted mismo en ese papel?

PUNTO PARA MEDITAR

El establecimiento y extensión del gobierno de Dios sobre la Tierra es una extensión de su relación íntima con todos los que lo llaman Señor.

REFLEXIÓN PERSONAL

_____

_____

_____

_____

_____

Día 58
COLABORAR CON DIOS

Echó, pues, fuera al hombre, y puso al oriente del huerto de Edén querubines, y una espada encendida que se revolvía por todos lados, para guardar el camino del árbol de la vida.
—GÉNESIS 3:24

LA RAZÓN POR la cual el territorio más allá del huerto estaba en agitación era que Satanás, uno de los tres arcángeles, había establecido su gobierno allí después de haber sido echado fuera del cielo por su rebelión y su deseo de ser adorado como Dios. Dios en su soberanía permitió que el diablo estableciera su gobierno en el planeta Tierra a causa de que su intención era traer juicio eterno al diablo por medio de la humanidad, en particular a través de la fructificación de la colaboración íntima entre Dios y el hombre. Es al mismo tiempo profundo y un poco atemorizante pensar que su relación con Dios molesta al diablo. ¿De qué manera está colaborando íntimamente con Dios en este aspecto?

PUNTO PARA MEDITAR
Dios tiene el propósito de traer juicio eterno al diablo por medio de la humanidad: yo.

REFLEXIÓN PERSONAL

_____

_____

_____

_____

_____

Día 59
JUSTICIA DIVINA

¡Cómo caíste del cielo, oh Lucero, hijo de la mañana! Cortado fuiste por tierra, tú que debilitabas a las naciones.
—Isaías 14:12

SIEMPRE DEBEMOS RECORDAR que Satanás nunca ha sido una amenaza para Dios. En lugar de ello, Dios escogió darles a los que fueron hechos a su imagen el privilegio de ejecutar el juicio de Dios sobre todas las huestes caídas. Dios determinó que sería conveniente que la derrota del diablo viniera a manos de aquellos hechos a la imagen de Dios, quienes lo adoran por decisión propia, porque significaría que el diablo sería vencido por aquellos que tendrían éxito donde él había fallado. Esta justicia divina golpea el mismo corazón de cómo y por qué Satanás fue removido del cielo en primer lugar. ¿Por qué fue expulsado Satanás del cielo, y qué piensa de la justicia divina con respecto a su caída?

PUNTO PARA MEDITAR

Creo que es un privilegio que el pueblo de Dios ejecute el juicio de Dios sobre Satanás y las huestes caídas.

REFLEXIÓN PERSONAL

DIVINO ROMANCE

Aderezas mesa delante de mí en presencia de mis angustiadores.
—SALMOS 23:5, ÉNFASIS AÑADIDO

VEMOS EL PLAN de Dios expresado por David en el salmo anterior. Es como si Dios dijera: "¡Satanás! ¡Mi pueblo me ama y yo los amo y tú lo vas a ver!". Tal romance genera terror en el corazón del diablo y sus huestes. En esta mesa de comunión nuestra relación con Dios se profundiza y se desborda en una vida de victoria en conflicto con los poderes de las tinieblas. ¿Alguna vez ha pensado en la mesa de comunión con Dios como un lugar de victoria? ¿Cómo es que Dios ha aderezado una mesa para usted en presencia de sus enemigos? ¿De qué manera sus acciones reflejan su amor por usted?

PUNTO PARA MEDITAR
Los poderes de las tinieblas no son rival para el amor que proviene de una relación íntima con Dios.

REFLEXIÓN PERSONAL

_____

_____

_____

_____

_____

_____

_____

_____

_____

Día 61
ESTAR A DISPOSICIÓN DE DIOS

Los cielos son los cielos de Jehová; y ha dado
la tierra a los hijos de los hombres.
—Salmos 115:16

Dios está buscando colaboración, una colaboración en la cual Él llene de poder a su pueblo para llegar a ser todo lo que Él quiere que sean. Este es Aquel quien dijo que hizo todos los cielos para sí, pero que hizo la Tierra la para el hombre. Por medio de esta colaboración retrata la similitud que pretendía que hubiera entre su mundo (el cielo) y el nuestro (la Tierra). Su pueblo debe demostrar su gobierno a un mundo moribundo. Nos ha escogido para este propósito, no porque seamos mejores, sino porque somos los que nos hemos anotado. Él recluta a todos los que están *disponibles*. Estar a disposición de Dios no siempre es fácil. ¿Qué tan dispuesto está usted para Dios? ¿Qué pasa cuando lo hace?

Punto para meditar

Quiero colaborar con Dios para demostrar su
gobierno a un mundo moribundo.

Reflexión personal

_____

_____

_____

_____

_____

_____

Día 62
LA PERSONA DE LA SABIDURÍA

...Cristo Jesús, el cual nos ha sido hecho por Dios sabiduría...
—1 Corintios 1:30

QUERER CRECER EN favor para con Dios es el deseo más natural del mundo. La sabiduría sabe cómo. La sabiduría nos da las claves para entender y utilizar el favor que nos ha sido dado en conformidad con los propósitos de Dios para dárnoslo. El incremento en sabiduría y el incremento en favor van de la mano para nosotros porque son interdependientes. Jesús, una vez más, fue ejemplo para nosotros de esto como lo vemos en Lucas 2:52: "Jesús crecía en sabiduría y en estatura, y en el favor de Dios y de toda la gente" (NTV). De hecho, Jesús es la persona de la sabiduría como lo vemos en la escritura anterior de 1 Corintios. Esto debería convencernos de que estudiar la vida de Cristo y profundizar en nuestra relación con Él son centrales para la mayordomía de nuestro favor para con Dios. Buscar la sabiduría de Dios y estudiar la vida de Jesús son disciplinas esenciales para cada creyente. ¿De qué manera estas disciplinas podrían ayudarlo a llevar a cabo una mejor mayordomía del favor que Dios ha puesto en su vida?

PUNTO PARA MEDITAR

Quiero que Dios ponga una hambre santa en mí para profundizar más en su Palabra de modo que pueda conocerlo más, amarlo más y ser más como Él todos los días.

REFLEXIÓN PERSONAL

_____

_____

_____

LA SABIDURÍA DE LA PALABRA TRAE FAVOR

¡Nunca permitas que la lealtad ni la bondad te abandonen!
[...] Entonces tendrás tanto el favor de Dios como
el de la gente, y lograrás una buena reputación.
—PROVERBIOS 3:3-4

TAMBIÉN DEBERÍAMOS ESTUDIAR Proverbios, el libro de la Biblia que mejor expresa la sabiduría. Cómo tal este libro nos da algunas de las instrucciones más excelentes para crecer en favor. Los versículos anteriores de Proverbios dan una instrucción práctica sobre cómo perseguir un incremento de favor. Describen a aquellos que abrazan la instrucción del Señor con diligencia, comprometidos con obedecer y no perder de vista su Palabra. Al hacerlo se colocan en posición para un incremento de favor divino. Darle un alto valor a la voz del Señor y a la Palabra de Dios desempeña un papel importante en obtener más favor para con Dios. ¿Es el libro de Proverbios un lugar al que usted "recurre"? Si no es así, ¿cree que debería serlo? Leer su Biblia todos los días es una de las mejores maneras de conocer a Dios y entender su sabiduría. ¿Cómo puede incrementar su tiempo en la Palabra?

PUNTO PARA MEDITAR

Quiero que la palabra de Dios sea una lámpara a mis pies y una lumbrera a mi camino en todos los asuntos y en todo momento.

REFLEXIÓN PERSONAL

_____

_____

_____

SABIDURÍA: LA EXPRESIÓN CREATIVA DE DIOS

*Porque el que me halle, hallará la vida, y
alcanzará el favor de Jehová.*
—PROVERBIOS 8:35

EL OCTAVO CAPÍTULO entero de Proverbios revela a la persona llamada sabiduría, la cual, por supuesto, es Jesucristo. El capítulo se enfoca principalmente en el papel de la sabiduría en la historia de la creación, y al hacerlo revela la verdadera naturaleza de la sabiduría: es la expresión creativa de Dios. Este versículo promete que encontrar la sabiduría de Dios, tal y como pertenece a su expresión creativa en nuestros campos de influencia, es una manera segura de incrementar en el favor de Dios. ¿Cómo le explicaría alguien que la verdadera naturaleza de la sabiduría es la expresión creativa de Dios? ¿Qué significa eso para usted? Posiblemente un buen lugar para comenzar es pensar en maneras en las que usted exprese a Dios de una manera creativa en su esfera de influencia.

PUNTO PARA MEDITAR

*Deseo la sabiduría de Dios como su expresión
creativa en mis campos de influencia.*

REFLEXIÓN PERSONAL

_____

_____

_____

_____

_____

EXPRESAR DE UNA MANERA SINGULAR UN ASPECTO DE LA NATURALEZA DE DIOS

Así nosotros, siendo muchos, somos un cuerpo en Cristo, y todos miembros los unos de los otros.
—ROMANOS 12:5

UNA MANERA ÚTIL de ver cómo funciona su promesa es verla dentro de la imagen que se nos da en el Nuevo Testamento, donde se nos dice que somos el Cuerpo de Cristo. Al igual que los miembros del cuerpo humano, cada parte del cuerpo de Cristo es única; no obstante, cada una encuentra significado y función solamente en relación con el resto del cuerpo, particularmente el cerebro. Encontrar la sabiduría es el proceso de descubrir y correctamente alinear nuestra vida en relación con la cabeza, Cristo, y con nuestro destino único para expresar un aspecto de su naturaleza de una manera que nadie más pueda. El favor de Dios reposa sobre nosotros cuando estamos siendo y haciendo aquello para lo que nos creó en su sabiduría. ¿Siente que su vida está actualmente alineada en relación con Jesús y el destino único que Él tiene para usted? Si no es así, ¿cómo puede alinearse para convertirse en la expresión única de la naturaleza de Dios?

PUNTO PARA MEDITAR

Estoy comprometido con buscar y encontrar la sabiduría de Dios de tal forma que pueda vivir como un aspecto de su naturaleza, de una manera que nadie más pueda.

REFLEXIÓN PERSONAL

_____

_____

Día 66
BUSCARLO CON DILIGENCIA

Mas a Dios gracias, el cual nos lleva siempre en triunfo en
Cristo Jesús, y por medio de nosotros manifiesta en todo lugar
el olor de su conocimiento. Porque para Dios somos grato
olor de Cristo en los que se salvan, y en los que se pierden.
—2 Corintios 2:14-15

Proverbios 11:27 (NBLH) dice: "El que con diligencia busca el bien, se procura favor". La palabra bien en este pasaje significa "cosas que son de beneficio" o "agradables". Los que ponen un esfuerzo extra en buscar las cosas que agradan al Señor y le traen beneficio al rey y su pueblo no pueden evitar sino incrementar en favor para con Dios y los hombres. A Dios le encanta encontrar personas conforme a su corazón. ¿De qué maneras busca diligentemente las cosas que agradan a Dios y le traen beneficio a Él y a su Reino?

Punto para meditar
Quiero que mi vida sea un olor grato a Dios.

Reflexión personal

_____

_____

_____

_____

_____

_____

_____

_____

Día 67
CELEBRE LA VIDA CON DIOS

El bueno alcanzará favor de Jehová; mas él
condenará al hombre de malos pensamientos.
—PROVERBIOS 12:2

LA PALABRA BUENO aquí conlleva algunas otras características que no mencioné en la reflexión anterior. "Agradable", "alegre", "gentil", "generoso" y "festivo" son algunas de las definiciones que se aplican a este versículo. El mundo quiere pintar a la gente "buena" como aburrida, legalista y sombría. Pero la bondad de Dios siempre puede ser reconocida en aquellos que parecen rebozar de gozo, aliento, perdón, paz y generosidad. Su bondad es el fruto de una vida vivida en celebración de su vida con Dios, y como son semejantes a Él, es atraído a ellos. Las personas buenas son fáciles de promover. Automáticamente se alinean para un estilo de vida de favor incrementado. ¿Se ve a usted mismo alineado para un estilo de vida de favor incrementado? ¿Cree que comienza con celebrar la vida con Dios?

PUNTO PARA MEDITAR

Voy a vivir con alegría y pureza de corazón
amando a Aquel que es digno de todo.

REFLEXIÓN PERSONAL

_____

_____

_____

_____

_____

_____

BUSQUE EL ENTENDIMIENTO
QUE PROCEDE DE DIOS

El buen entendimiento produce favor, pero el
camino de los malvados es difícil.
—PROVERBIOS 13:15, NBLH

UNO DE LOS mandamientos principales del libro de Proverbios es buscar entendimiento. Muchos cristianos que reconocen que Dios se opone a un evangelio puramente intelectual que está vacío del Espíritu de Dios y qué consiste en una forma sin poder, han caído en el error de creer que Dios valora el cristianismo ignorante. Pero la verdad es que ninguno de nosotros alcanzaremos la madurez si pensamos que tenemos que simplificar o cortar parte de nosotros con el fin de servir a Dios. Si vamos a tener éxito en cumplir las tareas que Dios tiene para nosotros, necesitaremos que todas nuestras facultades y energías estén activas y enfocadas en aquello que estamos haciendo y lo que Dios está haciendo. Una vida impregnada de la Palabra de Dios en el poder de su Espíritu requiere toda nuestra participación. ¿Qué tan aplicado está usted?

PUNTO PARA MEDITAR

Entrego todas mis facultades y energías para que
estén enfocadas y aplicadas en lo que Dios está
haciendo y en lo que quiere que haga con Él.

REFLEXIÓN PERSONAL

_____

_____

_____

_____

Día 69
VIVA COMO JESÚS

El favor del rey es para el siervo que obra sabiamente, pero
su enojo es contra el que obra vergonzosamente.
—**PROVERBIOS 14:35, NBLH**

"ACTUAR SABIAMENTE" ES vivir como Jesús viviría, con una consciencia profundamente establecida de los pensamientos del Rey y sus valores. Tal estilo de vida atrae el cetro de favor del Rey. Después de todo, somos llamados a ser *discípulos*, lo cual quiere decir, aprendices. Jesús ciertamente buscó llevar a sus discípulos a un entendimiento más profundo de la realidad del Reino. Los que buscan una vida de entendimiento desde la perspectiva de Dios lo agradan grandemente. Practicar los principios del Reino coloca a una persona en posición para un incremento del favor de Dios. Con el fin de practicar los principios del Reino necesitamos tener un conocimiento íntimo de ellos, lo cual proviene de la Palabra. Piense en algunos principios del Reino de Dios que usted practica. ¿De qué manera sus acciones lo están colocando en posición para un incremento en el favor de Dios?

PUNTO PARA MEDITAR
Que todos los días viva como Jesús.

REFLEXIÓN PERSONAL

Día 70
SER UNO

El que halla esposa halla algo bueno y alcanza el favor del Señor.
—**Proverbios 18:22, NBLH**

LAS IMPLICACIONES DE esta promesa van mucho más allá de simplemente casarse. Muchos han hecho eso sin ningún incremento en el favor de Dios. Esta promesa es dada a los que son mayordomos correctos de la bendición del matrimonio. Si usted quiere capturar la atención del Rey trate bien a su hija. Por naturaleza esto implica unidad —volverse uno— lo cual ilustra la relación de Dios con su pueblo. El novio debe amar a su novia, así como el Señor ama la Iglesia y murió por ella (Efesios 5:25). La novia debe honrar y respetar al novio, así como la Iglesia respeta a Dios. Ser mayordomos de nuestro matrimonio por medio de mantener el honor y el amor en la relación es posicionarse a uno mismo para un incremento en el favor de Dios y los hombres. Es cuando esta relación es mantenida en una estima apropiada que el mensaje del amor de Dios es más claramente visto en este mundo. El matrimonio con frecuencia es utilizado en la Biblia como una metáfora para la relación entre Cristo y nosotros, su Iglesia. ¿Hasta qué grado se ha vuelto uno con el Padre por medio de amar bien a su Hijo?

PUNTO PARA MEDITAR
Recibiré la gloria que me ha sido dada para que pueda ser uno con Jesús y el Padre.

REFLEXIÓN PERSONAL

_____

_____

_____

Día 11
MOTIVADO POR LA PASIÓN

Mas alábese en esto el que se hubiere de
alabar: en entenderme y conocerme...
—JEREMÍAS 9:24

Los que crecen en favor no son los que están enfocados en hacer lo difícil o en tachar los artículos de su lista de pendientes con el fin de obtener la atención de Dios. Esa es la mentalidad de un asalariado, no de un amigo. El amigo crece en favor por medio de abrazar una vida de obediencia, motivado por la pasión por Él y solamente por Él. Es importante recordar esta verdad al perseguir el favor de Dios. Muchas personas quieren más dinero o puertas abiertas para su negocio o ministerio, o incluso mayores oportunidades para su familia. Pero el favor de Dios primero y principalmente se trata de darnos el privilegio de conocerlo simplemente por el propósito de conocerlo. Se podría decir que el favor divino viene a aquellos que han escogido mantener lo principal como lo principal: conocer y amar a Dios. ¿Podría decir que conocer y amar a Dios es lo principal en su vida?

PUNTO PARA MEDITAR

Quiero ser encontrado en mis rodillas hoy abrazando
plenamente el gran privilegio de conocer y amar a Dios.

REFLEXIÓN PERSONAL

_____

_____

_____

_____

_____

Día 12
EL FAVOR DE DIOS AFIRMA
NUESTRA IDENTIDAD

*Pues cuando él recibió de Dios Padre honra y gloria, le
fue enviada desde la magnífica gloria una voz que decía:
Este es mi Hijo amado, en el cual tengo complacencia.*
—2 PEDRO 1:17

COMO MENCIONÉ ANTES obtenemos el favor de Dios a medida que buscamos su sabiduría con el fin de descubrir y cumplir el destino para el cual nos ha creado. Vital para este proceso es una de las principales expresiones del favor de Dios: declaraciones en las cuales reconoce nuestra identidad y afirma su aprobación y aceptación sobre nosotros. La Escritura está llena de estas declaraciones, pero debe haber momentos en la vida de cada creyente en los que escuchamos la voz de nuestro Padre hablarnos directamente. Es cuando se vuelven nuestras. ¿Qué declaraciones le ha hablado Dios directamente a usted y cómo está siendo mayordomo de esas declaraciones?

PUNTO PARA MEDITAR
Hoy recibo todas las declaraciones que Dios ha hablado sobre mí.

REFLEXIÓN PERSONAL

_____

_____

_____

_____

_____

_____

D^{ia} 13
DOS SON MEJORES QUE UNO

¿Cómo podría perseguir uno a mil, y dos hacer huir a diez mil, si
su Roca no los hubiese vendido, y Jehová no los hubiera entregado?
—DEUTERONOMIO 32:30

NO DEBERÍA SORPRENDERNOS que necesitamos que Dios muestre su favor para con nosotros por medio declaraciones, porque este tipo de necesidad de afirmación y aprobación está entretejida en nuestro ADN. La búsqueda de favor es un comportamiento humano normal y profundamente arraigado. Todos tienen una conciencia profundamente establecida de sentirse incompletos al carecer de reconocimiento externo y afirmación. Aunque la búsqueda de la aprobación humana ha causado que muchos caigan en un temor del hombre poco saludable, el deseo básico por afirmación es auténtico y necesario. Cuando recibimos este tipo de favor incrementa el efecto de quiénes somos y lo que se nos ha dado hacer en la vida, porque se conecta con el principio del *incremento exponencial por medio del acuerdo*. Afirma el hecho de que *dos son mejores que uno* si están unidos. Con el favor, nuestro potencial incrementa a medida que la fuerza de otros es añadida a la nuestra. Si usted está batallando en cualquier área de su vida con un temor al hombre poco saludable, ¿cómo puede reemplazarlo con un deseo auténtico de la afirmación de Dios?

PUNTO PARA MEDITAR

Quiero que el principio de incremento exponencial
por medio del acuerdo opere en mi vida.

REFLEXIÓN PERSONAL

_____

_____

Día 74
HIJOS DE DIOS

Por tanto, nosotros también, teniendo en derredor
nuestro tan grande nube de testigos, despojémonos de
todo peso y del pecado que nos asedia, y corramos con
paciencia la carrera que tenemos por delante.
—HEBREOS 12:1

A UNA EDAD MUY temprana se puede ver que los niños buscan reconocimiento de alguien importante para ellos. "¡Papi, mírame! ¡Papi, mírame!", era algo que se escuchaba frecuentemente en mi casa cuando mis hijos estaban tratando de hacer algo nuevo o valiente. La atención que obtenían de mí junto con las subsiguientes ovaciones de apoyo eran componentes esenciales de su autoestima y confianza en la vida.

Mientras me esforzaba para darles toda mi atención en esos momentos, había un efecto todavía más positivo cada vez que les hablaba bien de ellos a mis amigos en su presencia. Al parecer les comunicaba mi *máximo* sello de aprobación. Eso todavía lo hago, aunque ya son adultos. Dios responde al hambre. ¿Qué tanta hambre tiene de la afirmación y aprobación de Dios?

PUNTO PARA MEDITAR
Vengo como niño a su presencia hambriento y sin temor.

REFLEXIÓN PERSONAL

Día 75
BUSCAR LA GLORIA DE DIOS

Este es mi Hijo amado, en quien tengo complacencia.
—MATEO 3:17

En este versículo de Mateo el Padre celestial habló acerca de su Hijo, Jesús, a oídos de los circunstantes. ¡La marca del favor divino sobre una vida siempre es un gran clamor celestial! El desafío para cada uno de nosotros es renovar nuestra mente y corazón de manera que nuestros afectos estén anclados en mantener la aprobación de Dios como nuestra meta y recompensa supremas. Si fallamos en colocar nuestro valor por el favor del hombre en su posición subordinada apropiada en nuestro corazón seremos vulnerables a la tragedia. Es muy fácil caer en la trampa de temer lo que otros piensan de nosotros. Con mucha frecuencia inconscientemente solo queremos el favor de otros sin siquiera pensar en el favor de Dios. ¿De qué manera subordina el favor del hombre al favor de Dios en su vida?

PUNTO PARA MEDITAR

Viviré de tal forma que continuamente renueve mi mente y mi corazón para que mis afectos estén anclados en mantener la aprobación de Dios como mi meta y recompensa supremas.

REFLEXIÓN PERSONAL

_____

_____

_____

_____

_____

_____

Día 76
LLEVE CAUTIVO TODO PENSAMIENTO

Porque no nos ha dado Dios espíritu de cobardía, sino
de poder, de amor y de dominio propio.
—2 Timoteo 1:7

La mayoría de nosotros necesitamos romper nuestro acuerdo con el espíritu de temor del hombre primero con el fin de ser libres para desarrollar las prioridades apropiadas cuando se trate del favor de Dios y el favor del hombre. Muchas personas no reconocen que su acuerdo con ese espíritu todavía opera en su mente, así que no se aventurarán en su pasión por Dios sin la aprobación de otros. Buscar el reconocimiento del hombre a expensas de la aprobación de Dios es ridículo en el mejor de los casos y completamente destructivo en el peor, pero también es el camino de este mundo, así que debemos ser proactivos en desmantelar tal manera de pensar de nosotros mismos y valientes en resistir la presión de nuestros iguales para cooperar con ello. Aquí es donde viene al caso una de las advertencias de Jesús. Les advirtió a los discípulos sobre la influencia potencial, como levadura, en su mente del sistema religioso (fariseos) y el sistema político (Herodes). Ambos tienen al temor del hombre como denominador común. ¿Qué tan proactivo es usted cuando se trata desmantelar los patrones de pensamiento que lo han llevado al temor del hombre en lugar de a una pasión por Dios?

Punto para meditar

Rompo todo acuerdo con el espíritu de temor del hombre y lo
reemplazo con el Espíritu de Dios de poder, amor y disciplina.

Reflexión personal

Día 11
EL ÚNICO E INCOMPARABLE

¿Cómo podéis vosotros creer, pues recibís gloria los unos de
los otros, y no buscáis la gloria que viene del Dios único?
—JUAN 5:44

JUAN 5:44 NO enseña que honrar a la gente está mal. Eso nos pondría en conflicto con el resto de la Escritura. Lo que dice es que la fe no puede coexistir con el temor del hombre, esto es, estar más preocupado por lo que otras personas piensan de nosotros a causa de una decisión en particular que por lo que Dios piensa de nosotros. Esto es importante que lo señalemos porque sin fe es imposible agradar a Dios. Y la búsqueda de favor tiene todo que ver con agradar a Dios. ¿Qué tan dispuesto está a dejar a un lado lo que otros piensan de usted con el fin de agradar a Dios? Piense en una situación en su vida en la que necesite hacer esto e imagínese el resultado. ¿Agradar a Dios vale la pena el precio?

PUNTO PARA MEDITAR

Hoy voy a hacer lo que sea necesario para amar a
Dios con todo mi corazón, con toda mi alma, con
todas mis fuerzas y con toda mi mente.

REFLEXIÓN PERSONAL

_____

_____

_____

_____

_____

Día 78
BUSCAR SU ROSTRO

Acerquémonos, pues, confiadamente al trono de la gracia, para
alcanzar misericordia y hallar gracia para el oportuno socorro.
—HEBREOS 4:16

NADA SE COMPARA con la satisfacción de agradar el corazón de nuestro Padre celestial. Abrazar la búsqueda máxima de su rostro significa convertirse en una persona cuyo cada pensamiento y acción son impulsados por la meta de escuchar la declaración del cielo: "¡Bien hecho!". Gracias a Dios, la Escritura está llena de claves sobre cómo convertirse en —y como no llegar a ser— tal persona. Vamos a ver cómo la historia de Israel nos da una revelación rica de qué es lo que define el tipo de relación a la que Dios nos ha llamado y las decisiones que todos tenemos que tomar al caminar en esa relación. ¿A qué tipo de relación ha escuchado que Dios lo ha llamado, y qué decisiones está enfrentando como resultado?

PUNTO PARA MEDITAR
Voy a buscar la rica revelación de la Escritura
sobre cómo luce una relación con Dios.

REFLEXIÓN PERSONAL

_____

_____

_____

_____

_____

_____

CAMINO A LA TIERRA PROMETIDA

Y llamó Jacob el nombre de aquel lugar, Peniel; porque dijo: Vi a Dios cara a cara, y fue librada mi alma.
—GÉNESIS 32:30

JACOB ES LA primera persona mencionada en la Biblia que tuvo un encuentro de revelación con el rostro de Dios. Lo vemos en Génesis 32:30 después de este encuentro de lucha con el ángel del Señor. Es significativo que en este encuentro fue cuando el nombre de Jacob fue cambiado por el de Israel. Cientos de años más tarde, Dios designó una bendición que sería pronunciada sobre la nación de Israel: "…Jehová te bendiga, y te guarde; Jehová *haga resplandecer su rostro sobre ti*, y tenga de ti misericordia; Jehová *alce sobre ti su rostro*, y ponga en ti paz" (Números 6:22-27, énfasis añadido). Dios quería que la misma marca que vino sobre Israel (Jacob) en su encuentro de lucha, estuviera sobre los descendientes de Israel. El pueblo de su nombre sería reconocido por la bendición de favor y paz en su vida, la cual proviene del rostro del Señor. ¿Cómo ha luchado con el Señor o cómo se encuentra actualmente luchando con Dios en un esfuerzo por recibir su favor?

PUNTO PARA MEDITAR

Veo la Tierra Prometida y hace que me dé hambre de pagar el precio por un encuentro de revelación con el rostro de Dios.

REFLEXIÓN PERSONAL

_____

_____

_____

_____

$Día$ 80
CARA A CARA CON DIOS

Y hablaba Jehová a Moisés cara a cara, como
habla cualquiera a su compañero.
—ÉXODO 33:11

NO ES NINGÚN error que Moisés sea aquel al que Dios le habló acerca de su rostro brillando sobre su pueblo porque Moisés es la segunda persona y, ciertamente, la más significativa asociada con la revelación del rostro de Dios. Éxodo 33:11 nos dice esto, y en Éxodo 34 leemos que cuando Moisés salía de estos encuentros su rostro brillaba reflejando la gloria que había contemplado. Hasta la llegada de Jesucristo mismo, no se registra en la Escritura que la gloria real y física de Dios haya sido visible de esta manera sobre ninguna persona. Claramente, Moisés tuvo una revelación del rostro de Dios, y necesitamos dirigir nuestra atención a lo que significa. La idea de venir cara a cara con Dios se encuentra lo largo de la Escritura, pero ¿qué piensa que la frase significa realmente? ¿Qué es una "revelación del rostro de Dios"?

PUNTO PARA MEDITAR

Quiero conocer a Dios plenamente, así como
soy conocido plenamente por Él.

REFLEXIÓN PERSONAL

_____

_____

_____

_____

_____

$Día$ 81
FIJEMOS NUESTROS OJOS EN LA RECOMPENSA CELESTIAL

Por la fe Moisés [...] [tuvo] por mayores riquezas el vituperio de Cristo que los tesoros de los egipcios; porque tenía puesta la mirada en el galardón.
—HEBREOS 11:24, 26

CON EL FIN de comprender quién era Moisés y la revelación que recibió necesitamos primero tener una idea de dónde se encontraba en la narrativa que Dios había estado desarrollando en la historia de la Tierra. Desde el momento en que Adán y Eva rompieron su relación con Dios por medio del pecado, Dios comenzó a llevar a cabo su plan de traer de vuelta a la humanidad a una relación consigo mismo. Así que escogió a un hombre, Abraham, a partir de quien construyó una nación llamada Israel, por medio de la cual podría ilustrar lo que siempre había tenido en mente para toda la humanidad. Nunca se tuvo el propósito de que el pueblo de Israel disfrutará exclusivamente del amor de Dios, sino más bien de que se convirtieran en el ejemplo de lo que Él les ofrece a todos. Lo que Dios comenzó por medio de Moisés, Jesús lo perfeccionó. Ambos experimentaron el reproche (decepción) del hombre; no obstante, mantuvieron sus ojos fijos en la recompensa celestial que los esperaba. ¿Está usted dispuesto a renunciar a las alabanzas del hombre por las recompensas celestiales?

PUNTO PARA MEDITAR
Mis ojos están enfocados en Jesús, el autor y consumador de mi fe.

REFLEXIÓN PERSONAL

Día 82
LA BÚSQUEDA MÁXIMA

Recuerda estas cosas, Jacob, Y tú Israel [...] no Me olvidaré de ti. He disipado como una densa nube tus transgresiones, y como espesa niebla tus pecados. Vuélvete a Mí, porque Yo te he redimido.
—Isaías 44:21-22, NBLH

LA BENDICIÓN DE Dios asignada a Israel era la declaración del favor de su rostro. Por lo tanto, es a través de Israel que el resto de la humanidad ha sido invitada a la búsqueda máxima. Cuando profundizamos, encontramos que la historia de Israel nos llama a esta búsqueda por medio de revelarnos el hecho de que Dios mismo está en una búsqueda: la búsqueda de nuestros rostros, por decirlo así. Está en una búsqueda para restaurar la intimidad cara a cara con sus hijos que se perdió por medio del pecado. Percibir la búsqueda de Dios por nosotros a través de las Escrituras es un ingrediente vital para ayudarnos a llegar al lugar donde podemos comprender y ser poseídos por el impulso de buscarlo de la misma manera que Él nos ha buscado con total abandono. Los que abrazan la búsqueda máxima simplemente son aquellos que correctamente han percibido y respondido a su invitación de una relación restaurada. ¿Está listo para restaurar su relación con Dios? ¿Cuáles son algunas de las maneras en las cuales usted está respondiendo a la invitación de Dios para una relación restaurada?

Punto para meditar

*Mi corazón se deleita en saber que Dios
me está buscando con abandono.*

Reflexión personal

_____

_____

Día 83
MI REDENTOR VIVE

Cantad loores, oh cielos, porque Jehová lo hizo [...]
Jehová redimió a Jacob, y en Israel será glorificado.
—Isaías 44:23

PERCIBIR LA INVITACIÓN de Dios a nosotros a través de las Escrituras, particularmente en la historia de Israel, no es algo que uno haga automáticamente. De hecho, mucho de la historia de Israel es la historia de un pueblo que fundamentalmente *no recibió* aquello a lo que Dios los estaba invitando. Por lo tanto, aprendemos lecciones positivas y negativas de la historia de Israel; tanto cómo responder a Dios como la manera de *no* responderle. Cómo veremos, por esto precisamente Moisés se destaca: fue uno en un millón que lo entendió. Piense en alguien en su vida que lo haya "entendido". ¿Cuáles son sus prioridades en la vida? Ahora, examine sus prioridades a la luz de como usted está respondiendo a Dios.

PUNTO PARA MEDITAR

Quiero ser hallado entre los verdaderos adoradores
que adoran al Padre en espíritu y en verdad.

REFLEXIÓN PERSONAL

_____

_____

_____

_____

_____

_____

CONOCER A DIOS CONTRA SABER ACERCA DE DIOS

Porque la tristeza que es según Dios produce arrepentimiento
para salvación, de que no hay que arrepentirse;
pero la tristeza del mundo produce muerte.
—2 Corintios 7:10

EL PROCESO DE percibir y entrar en acuerdo con la perspectiva de Dios es llamado *arrepentimiento*. La mayoría de nosotros asociamos esta palabra con lamentar nuestro pecado, y eso es apropiado. La Escritura nos dice que la tristeza que es según Dios lleva el arrepentimiento. Pero lamentarse no es arrepentirse. Nos arrepentimos cuando nuestra tristeza por el pecado nos lleva a la posición en la que recibimos el poder de Dios para cambiar la *manera* en que pensamos. Todos podemos cambiar aquello en lo *que* pensamos, pero solamente Dios nos puede dar una nueva perspectiva de la realidad. En particular, solamente Dios puede desarrollar un paradigma en nuestro pensamiento en el que vivimos para una relación con Él y a partir de ella, en lugar de hacer las cosas mecánicamente de una manera religiosa y solo contentarnos con saber acerca de Él. Piense en un área de su vida en la que usted se contentó con saber *acerca* de Dios en lugar de conocerlo. ¿Qué pasaría si hiciera lo contrario?

PUNTO PARA MEDITAR

Le permitiré a Dios que cambie la manera en la
que pienso para poder conocerlo mejor.

REFLEXIÓN PERSONAL

_____

_____

Día 85
EL REGALO DE UNA MENTE RENOVADA

Arrepentíos, porque el reino de los cielos se ha acercado.
—MATEO 3:2

J ESÚS COMENZÓ SU ministerio con la declaración anterior. Cristo vino a la Tierra como la culminación y la revelación explícita de la búsqueda de Dios por la humanidad. Pero sin recibir el obsequio del arrepentimiento, las mismas personas a las que les predicó, a quienes sanó y por quienes murió, siguieron ciegas a esta revelación. *Por medio de esta misma declaración* hizo que el don del arrepentimiento estuviera disponible para todos los que oyeran. Esta es la naturaleza de los mandamientos de Dios. Habló y el universo existió, de modo que cuándo nos habla se libera gracia de la misma manera con el fin de habilitarnos para lograr lo que ha dicho. Nuestra responsabilidad es apropiarnos de esa gracia por medio de confiar en lo que Él ha dicho y dar pasos en obediencia radical a ello. Confiar es algo con lo que la mayoría de nosotros verdaderamente luchamos. ¿Qué tan dispuesto está para confiar en Dios?

PUNTO PARA MEDITAR

Yo confío en Dios cuya gracia es suficiente para mí.

REFLEXIÓN PERSONAL

_____

_____

_____

_____

_____

_____

Día 86
UNA HISTORIA DE FAVOR

*Por la fe Abraham, siendo llamado, obedeció para salir al lugar
que había de recibir como herencia; y salió sin saber a dónde iba.*
—Hebreos 11:8

A PROPIADAMENTE, LA HISTORIA de Israel comienza al igual que la vida cristiana: con un acto de obediencia radical; un hombre deja los límites humanos que hasta el momento habían definido su vida y emprendió una jornada de total dependencia de la perspectiva y mandamientos de Dios. Fue la respuesta de Abraham a la invitación de Dios para la relación lo que lo calificó para recibir el tremendo favor por medio del cual Dios hizo al padre de nadie, padre de una nación. Invirtamos un poco de tiempo para considerar cómo el favor de Dios le dio forma a la historia de Israel hacia una historia de redención que profetiza la redención máxima que Cristo lograría para nosotros. ¿Qué tan radicalmente está dispuesto a responder a la invitación de Dios para una relación, y cómo sería esa obediencia radical en su caso?

PUNTO PARA MEDITAR
Estoy dispuesto a que Dios genere una historia de favor en mi vida.

REFLEXIÓN PERSONAL

_____

_____

_____

_____

_____

Día 87
EL REINO DE CABEZA

Tú eres, oh Jehová, el Dios que escogiste a Abram, y lo sacaste
de Ur de los caldeos, y le pusiste el nombre Abraham; y
hallaste fiel su corazón delante de ti, e hiciste pacto con él...
—NEHEMÍAS 9:7-8

PRIMERO QUE NADA, quiero aclarar que, aunque la fe de Abraham lo habilitó para recibir el favor que Dios le estaba ofreciendo, la historia es clara en que no estaba recibiendo esa oferta gracias a algún mérito o fuerza particular que poseyera. De hecho, desde Abraham hasta sus descendientes, la historia nos dice que fue la elección de Dios lo único que distinguió a Israel como un pueblo y que fueron escogidos a causa de su *insignificancia*. ¿Qué tal va con usted la idea de ser insignificante? ¿Está dispuesto a intercambiar su poder terrenal por la gracia de Dios para vivir del cielo a la Tierra en lugar de la Tierra al cielo?

PUNTO PARA MEDITAR
El poder de Dios se perfecciona en mi debilidad.

REFLEXIÓN PERSONAL

_____

_____

_____

_____

_____

_____

_____

Día 88
FUERZA PERFECTA

Entonces viendo el denuedo de Pedro y de Juan, y sabiendo
que eran hombres sin letras y del vulgo, se maravillaban;
y les reconocían que habían estado con Jesús.
—HECHOS 4:13

LA ESTRATEGIA DIVINA de tomar lo humilde y menospreciado y usarlo para exhibir su gloria, ha sido demostrado una y otra vez a lo largo de la historia. La realidad es que es más probable que la gente reconozca la misericordia de Dios y le dé la gloria cuando hace esto. Cristo declaró esto al apóstol Pablo cuando le dijo: "Bástate mi gracia; porque mi poder se perfecciona en la debilidad" (2 Corintios 12:9). Y los discípulos de Jesús experimentaron esto en la respuesta de los líderes religiosos a su predicación en Hechos 4:13. Esta realidad es uno de los temas principales en la historia de Israel, y así lo predice en la vida de cada creyente. La mayoría de nosotros invertimos mucho tiempo tratando de esconder nuestras debilidades de los demás. ¿Le pasa eso a usted? ¿Qué puede dejar ir con el fin de estar en una posición desde donde pueda revelar sus debilidades a los demás?

PUNTO PARA MEDITAR
Al igual que Pedro y Juan quiero ser reconocido
como uno que ha estado con Jesús.

REFLEXIÓN PERSONAL

_____

_____

_____

_____

$Día$ 89
RENDIRSE A LA GRACIA DIVINA

Pero Jehová había dicho a Abram: Vete de tu tierra y de
tu parentela, y de la casa de tu padre, a la tierra que te
mostraré [...] Y se fue Abram, como Jehová le dijo...
—GÉNESIS 12:1, 4

EL FAVOR QUE Dios le dio Abraham tuvo un lugar donde reposar en la vida de Abraham gracias a su fe, la cual había demostrado a través de una obediencia radical. La obediencia radical siempre le da prioridad a lo que Dios ha dicho sobre lo que no ha dicho. Cuando Dios le dijo a Abraham que dejara su país de origen no se molestó en decirle a dónde iba. Solamente le dejó en claro que para cumplir con la asignación que Dios le había ofrecido no podía quedarse en su viejo ambiente. Cuando Dios solamente nos da la dirección que necesitamos para el momento, tiende a mantenernos más cerca de Él. Esto nos ayuda a aprender la lección sumamente importante de la dependencia de Dios; una lección que cada persona marcada por el favor de Dios tiene que aprender. La disposición de Abraham para seguir al Señor en esos términos era lo necesario para que Dios le confiara esta asombrosa asignación. ¿Puede aceptar la dirección de Dios momento a momento en medio de un cambio de asignación? ¿Cómo sería eso para usted?

PUNTO PARA MEDITAR

Mi conducta y mi carácter son gobernados por los preceptos divinos.

REFLEXIÓN PERSONAL

_____

_____

_____

EL FAVOR DA INDICIOS
DE SU PROPÓSITO

Ten por cierto que tu descendencia morará en tierra
ajena, y será esclava allí, y será oprimida cuatrocientos
años. Mas también a la nación a la cual servirán, juzgaré
yo; y después de esto saldrán con gran riqueza.
—GÉNESIS 15:13-14

EL FAVOR LE fue dado a Abraham con un propósito específico en mente. El favor siempre viene con una asignación. En el caso de Abraham, esa asignación era construir una nación, lo cual significaba que el impacto del favor sobre la vida de Abraham y de cada uno de sus descendientes tenía un propósito que se extendía más allá de ellos por generaciones; de hecho, a todas las generaciones que serían parte de la revelación que Dios quería soltar sobre la Tierra a través de esa nación.

En un encuentro el Señor le dijo a Abraham que sus descendientes serían esclavos durante 400 años. Aunque la mayoría de nosotros no consideraríamos una cautividad profetizada como una señal del favor de Dios, esta era simplemente la preparación divina para mostrar su poder y perfeccionar su poder en la debilidad. Todos experimentamos dificultades ¿Cómo puede ver el favor de Dios indicando su propósito en las dificultades actuales?

PUNTO PARA MEDITAR

El favor de Dios da indicios de mi propósito sin
importar lo difícil de las circunstancias.

REFLEXIÓN PERSONAL

_____

_____

EL FAVOR CAMBIA SUS CIRCUNSTANCIAS

Vosotros pensasteis mal contra mí, mas Dios lo encaminó a bien,
para hacer lo que vemos hoy, para mantener en vida a mucho pueblo.
—GÉNESIS 50:20

DESPUÉS DE QUE José recibió la revelación del favor de Dios en su vida por medio de dos sueños proféticos, su jornada de inmediato lo llevó a circunstancias que parecían contradecir esa revelación por completo. Cuando terminó en una cisterna, vendido como esclavo y enviado a prisión, estoy seguro de que no tenía idea de que el favor de Dios sobre su vida lo estaba colocando en posición para cumplir con la palabra profética de Dios sobre su familia. El favor puede ser reconocido con mayor facilidad si usted comienza desde abajo. Por lo tanto, la hora más oscura de José reveló la medida extraordinaria del favor de Dios sobre él. Algunos podrían decir que terminar en prisión probó que tenía poco favor, pero no era así. La realidad era que el favor sobre él era lo que lo habilitaba para convertir sus circunstancias adversas en el mismo proceso de entrenamiento que necesitaba para cumplir con la asignación para la cual ese favor le había sido dado. ¿Qué circunstancias adversas está experimentando, y cómo está sintiendo el favor de Dios en este momento?

PUNTO PARA MEDITAR

Confiaré en el Señor incluso cuando mis circunstancias
parezcan contradecir sus promesas.

REFLEXIÓN PERSONAL

_____

_____

EL FAVOR PUEDE SER VISIBLE

Por la fe José, al morir, mencionó la salida de los hijos
de Israel, y dio mandamiento acerca de sus huesos.
—Hebreos 11:22

Es de sorprender que el favor sobre la vida de José no era meramente para salvar a su familia, sino también para salvar a toda la nación de Egipto. Después de todo, si el pueblo de Dios iba a salir de esta nación con grandes posesiones dentro de algunos cientos de años, necesitaba ser una nación próspera, no una nación destruida por el hambre. De este modo, el favor sobre Israel se volvió visible en la nación de Egipto. Pero después de la muerte de José, Dios permitió que se levantara un faraón que percibía la bendición de los hijos de Israel con ojos de temor y envidia, al igual que Dios permitió que el enemigo, quién odiaba y temía a Adán y a Eva a causa de su intimidad con Dios, se infiltrara en el huerto de Edén. Este faraón, de hecho, es una de las representaciones más claras del enemigo en la Escritura, y su reino de opresión sobre Israel es emblemático de la esclavitud de la raza humana al reino de pecado y muerte del enemigo. ¿Ha puesto Dios favor en su vida que se extiende más allá de usted? ¿Cómo está siendo mayordomo de ese favor?

Punto para meditar

Hoy levanto mis manos en adoración sin importar mis circunstancias.

Reflexión personal

_____

_____

_____

Día 93

EL FAVOR PROVOCA A OTROS

*Y soñó José un sueño, y lo contó a sus hermanos; y
ellos llegaron a aborrecerle más todavía.*
—GÉNESIS 37:5

EL FAVOR DE Dios tiene una manera de provocar a los que no lo tienen. Es una realidad que comenzó en el huerto y continuó a través de Caín y Abel, Satanás y Job, Jacob y Esaú, David y Saúl, hasta Cristo y los fariseos, y a través de cada generación de la historia de la Iglesia. Cada escenario simplemente recrea el odio del enemigo por el objeto de los afectos de Dios. Pero usted no puede permitir que esto lo detenga de perseguir la posición de favor que Dios ha puesto a su disposición. Como hemos visto, cuando persigue la gloria y la intimidad para la que fue creado, Dios termina con las condiciones perfectas en las cuales levantarse y juzgar a sus enemigos. ¿Cómo va a abrazar la verdad de que usted es objeto del afecto de Dios, creado para la gloria e intimidad con Él?

PUNTO PARA MEDITAR

*Hay un lugar de favor que Dios tiene para mí
y lo perseguiré con todo mi corazón.*

REFLEXIÓN PERSONAL

_____

_____

_____

_____

_____

_____

Día 94

EL CAMPO DE ENTRENAMIENTO
DE DIOS

*Por la fe Moisés, cuando nació, fue escondido por
sus padres por tres meses, porque le vieron niño
hermoso, y no temieron el decreto del rey.*
—HEBREOS 11:23

EL FAVOR SOBRE la vida de Moisés era visible incluso cuando era un bebé. Al igual que Cristo, Moisés nació en un ambiente hostil para los niños recién nacidos. Ya que Faraón temía que se pudiera levantar un libertador, ordenó que mataran a todos los israelitas varones recién nacidos. Pero la madre de Moisés vio que era especial y lo protegió todo el tiempo que pudo. Luego, quedó bajo la protección de la hija de Faraón y extraordinariamente terminó siendo criado en casa de Faraón. Cuando Moisés se enteró de que era un israelita, su pasión creció para ver a su pueblo ser liberado de la crueldad de la esclavitud. Trató de cumplir con su destino bajo su propio poder, y entró en una temporada de exilio que duró cuarenta años. Pero esto, como los años de José en prisión, se convirtió en el campo de entrenamiento de Dios para él, culminando en su asombrosa comisión en la zarza ardiente. Piense en todas las cosas que lo llevaron a sus temporadas de exilio, y qué fue lo que lo sacó de ellas.

PUNTO PARA MEDITAR
Solo Dios puede llenar de poder mi destino.

REFLEXIÓN PERSONAL

_____

_____

_____

Día 95
EL FAVOR CONCUERDA
CON LA ASIGNACIÓN

Por la fe dejó a Egipto, no temiendo la ira del rey;
porque se sostuvo como viendo al Invisible.
—HEBREOS 11:27

EL FAVOR EN la vida de Moisés era diferente del de Abraham o José porque la asignación, liberar a la nación de Israel, requería que Moisés confrontara el principado espiritual que estaba oprimiendo a Israel. Por lo tanto, aunque Abraham, Isaac, Jacob y José, tienen historias del poder milagroso de Dios asociado con ellos, los milagros que realizó el Señor a través de Moisés se encuentran en una escala completamente distinta. Al considerar que no se había hecho nada semejante a lo que Dios le estaba pidiendo a Moisés, hace que sea más fácil comprender su inseguridad en la zarza ardiente. Estaba familiarizado con el poder. Después de haber crecido en Egipto, es probable que supiera exactamente contra lo que se enfrentaría cuando Dios le pidió que confrontara al poder demoníaco detrás del trono de Faraón. Pero todavía no había visto el poder superior de Dios en acción. Aquí era donde Moisés tenía que dar un paso en obediencia radical. Al hacerlo, Moisés recibió una revelación del Dios que invade lo imposible. ¿Qué tan dispuesto está para dar un paso en obediencia radical a Dios aún cuando no puede ver lo que está haciendo?

PUNTO PARA MEDITAR

Las revelaciones frescas de Dios vienen en mi obediencia radical.

REFLEXIÓN PERSONAL

LA BATALLA POR LA ADORACIÓN

*El Señor, Dios de los hebreos, me envió a decirte: 'Deja
ir a mi pueblo para que me adore en el desierto'.*
—ÉXODO 7:16

DIOS LE MENCIONA a Faraón que es el propietario legítimo de su pueblo por medio de exigirle que los libere para ir a adorarlo. Este asunto de la adoración es el tema que define la historia de la humanidad. Fuimos hechos para adorar a Aquel a cuya imagen fuimos creados. Cristo fue crucificado para restaurar nuestro lugar de comunión con Dios en adoración. Esto es, la salvación que adquirió para nosotros no solo es la salvación *de* la muerte, sino también, e incluso más importante, la salvación *hacia* una vida de comunión con Dios. En ese lugar de contemplación del Señor en adoración, somos transformados. Ya que siempre nos volvemos como lo que sea que adoremos, no hay nada mejor que Dios podría haber deseado para su pueblo que lo adoraran, porque no hay nada mejor que Él mismo. Dios no anhela nuestra adoración porque sea un egoísta en necesidad de nuestra afirmación. En lugar de ello, anhela nuestra transformación, la cual toma lugar en la gloria de su presencia, la gloria que desciende en tiempos de adoración extendida. ¿Qué tan integral es la adoración en su caminar con el Señor?

PUNTO PARA MEDITAR
¡El nombre del Señor es magnífico en toda la Tierra!

REFLEXIÓN PERSONAL

_____

_____

_____

LA ADORACIÓN TRAE LIBERTAD

El Señor dice: '¡Ahora vas a saber que yo soy el Señor!'
Con esta vara que llevo en la mano voy a golpear las
aguas del Nilo, y el río se convertirá en sangre.
—Éxodo 7:17, NVI

CUANDO ADÁN Y Eva pecaron no dejaron de adorar; simplemente comenzaron a dirigir su adoración hacia lo equivocado. La agenda del enemigo siempre ha sido robar nuestro destino por medio de hacer que adoremos cualquier otra cosa excepto a Dios. Vemos esta agenda demostrada en la historia del Éxodo por medio de Faraón, quién claramente entendía el hecho de que la adoración de Israel hacia Dios era una amenaza para su reino. Sus respuestas a Moisés revelan las tácticas que el diablo utiliza para evitar que el pueblo entre en una completa libertad, lo cuál es el verdadero fruto de nuestra vida cuando vivimos en adoración al Único que es digno de nuestra adoración. Y las respuestas de Dios a Faraón revelan su pasión por traer a su pueblo a nada menos que a una libertad completa. La libertad total siempre está en la agenda de Dios. Su amor siempre opera para hacernos libres. ¿Aquello con lo que batalla, provoca que usted adore cosas diferentes a Dios? ¿Puede desechar el lastre de esas cosas de su vida?

PUNTO PARA MEDITAR

Echaré todos los ídolos de mi vida a la pila de basura hasta que
no quede nada que obstaculice mi amor y devoción por Dios.

REFLEXIÓN PERSONAL

_____

_____

_____

Día 98
EL PRIMER TRATO DE FARAÓN

Andad, ofreced sacrificio a vuestro Dios en la tierra.
—ÉXODO 8:25

CONSIDEREMOS LAS ESTRATEGIAS detrás de las respuestas de Faraón a Moisés. Cuando Moisés le pidió por primera vez a Faraón que liberara al pueblo de Dios para ir a adorar, Faraón dio la respuesta anterior. Al diablo no le importa que adoremos a Dios si eso no requiere que cambiemos. La verdadera adoración y la libertad que trae requiere la dedicación de toda nuestra vida a Dios. Cualquier oferta que trate de convencernos de otra cosa es falsa. Si tratamos de mantener la adoración "en la tierra" del dominio del diablo, le daremos acceso legal para influenciar y arruinar nuestros esfuerzos. La manera más rápida de zafarnos de debajo del dedo del Satanás es entregarle cada área de nuestra vida a Dios. ¿Qué áreas de su vida necesita rendir en este momento, y que se necesitaría para hacerlo?

PUNTO PARA MEDITAR
No haré tratos con el diablo.

REFLEXIÓN PERSONAL

_____

_____

_____

_____

_____

_____

_____

Día 99
EL SEGUNDO MEJOR
TRATO DE FARAÓN

...con tal que no vayáis más lejos...
—ÉXODO 8:28

Cuando Moisés rechazó los términos de Faraón, este le ofreció dejar salir a Israel, pero añadió la estipulación anterior. Permitir cambios, pero solo cambios parciales, sigue siendo un esfuerzo de controlar al pueblo de Dios. Esta estrategia suele funcionar bien con aquellos que saben que está bien adorar a Dios, pero que siguen aferrados a algo. Tales personas con frecuencia pueden ser convencidas de que rendirse completamente a Dios en adoración es demasiado extremo. Considere lo que le sucedió a la mujer que preparó a Jesús para su sepultura al derramar un ungüento costoso sobre Él, un ungüento que costaba el ingreso de todo un año. Todos, excepto Jesús, pensaron que era excesivo y extremo. Pero Jesús la honró al declarar que la historia de su adoración sin reservas sería contada dondequiera que fuera contada la historia de Jesús. Lo que otros pensaron ser excesivo y extremo, Dios lo consideró razonable. La única adoración verdadera es adoración extrema, y la única adoración extrema trae resultados extremos: transformación. La adoración extravagante y extrema produce un impacto en el corazón de Dios. ¿Cómo luciría en usted la adoración sin reservas? ¿Cómo cree que podría transformarlo?

PUNTO PARA MEDITAR

Estoy listo para una transformación completa a manos de Dios.

REFLEXIÓN PERSONAL

_____

_____

Día 100
EL TERCER TRATO DE FARAÓN

…id ahora vosotros los varones…
—Éxodo 10:11

CON UN NUEVO rechazo, Faraón hizo mayor su oferta con la declaración anterior. Se vuelve bastante claro que el enemigo teme que las familias completas adoren a Dios juntas, en unidad de propósito. Hay un poderoso acuerdo espiritual que es establecido cuando múltiples generaciones unen sus esfuerzos para honrar al único Dios verdadero, el cual trae una liberación exponencial de poder y bendición que no se puede obtener en ninguna otra forma. El diablo también lo sabe, y por esta razón parece estar trabajando horas extra para destruir a las familias. Dios mismo explica por qué hizo que el marido y la mujer se juntaran en uno: era para que tuvieran hijos santos. La unidad genera unidad, especialmente cuando su propósito es honrar a Dios. La unidad familiar siempre ha sido un objetivo que el enemigo quiere destruir, y nunca más que ahora. ¿De qué maneras el enemigo ha trabajado para desestabilizar o destruir a su familia?

PUNTO PARA MEDITAR

Me esfuerzo por mantenerme firme con mi familia, unidos en un propósito que honre a Dios plenamente.

REFLEXIÓN PERSONAL

_____

_____

_____

_____

_____

Día 101
EL TRATO FINAL DE FARAÓN

...Id, servid a Jehová; solamente queden
vuestras ovejas y vuestras vacas...
—Éxodo 10:24

EL ÚLTIMO ESFUERZO de Faraón para hacer que Moisés e Israel entrarán en componendas se encuentra en su declaración anterior. Esta afirmación revela la prueba máxima y potencialmente el lugar de la máxima bendición de Dios. Es adorar a Dios con todos nuestros recursos financieros, así como con nuestra familia. Un cristianismo que cuesta poco vale poco la pena. Satanás sabe que, si puede mantenernos atados a su economía orientada hacia el temor, todavía puede influenciar nuestras emociones y envenenar nuestra mente. El resultado final es que nos volvemos inefectivos para alcanzar nuestro propósito divino. Tal último intento desesperado de parte de Faraón revela lo que Satanás teme más: que las familias adoren juntas con abandono temerario, y que utilicen sus activos para la gloria de Dios. Esto aterroriza al diablo por completo, porque nada le puede ser retenido a este tipo de personas. Dios quiere que le confiemos todo a Él: nuestras familias, nuestros recursos y nuestra vida misma. ¿Está dispuesto a darle todo lo que tiene a Dios por todo lo que Él tiene para usted?

PUNTO PARA MEDITAR

Escojo la economía de Dios para mí mismo y mi
familia, y cortar con toda la mentalidad orientada al
miedo que me coloca en la economía de Satanás.

REFLEXIÓN PERSONAL

_____

_____

LA BENDICIÓN DE PACTO DE DIOS

Hablad a toda la congregación de Israel, diciendo: En
el diez de este mes tómese cada uno un cordero según
las familias de los padres, un cordero por familia.
—ÉXODO 12:3

ESTE ERA PRECISAMENTE el tipo de grupo de personas que Dios quería que Israel fuera. No envió a Moisés a que hiciera un trato con Faraón. Todas sus negociaciones con Faraón tenían el propósito de ganarse la confianza de Israel por medio de mostrar el poder superior de Dios y lograr una liberación que pudiera profetizar la liberación máxima que Él traería sobre la raza humana a través de la expiación. Con el fin de cumplir con ese propósito, la confrontación por medio de la cual Faraón finalmente capituló a las exigencias de Dios fue una confrontación en la cual la muerte vino a todos los que fallaron en sacrificar un cordero pascual y ungir los postes y el dintel de sus puertas con su sangre (una de las verdades maravillosas de esta historia es que solamente un cordero fue sacrificado por hogar; creo que esto significa que hay una bendición cuando los miembros de esa familia caminan con fidelidad delante de Dios). Dios le ha dado a usted su Cordero, Jesús, para su casa. ¿Cuándo fue la última vez que reflexionó en este gran regalo en el contexto de su familia?

PUNTO PARA MEDITAR

Deseo que toda mi familia camine con fidelidad
delante de Dios y reciba su bendición de pacto.

REFLEXIÓN PERSONAL

_____

_____

Día 103
JESÚS NUESTRO FUERTE LIBERTADOR

E hizo llamar a Moisés y a Aarón de noche, y les dijo: Salid de
en medio de mi pueblo vosotros y los hijos de Israel, e id, servid a
Jehová, como habéis dicho. Tomad también vuestras ovejas y vuestras
vacas, como habéis dicho, e idos; y bendecidme también a mí.
—Éxodo 12:31-32

A sí como la vida cristiana comienza por medio de abrazar la gracia y el perdón que Cristo nos ha provisto por fe, la liberación de Israel comenzó con abrazar aquello que Dios les había prescrito para su protección. La Escritura es clara en que si ellos fallaban en confiar y obedecer sus instrucciones no serían más inmunes al ángel de la muerte que los egipcios. Su fe fue un ingrediente esencial en su liberación. Cuando Faraón vio el poder del Dios de Israel terminó con las negociaciones. El pueblo de Dios vivió por fe y Dios honró su fe. ¿Cree que pueda vivir por el mismo tipo de fe y ver la liberación de Dios para usted y su familia?

Punto para meditar

Yo ando por fe y no por vista, aferrándome
a la visión de Dios para mí.

Reflexión personal

_____

_____

_____

_____

_____

Día 104
TODAS LAS COSAS SON
POSIBLES PARA DIOS

*Y cuando Faraón se hubo acercado, los hijos de Israel alzaron
sus ojos, y he aquí que los egipcios venían tras ellos; por lo que los
hijos de Israel temieron en gran manera, y clamaron a Jehová.*
—Éxodo 14:10

CASI INMEDIATAMENTE DESPUÉS de que los israelitas tomaron este primer paso de fe, enfrentaron otra prueba. Se encontraron entre el mar Rojo y el ejército egipcio. La mayoría de nosotros enfrenta este tipo de prueba temprano en nuestra fe. Parece que Dios nos está guiando por un camino a una vida de estándares imposiblemente altos, mientras somos perseguidos por la presión de regresar al pecado y al mundo. Pero en el caso de Israel, la presencia del ejército egipcio y la posibilidad de regresar a la esclavitud le dio a Israel el incentivo para cruzar el mar. Si Faraón y su ejército no hubieran estado en su retaguardia, dudo bastante que hubieran tenido el coraje para cruzar. Dios es tan bueno que incluso va a utilizar al enemigo para motivarnos a llegar a dónde necesitamos estar. El diablo es un peón en manos del Maestro: sus mayores intentos de destrucción *siempre* son corregidos para traerle gloria a Dios y fuerza a su pueblo. Piense en un momento en el cual Dios utilizó al enemigo para motivarlo a llegar. ¿Cómo respondió?

PUNTO PARA MEDITAR
*Decido responder a la motivación de Dios en cada situación
sin importar lo imposible que parezcan las cosas.*

REFLEXIÓN PERSONAL

Día 105

ENTRAR A SU PLENITUD

Por la fe habitó como extranjero en la tierra prometida como en
tierra ajena, morando en tiendas con Isaac y Jacob, coherederos
de la misma promesa; porque esperaba la ciudad que tiene
fundamentos, cuyo arquitecto y constructor es Dios. Pues
si hubiesen estado pensando en aquella de donde salieron,
ciertamente tenían tiempo de volver. Pero anhelaban una
mejor, esto es, celestial; por lo cual Dios no se avergüenza de
llamarse Dios de ellos; porque les ha preparado una ciudad.
—HEBREOS 11:9-10; 15-16

APARTE DE LA vida, crucifixión, resurrección y ascensión de Jesucristo, el Éxodo es quizás lo más asombroso que ha sucedido alguna vez. Pero desde la perspectiva de Dios la mayor realidad para su pueblo no fue la liberación, sino el *propósito* de su liberación. Lo mismo es cierto con respecto a la salvación que Cristo nos da. El significado de esta salvación es algo de lo que aprenderemos a lo largo de nuestra vida. Jamás pasa de moda meditar en el hecho de que estábamos muertos en nuestro pecado y hemos sido resucitados como una nueva creación con un espíritu viviente en el que mora el Espíritu de Dios. Entre los propósitos de Dios para los israelitas estaba representarlo delante de las naciones y ser el linaje humano de Jesús. ¿Puede verse representándolo delante de las naciones desde su posición de herencia divina?

PUNTO PARA MEDITAR

Es tiempo de descubrir y perseguir la plenitud
del propósito de Dios para mi salvación.

REFLEXIÓN PERSONAL

_____

_____

Día 106
VIVIR EN LOS DOMINIOS DEL REY

*Preguntado por los fariseos, cuándo había de venir el
reino de Dios, les respondió y dijo: El reino de Dios no
vendrá con advertencia, ni dirán: Helo aquí, o helo allí;
porque he aquí el reino de Dios está entre vosotros.*
—LUCAS 17:20-21

ESTA VERDAD SE retrata simbólicamente en la historia del Éxodo. Cuando los israelitas salieron de la esclavitud en Egipto, atravesaron el mar Rojo. Esta es una imagen del bautismo en agua, el acto profético por medio del cual declaramos nuestra fe en Cristo y recibimos el perdón de nuestros pecados. Dios no solo sacó a Israel *de* la esclavitud; también los llevó *a* la Tierra Prometida. Y cuando los llevó a ese nuevo territorio, cruzaron el río Jordán hacia la Tierra Prometida. Esto habla del bautismo en el Espíritu Santo (Jesús se refirió al Espíritu Santo como un río, por ejemplo, en Juan 7:38-39). El primer bautismo trata con sacarnos de números rojos, digamos al pagar nuestra deuda por el pecado. El segundo bautismo tiene que ver con llevarnos de vuelta a números negros; o sea, llenarnos de Dios para que podamos andar con Él y representarlo de una manera más eficaz. La Tierra Prometida para el creyente es vivir en el plano del Reino. Nos salvó para vivir en este plano. ¿Cómo le va en su jornada a través de las aguas del bautismo del mar Rojo, al bautismo en el Espíritu del río Jordán y hacia la Tierra prometida?

PUNTO PARA MEDITAR

De la mano de mi Padre voy a avanzar a la Tierra prometida.

REFLEXIÓN PERSONAL

_____

_____

NO SE CONFORME CON MENOS

Yo te busco con todo el corazón; no dejes que
me desvíe de tus mandamientos.
—Salmos 119:10, NVI

E HECHO, DOS tribus y media decidieron vivir en un lado del río mientras que nueve tribus y media cruzaron hacia la Tierra Prometida. Dios les exigió que trabajaran juntos para asegurarse de que el pueblo en ambos lados del río tuviera su herencia. Este río continúa siendo un punto de división hasta ahora, a medida que una gran cantidad de personas maravillosas han escogido vivir del otro lado del río de las intenciones de Dios. No son inferiores ni están indefensos. Pero se han conformado con menos. Hay más del otro lado del río. ¿En qué lado del río está viviendo usted? ¿Ha considerado con toda seriedad que es posible que se esté conformando con menos de lo que Dios tiene para usted? Si es así, ¿está listo para cruzar el río?

PUNTO PARA MEDITAR

No me contentaré con conformarme con menos de lo que Dios tiene
para mí. Seguiré avanzando hasta que reciba mi herencia plena.

REFLEXIÓN PERSONAL

_____

_____

_____

_____

_____

_____

DENTRO DE LA TIERRA PROMETIDA

No se amolden al mundo actual, sino sean transformados
mediante la renovación de su mente. Así podrán comprobar
cuál es la voluntad de Dios, buena, agradable y perfecta.
—ROMANOS 12:2, NVI

LO QUE NOS muestra la historia del Éxodo es que es posible que la gente sea sacada de la esclavitud, pero que se quede corta de entrar a la tierra de las promesas. De hecho, toda la generación que salió de Egipto falló en cumplir el destino que Dios tenía para ellos; murieron en la pequeña península entre Egipto y la Tierra Prometida. La simple razón para estos destinos abortados fue una falta de arrepentimiento: fallar en permitirle a Dios transformar su manera de pensar de la mentalidad de esclavo de Egipto a la mentalidad de los que son capaces de caminar en pacto con Él. ¿Alguna vez le ha permitido a Dios que renueve su mente o sigue viviendo como un esclavo en lugar de un amado hijo o hija?

PUNTO PARA MEDITAR

Soy un amado hijo de Dios.

REFLEXIÓN PERSONAL

_____

_____

_____

_____

_____

_____

$Día$ 109
ASUNTOS DEL CORAZÓN

Que tendrán apariencia de piedad, pero negarán
la eficacia de ella; a éstos evita.
—2 Timoteo 3:5

DE LA MISMA manera, muchos cristianos se arrepienten lo suficiente para ser perdonados, pero no lo suficiente como para ver el Reino. Como afirmé anteriormente, la primera instrucción de Jesús en su ministerio fue: "Arrepentíos, porque el reino de los cielos se ha acercado" (Mateo 3:2). Pero al igual que los israelitas, estos creyentes se pierden de todo lo que está disponible en la vida cristiana auténtica, y están en peligro de conformarse con una vida religiosa.

La religión es la antítesis del Reino de Dios. Y el Reino —el plano de los dominios del Rey— es lo que cada hombre mujer y niño anhela en lo profundo de su corazón. La religión genera apetitos que no puede satisfacer. Por naturaleza le da valor a la forma sin poder, a la información sin experiencia. Le da prioridad a la apariencia externa sobre los asuntos del corazón. Por esta razón la religión no brinda una oportunidad para conocer realmente a Dios y, por lo tanto, es cruel, sin poder y aburrida. ¿La religión lo está manteniendo lejos de la plenitud del Reino de Dios?

PUNTO PARA MEDITAR

Voy a buscar la sabiduría y la gracia de Dios para discernir las
cosas que están evitando que viva una vida cristiana auténtica.

REFLEXIÓN PERSONAL

_____

_____

_____

Día 110
CONOCIDO POR DIOS

Mas ahora, conociendo a Dios, o más bien, siendo conocidos
por Dios, ¿cómo es que os volvéis de nuevo a los débiles y pobres
rudimentos, a los cuales os queréis volver a esclavizar?
—GÁLATAS 4:9

DEBEMOS SER UN pueblo que no esté dispuesto a sacrificar los ideales del Reino por sustitutos artificiales. Este mover presente de Dios se trata de volvernos a entrenar para conectarnos con su presencia manifiesta y no vivir para nada más.

La diferencia fundamental entre el cristianismo auténtico y la religión es el asunto de conocer y ser conocido por Dios contra simplemente saber *acerca* de Él. De hecho, lo único más importante que conocer a Dios es ser conocido por Él. Jesús lo aclaró en el Evangelio de Mateo cuando advirtió que el Padre les dirá a algunos: *"Nunca os conocí; apartaos de mí"* (Mateo 7:23, énfasis añadido). Quienes no tienen un afecto real por Jesús no son sus ovejas, ni sus amados. ¿Tiene hambre por conocer a Dios con todo su corazón y con todo lo que hay en usted, y ser conocido por Él, o es más fácil simplemente saber *acerca* de Él?

PUNTO PARA MEDITAR
Dios es Aquél que más me interesa, a
Quien deseo sobre todo lo demás.

REFLEXIÓN PERSONAL

_____

_____

_____

_____

$Día$ 111
CONOCER A DIOS

*Porque el Padre ama al Hijo, y le muestra todas
las cosas que él hace; y mayores obras que estas le
mostrará, de modo que vosotros os maravilléis.*
—JUAN 5:20

SABER ACERCA DE alguien no es lo mismo que conocerlo. De niño, yo era un gran fan de Willie Mays, el jugador de béisbol del Salón de la Fama con los Giants de San Francisco. Leía todo lo que podía acerca de él, coleccionaba sus tarjetas de béisbol, asistía a sus juegos y escuchaba incontables transmisiones de los juegos de los Giants en la radio. Podría decirle su fecha de nacimiento, darle numerosas estadísticas acerca de sus logros en el campo, incluso mostrarle una copia de su autógrafo. Pero yo no lo conocía y él no me conocía a mí. Para que eso sucediera tendríamos que haber pasado tiempo juntos, y luego él tendría que haberme dejado entrar a su vida y yo también habría necesitado hacer lo mismo por él. Solo si eso hubiera sucedido, yo podría decir: "Conozco a Willy Mays". Jesús fue ejemplo de una relación de intimidad espiritual con el Padre. ¿Cree que Dios desea este tipo de intimidad con usted también?

PUNTO PARA MEDITAR

*Voy a escudriñar las Escrituras con el fin de entender
mejor el ejemplo de Jesús de intimidad con Dios.*

REFLEXIÓN PERSONAL

_____

_____

_____

_____

ABRIR SU CORAZÓN A DIOS

Si confesamos nuestros pecados, él es fiel y justo para
perdonar nuestros pecados, y limpiarnos de toda maldad.
—1 JUAN 1:9

AUNQUE DIOS SABE todo acerca de todos no conoce a todos. Puede dar más datos acerca de una persona que lo que cualquiera podría saber de sí mismo. Pero una relación requiere consentimiento mutuo y cooperación. Para que Él me conozca debo abrir mi corazón y darle acceso a las cosas secretas de mi vida. Por eso confesar nuestros pecados a Dios es tan importante. Es el inicio de la relación. Él ya lo sabe todo: lo bueno, lo malo y lo feo. Pero cuando se lo confieso entro en acuerdo con Él con respecto a que mi pecado está mal. Pero una relación se debe desarrollar sobre más que una confesión. Eso simplemente remueve los obstáculos y hace posible la relación. Al confesar mi pecado me abro a Él para hacer de una relación personal una posibilidad. ¿Está listo para confesarle sus pecados a Dios o hay algo que lo está deteniendo? Si es así, ¿qué es?

PUNTO PARA MEDITAR

Ya no me mantendré callado; le confesaré todos mis pecados a
Dios para que cada obstáculo entre nosotros sea removido.

REFLEXIÓN PERSONAL

_____

_____

_____

_____

_____

Día 113
RENDIRLO TODO

Pero, si le entregas tu corazón y hacia él extiendes las
manos, si te apartas del pecado que has cometido y en tu
morada no das cabida al mal, entonces podrás llevar la
frente en alto y mantenerte firme y libre de temor.
—Job 11:13-15, NVI

LAS RELACIONES SE construyen sobre confianza, comunicación, intereses comunes, sinceridad y tiempo juntos. Eso no es distinto al conocer a Dios. Y desde ese lugar de conocimiento de Dios encontramos nuestro mayor propósito en la vida. No obstante, ser conocido *por* Dios es lo más importante en la vida, y no sucederá sin mi rendición y respuesta a Él. Muchos de nosotros entendemos el llamado a rendirle todo a Dios, pero de todos modos nos aferramos a cosas porque confiamos más en nuestra sabiduría que en la de Dios. Si ese es usted, ¿qué significaría para usted rendirle a Dios todo en este momento? ¿Está su perspectiva alineada con la perspectiva del cielo?

PUNTO PARA MEDITAR

Me enfocaré en la perspectiva del cielo e iré en
pos de lo que significa rendirlo todo.

REFLEXIÓN PERSONAL

_____

_____

_____

_____

_____

D^{ia} 114
UN REINO DE SACERDOTES

Mas vosotros sois linaje escogido, real sacerdocio, nación santa,
pueblo adquirido por Dios, para que anunciéis las virtudes
de aquel que os llamó de las tinieblas a su luz admirable.
—1 Pedro 2:9

DIOS INVITÓ A Israel a conocerlo en el monte Sinaí cuando declaró en Éxodo 19:6: "Y vosotros me seréis un reino de sacerdotes, y gente santa". Dios tenía el propósito de que toda la nación de Israel fueran sacerdotes del Señor, dándole a cada ciudadano acceso único a su presencia con el fin de cumplir con el asombroso honor de ministrarle a Dios mismo. Este era el corazón de Dios para su pueblo: que todos tuvieran acceso a Él. Los había sacado de Egipto para practicar este tipo de adoración. Qué emocionante que podamos proclamar la excelencia de Dios. ¿Está aprovechando su posición como real sacerdote para adorarlo?

PUNTO PARA MEDITAR

Mi corazón está gozoso porque tengo acceso
completo a ministrar a Dios.

REFLEXIÓN PERSONAL

_____

_____

_____

_____

_____

_____

$Día$ 115
CAMINE EN SU NUEVA IDENTIDAD

Todo el pueblo observaba el estruendo y los relámpagos, y
el sonido de la bocina, y el monte que humeaba; y viéndolo
el pueblo, temblaron, y se pusieron de lejos. Y dijeron a
Moisés: Habla tú con nosotros, y nosotros oiremos; pero
no hable Dios con nosotros, para que no muramos.
—Éxodo 20:18-19

DAR LA LEY en el monte Sinaí tenía el propósito de facilitar el proceso por medio del cual Israel pudiera desaprender la mentalidad egipcia y aprender cómo caminar en su nueva identidad como sacerdotes del Señor. Al describir lo que requería de ellos, Dios estaba desvelando su naturaleza santa y justa, que ellos necesitarían emular con el fin de caminar en una relación con Él. Pero Israel rechazó la invitación de Dios para tener una relación. Vemos esto en el versículo citado arriba de Éxodo capítulo 20 durante un encuentro asombroso entre Dios, Moisés e Israel. ¿Ha luchado con sentir tanto miedo de Dios que le gustaría que hubiera alguien más como mediador?

Punto para meditar

No temeré una relación íntima con Dios. Me
ama y quiere que me acerque a Él.

Reflexión personal

_____

_____

_____

_____

_____

Día 116
RELACIÓN AUTÉNTICA

Crea en mí, oh Dios, un corazón limpio, y
renueva un espíritu recto dentro de mí.
—Salmos 51:10

UNA DE LAS características más importantes de ser un ministro para el Señor es desear con fuerza escuchar la voz de Dios. Él habla para limpiarnos: para cualificarnos para poder acercarnos a Él. Rechazar su voz es rechazar su rostro, ya que rechaza la oportunidad de una relación auténtica con Él. Los israelitas tenían miedo de morir si escuchaban su voz, sin darse cuenta de que la muerte que temían estaba en la ausencia de su voz. No solo rechazaron un encuentro relacional con Dios; decidieron tener un mediador. No puede haber una auténtica relación con Dios para la gente que prefiere un mediador por encima de los encuentros personales. ¿Se le había llegado a ocurrir que algunas de las cosas que hacemos de hecho podrían ser un rechazo a Dios?

PUNTO PARA MEDITAR

Estoy agradecido de que la misericordia y el perdón de Dios
siempre están disponibles para mí incluso cuando lo rechazo.

REFLEXIÓN PERSONAL

_____

_____

_____

_____

_____

_____

Día 117
GRACIA BAJO DIOS

Cada uno según el don que ha recibido, minístrelo a los otros,
como buenos administradores de la multiforme gracia de Dios.
—1 Pedro 4:10

LA RESPUESTA DE Israel expresó su preferencia por la Ley en lugar de la gracia. La Ley consiste en límites preestablecidos que no requieren una relación personal con Dios. La gracia, por otro lado, se basa en relación. Es probable que una sobresimplificación fuera decir que bajo la ley a todos se les dan los mismos requisitos. Bajo la gracia algunas cosas cambian según el plan único de Dios para cada individuo. Por ejemplo, Dios podría decirle a una persona que él o ella no pueden tener una televisión; no obstante, le permite a otro que tenga varias de ellas en su casa. Ese es el camino de la gracia. Está basado en una relación. Esto no significa que no haya absolutos bajo la gracia; al contrario. Solo significa que, bajo la gracia, Dios nos habilita para que obedezcamos lo que Él nos manda. ¿Cómo lo hace sentir pensar que la gracia bajo Dios es diferente para cada uno de nosotros porque está basada en una relación?

PUNTO PARA MEDITAR
Seguiré creciendo en mi comprensión de la gracia de Dios.

REFLEXIÓN PERSONAL

_____

_____

_____

_____

_____

$Día$ 118
INVITACIÓN PARA UNA RELACIÓN

Y la apariencia de la gloria de Jehová era como un fuego
abrasador en la cumbre del monte, a los ojos de los hijos de
Israel. Y entró Moisés en medio de la nube, y subió al monte; y
estuvo Moisés en el monte cuarenta días y cuarenta noches.
—ÉXODO 24:17-18

ES INTERESANTE QUE a lo largo de la Escritura Moisés es asociado con la Ley. Leemos que: "Pues la ley por medio de Moisés fue dada, pero la gracia y la verdad vinieron por medio de Jesucristo" (Juan 1:17). Como señal profética de que la vida bajo la Ley no era lo que Dios quería que tuviéramos en el Reino (la Tierra Prometida), Moisés, el mediador de ese primer pacto, murió en el desierto con la primera generación de israelitas. No obstante, como individuo, Moisés fue una de las pocas personas del Antiguo Testamento que entendió y respondió a la invitación de Dios para una relación. Lo vemos en el resto del encuentro en el cual Israel exigió un mediador. ¿A qué extremos iría con el fin de responder a la invitación de Dios para una relación?

PUNTO PARA MEDITAR
Estoy dispuesto a enfrentar incluso el fuego de la cima de
la montaña si eso significa acercarme más a Dios.

REFLEXIÓN PERSONAL

_____

_____

_____

_____

Día 119
EL VERDADERO TEMOR DE DIOS

No temáis; porque para probaros vino Dios, y para que su temor esté delante de vosotros, para que no pequéis. Entonces el pueblo estuvo a lo lejos, y Moisés se acercó a la oscuridad en la cual estaba Dios.
—Éxodo 20:20-21

Cómo Moisés estaba más familiarizado con la voz de Dios y caminaba en una revelación mayor de quién es Dios, su percepción de todos los juegos pirotécnicos que Dios lanzó en la montaña fue completamente distinta. La palabra *temor* aparece dos veces en la declaración anterior de Moisés. Moisés estaba señalando que había un temor equivocado y un temor correcto. El equivocado nos lleva a escondernos de Dios, mientras que el correcto nos lleva a acercarnos a Él en pureza y reverencia. Los juegos pirotécnicos en la montaña expusieron el hecho de que Moisés era el único que entendía y poseía el verdadero temor de Dios. Moisés no tenía miedo porque conocía la voz de quien le pidió que viniera. ¿Conoce la voz de Dios lo suficientemente bien como para distinguir entre el temor equivocado y el temor correcto de Dios?

Punto para meditar

Aprenderé a escuchar la voz de Dios tan bien que nada me detenga de ir cuando me llame.

Reflexión personal

_____

_____

_____

_____

Día 120
SABIDURÍA PARA VIVIR

El temor de Jehová es el principio de la sabiduría, y
el conocimiento del Santísimo es la inteligencia.
—Proverbios 9:10

La intimidad de Moisés con el Señor se puede ver con claridad. Aarón y María lo habían criticado. Dios no se molestó en defenderlo. Solo les preguntó cómo podían criticar a uno de sus mejores amigos. Dios describió su relación con Moisés así:

> Luego dijo Jehová a Moisés, a Aarón y a María: Salid vosotros tres al tabernáculo de reunión. Y salieron ellos tres. Entonces Jehová descendió en la columna de la nube, y se puso a la puerta del tabernáculo, y llamó a Aarón y a María; y salieron ambos. Y él les dijo: Oíd ahora mis palabras. Cuando haya entre vosotros profeta de Jehová, le apareceré en visión, en sueños hablaré con él. No así a mi siervo Moisés, que es fiel en toda mi casa. *Cara a cara hablaré con él, y claramente, y no por figuras; y verá la apariencia de Jehová. ¿Por qué, pues, no tuvisteis temor de hablar contra mi siervo Moisés?*
>
> Números 12:4-8, énfasis añadido

¿Está usted operando desde una posición de intimidad con Dios que traiga sabiduría a sus relaciones con otras personas?

Punto para meditar

Quiero que mi temor del Señor sea tal que me dé
sabiduría para ver claramente en cada situación.

Reflexión personal

Día 121
ASOMBROSO DIOS

¿Quién como Jehová nuestro Dios, que se sienta en las alturas?
—Salmos 113:5

DIOS TENÍA CIERTA manera para hablar con sus profetas. No así con Moisés. Moisés fue llamado a la grandeza desde niño y se le dio el favor que libró su vida. Pero usó mal ese favor cuando mató al egipcio en sus esfuerzos por cumplir la asignación de volverse el libertador de Israel. El favor de Dios no bendice la autopromoción. Después de 40 años de apacentar ovejas, obtuvo favor cuándo Dios vino a él en una zarza ardiente. Cuando hizo a un lado las cosas que tenía que hacer y tomó tiempo para ir a la zarza ardiente Dios le habló. ¿Alguna vez Dios le ha tenido que recordar quién es Él? ¡Tengo la esperanza de que no le haya tomado cuarenta años en el desierto apacentando ovejas para recordarlo!

PUNTO PARA MEDITAR

Estoy de pie hoy asombrado delante de Dios, el Rey de toda la Tierra.

REFLEXIÓN PERSONAL

_____

_____

_____

_____

_____

_____

_____

EL LUGAR DE CONFIANZA

Así que, como tenemos tal esperanza, actuamos con
plena confianza. No hacemos como Moisés, quien se
ponía un velo sobre el rostro para que los israelitas no
vieran el fin del resplandor que se iba extinguiendo.
—2 Corintios 3:12-13, NVI

L A HISTORIA DE Moisés se expande rápidamente a medida que la relación de Dios con él sobrepasa la de todos los profetas: Dios conoció a Moisés cara a cara. De hecho, la gloria del rostro de Dios reposaba sobre el rostro de Moisés hasta que el pueblo finalmente le pidió a Moisés que se pusiera un velo sobre la cabeza; la gloria los espantaba. Moisés es el ejemplo máximo de utilizar el favor para incrementar el favor. Había ganado un lugar de confianza que le dio acceso a los lugares secretos con Dios para ver y experimentar lo que otros no podrían tener acceso. Hablaba claramente con Moisés, no en dichos misteriosos oscuros que necesitaban interpretación. No solo eso, también permitió que Moisés viera su forma, lo cual era inaudito. ¿Qué tan valiente es como para permitir que la gloria de Dios repose sobre usted para que otros la puedan ver?

PUNTO PARA MEDITAR
Estoy lleno de esperanza en Cristo Jesús y
eso me hace valiente para Él.

REFLEXIÓN PERSONAL

_____

_____

_____

CUIDADO CON EL DIFAMADOR

No acuses al siervo ante su señor, no sea
que te maldiga, y lleves el castigo.
—**Proverbios 30:10**, énfasis añadido

Dios lo toma personal cuando deshonramos a quienes llevan su favor. Hay muchos perros guardianes autoproclamados en el cuerpo de Cristo quienes tendrán que dar varias explicaciones delante de Dios. Ahora bien, estos amigos de Dios quizá no tengan la mejor doctrina, y es probable que sus manierismos ofendan a muchos. Quizá incluso tengan áreas de su vida que necesitan serios ajustes y cambios. Pero son reconocidos en el cielo como aquellos que harán cualquier cosa que el Espíritu Santo les pida. Y las señales que se supone deben seguir a un creyente, de hecho, los siguen. Cuando las personas tienen que hacer a un lado las señales que siguen la vida de una persona con el fin de sentirse justificados en su crítica de esa persona, de una manera ignorante se han colocado en una posición de juicio delante de Dios. No debemos abandonar a los amigos de nuestro Padre celestial. ¿Está dispuesto a honrar a los escogidos de Dios incluso cuando no parezcan dignos de tal honor? ¿Puede dejar que Dios sea el juez?

Punto para meditar

Dejaré que Dios sea el juez y no levantaré mi voz
en difamación o crítica de sus amigos.

Reflexión personal

_____

_____

_____

_____

Día 124
HONRE

*Ámense unos a otros con un afecto genuino y
deléitense al honrarse mutuamente.*
—ROMANOS 12:10, NTV

RECONOCER EL FAVOR de Dios sobre otro creyente juega un papel inmenso en nuestra preparación para el incremento del favor de Dios en nuestra propia vida. Si veo el favor de Dios en alguien, soy responsable de dar honor al que honor merece. Y quien honra al que Dios honra se coloca en posición para un incremento del favor de Dios. En específico, cuando honramos a aquellos que poseen una revelación más profunda de Dios y una intimidad más profunda con Él, nos colocamos en posición para recibir la misma revelación para ser guiados a una relación más profunda con Dios nosotros mismos a medida que caminamos en las huellas de quienes nos preceden. Si vamos a desarrollar un corazón para conocer a Dios, debemos aprender a percibir la vida de sus amigos más cercanos como ejemplos de lo que Dios ha puesto a nuestra disposición y seguir su guía directamente hacia Él. ¿De qué manera honrar a alguien que tiene el favor de Dios en su vida trae una perspectiva celestial a la situación?

PUNTO PARA MEDITAR

*Estoy listo para recibir más de la perspectiva del
cielo de lo que significa honrar a otros.*

REFLEXIÓN PERSONAL

VENGA PÁRESE EN EL RÍO

…y el que quiera, tome del agua de la vida gratuitamente.
—APOCALIPSIS 22:17

CONSIDERE LA VIDA de Moisés una invitación a una revelación más profunda de Dios; e incluso anímese más, porque él vivió en un tiempo en que el pecado todavía no había sido expiado. Jesús, el hijo de Dios, todavía no se había hecho hombre, ni había muerto en nuestro lugar para pagar por nuestra redención. Lo que esto significa de una manera básica es que Moisés experimentó esta relación asombrosa de amistad con Dios bajo un pacto inferior. Y es impropio esperar bendiciones superiores de un pacto inferior. La invitación permanece: "El que quiera". Sí Moisés no tenía temor a pesar de estar fuera de la gracia salvadora de Cristo, ¿qué tan poco atemorizado se encuentra usted bajo el nuevo pacto para venir delante de Dios y recibir lo que Él da gratuitamente?

PUNTO PARA MEDITAR

Cómo creyente del nuevo pacto, no temeré venir delante del trono de la gracia de Dios y recibir gratuitamente lo que Él ofrece con tanta liberalidad.

REFLEXIÓN PERSONAL

_____

_____

_____

_____

_____

_____

¡SANTO ES EL SEÑOR!

Jehová reina; temblarán los pueblos. Él está sentado
sobre los querubines, se conmoverá la tierra. Jehová
en Sion es grande, y exaltado sobre todos los pueblos.
Alaben tu nombre grande y temible; Él es santo.
—SALMOS 99:1-3

LA RAZA HUMANA ha sido invitada a la búsqueda máxima del rostro de Dios a través de la historia de Israel, aquellos marcados por la bendición de su rostro. No obstante, entre esos israelitas que salieron de Egipto solo uno abrazó esta búsqueda. Algo debería provocarnos a encontrar qué poseía Moisés para entrar "a la oscuridad en la cual estaba Dios". Después de todo, Moisés sabía mejor que los israelitas que su temor de morir en la presencia de Dios estaba lejos de ser infundado. Dios le dijo explícitamente: "No podrás ver mi rostro; porque no me verá hombre, y vivirá" (Éxodo 33:20). No estamos hechos para resistir esa medida de gloria, santidad y poder. No obstante, al parecer, Moisés sintió que conocer más de este Dios valía el riesgo de morir. Y más tarde, el mismo Dios que había dicho que cualquiera que viera su rostro moriría declaró que hablaba con Moisés cara a cara. ¿Qué tan dispuesto está para ser un precursor cómo Moisés, y estar tan hambriento de la presencia de Dios que conocerlo valga más que la vida misma?

PUNTO PARA MEDITAR

Haré lo que sea necesario para morir a mí mismo
si eso significa conocer más a Dios.

REFLEXIÓN PERSONAL

_____

_____

Día 127
UNIÓN CON CRISTO

Con Cristo estoy juntamente crucificado, y ya no vivo yo, mas
vive Cristo en mí; y lo que ahora vivo en la carne, lo vivo en la fe
del Hijo de Dios, el cual me amó y se entregó a sí mismo por mí.
—GÁLATAS 2:20

HAY VARIOS PERSONAJES en la Escritura quienes reconocen haber visto el rostro de Dios y que quedaron asombrados de descubrir que seguían vivos. Gedeón y Juan son dos ejemplos:

> Viendo entonces Gedeón que era el ángel de Jehová, dijo:
> Ah, Señor Jehová, que he visto al ángel de Jehová cara a cara.
> Pero Jehová le dijo: Paz a ti; no tengas temor, *no morirás.*
>
> JUECES 6:22-23, ÉNFASIS AÑADIDO

> Yo Juan [...] estaba en el Espíritu en el día del Señor,
> y oí detrás de mí una gran voz como de trompeta [...]
> Y me volví y vuelto, vi [...] *a uno semejante al Hijo del*
> *Hombre* [...] Cuando le vi, caí como muerto a sus pies.
>
> APOCALIPSIS 1:9-10, 12-13, 17

Juan junto con cada persona que encontró el rostro de Dios en la Escritura, "murió" en el sentido de que la persona que era antes y después del encuentro eran distintas. ¿Es su condición actual como creyente opuesta a su condición antigua?

PUNTO PARA MEDITAR
Le doy permiso a Dios para que su Espíritu me forme.

REFLEXIÓN PERSONAL

_____

_____

Día 128

LUCIR COMO JESÚS

*Por tanto, amados míos, como siempre habéis obedecido, no
como en mi presencia solamente, sino mucho más ahora en mi
ausencia, ocupaos en vuestra salvación con temor y temblor.*
—FILIPENSES 2:12

VER A DIOS es costoso. Algo en nosotros siempre muere. Pero es solamente la parte que nos está deteniendo de volvernos más como Jesús. Es como el escultor al que una vez se le preguntó qué iba a esculpir de una roca en particular. Su respuesta fue: "Un elefante". Fascinado con sus habilidades el observador le preguntó cómo es que podría en realidad esculpir el elefante en la roca. El artista le respondió: "Oh, eso fácil. Solo remuevo de la roca las partes que no parecen un elefante". Eso es con toda exactitud lo que hace Dios en nuestra experiencia de crecimiento con Él. Corta (hasta morir) las partes que no se parecen a Jesús. Y no hay un camino más claro que a través de encuentros personales con Él. ¿La manera en que usted ordena su vida resiste o complementa la obra santificadora del Espíritu?

PUNTO PARA MEDITAR

*En el poder del Espíritu de Dios, Señor, saldré de tu proceso
de manera que mi vida refleje la realidad de tu obra en mí.*

REFLEXIÓN PERSONAL

_____

_____

_____

_____

$Día$ 129
MÁS ALLÁ DE LA LEY

Desde el cielo el Señor contempla a los mortales, para
ver si hay alguien que sea sensato y busque a Dios.
—Salmos 14:2, NVI

Lo que parece claro es que Moisés y los que tuvieron encuentros personales con Dios entraron en planos de verdad que simplemente no son accesibles a los que están contentos con la letra de la Ley y con saber acerca de Dios. La Biblia puede parecer un libro confuso, incluso contradictorio, porque cuenta las historias de ambos tipos de personas: los que escogieron una relación con Dios y lo que escogieron la religión, así como las diferentes respuestas de Dios a ambos. Vemos en estos ejemplos las historias de los que vieron a Dios y no murieron a pesar de que la Biblia dice que deberían haber muerto. Dios incluye con toda intención este tipo de paradojas en la Biblia para dividir a los que desean conocer a Dios de aquellos que simplemente quieren saber acerca de Dios. Jesús enseñó en parábolas por la misma razón: para que los que lo deseaban las pudieran entender. ¿Qué tanto está su corazón entregado a buscar y conocer a Dios?

Punto para meditar

Rindo cada área de mi corazón a Dios y lo
invito a sentarse en el trono de mi vida.

Reflexión personal

_____

_____

_____

_____

Día 130
EL MISTERIO MANIFIESTO

Y si alguno se imagina que sabe algo, aún
no sabe nada como debe saberlo.
—1 Corintios 8:2

Toda la Biblia fue escrita con la suposición de que solo los que tienen una relación personal con Dios en verdad serán capaces de entenderla. Para los que están fuera en una relación con Dios, las cosas que solamente se entienden en el contexto de intimidad con Dios parecen estar en conflicto. Los que no entienden esto viven con una suposición arrogante de que han encontrado debilidades e inconsistencias en las Escrituras. No obstante, Dios ha utilizado su propia disposición para aparecer débil con el fin de exponer el orgullo y la independencia de la gente. Los que no ven y no se arrepienten se endurecen más en su corazón hasta que un sacudimiento los quebranta.

Suele dirigirnos más profundo en este conocimiento por medio de poner su favor en individuos que nunca habríamos considerado candidatos ideales. Necesitamos humillarnos y aprender a reconocer el favor de Dios donde sea que repose. ¿Cómo responde a lo que parecen ser contradicciones en la Escritura? ¿Busca al Espíritu que nos guía a toda verdad o tiende a depender de su propio entendimiento?

Punto para meditar

Dependeré de la instrucción del Espíritu Santo
cuando me encuentre con los misterios de Dios.

Reflexión personal

_____

_____

MANTÉNGASE FIRME LA ESCRITURA

Toda la Escritura es inspirada por Dios, y útil para
enseñar, para redargüir, para corregir, para instruir
en justicia, a fin de que el hombre de Dios sea perfecto,
enteramente preparado para toda buena obra.
—2 Timoteo 3:16-17

CÓMO PASTOR ALGUNAS veces invito oradores que vienen con una envoltura áspera, pero que llevan una gran unción. Hago esto para entrenar a mi congregación para reconocer la unción y celebrar a las personas que son, no las que no son. La gente quiere estar segura en un aspecto doctrinal, y no en un aspecto de relación. Con frecuencia, la gente espera que reprenda públicamente a un orador anterior por enseñar algo contrario a lo que creemos. Yo solo hago eso si fue una herejía. El término *herejía* se ha utilizado para describir a cualquiera que no está de acuerdo con un líder en particular, pero eso no es así. Necesitamos darles más gracia a los que difieren de nosotros. Las doctrinas esenciales de la Iglesia—el nacimiento virginal, la divinidad y humanidad de Jesús, la expiación y demás— califican como temas que defender. Dicho lo cual, a propósito, traigo oradores a nuestra iglesia que sé que no están de acuerdo con nosotros teológicamente *si* son personas de gran unción e integridad. Cuando alguien no está de acuerdo con su teología, ¿cómo responde?

PUNTO PARA MEDITAR

Rindo mi inseguridad cuando enfrento a aquellos cuya teología
difiere de la mía, y escojo más bien mantenerme firme en la Escritura.

REFLEXIÓN PERSONAL

_____

_____

Día 132
VERDADERA AMISTAD

Y dijo Elías a Eliseo: Quédate ahora aquí, porque Jehová
me ha enviado a Bet-el. Y Eliseo dijo: Vive Jehová, y vive
tu alma, que no te dejaré. Descendieron, pues, a Bet-el.
—2 Reyes 2:2

E STAMOS SALIENDO DE una temporada en la que las personas se reunían alrededor de un acuerdo doctrinal y formaban organizaciones que llamamos denominaciones. En años recientes el Espíritu del Señor ha estado trayendo un cambio. La gente está correctamente cambiando sus prioridades al comenzar a reunirse alrededor de padres. En el pasado la Iglesia con frecuencia buscaba seguridad en la doctrina a expensas de la seguridad profunda que solamente se puede encontrar en relaciones piadosas. ¿Puede pensar en otros ejemplos de amistad en la Biblia más allá de Elías y Eliseo, como Daniel, Sadrac, Mesac y Abed-nego? ¿De qué manera sirven de ejemplo para el tipo de amistades que usted quiere en su vida?

PUNTO PARA MEDITAR

Voy a buscar relaciones piadosas con madres y
padres y hermanos y hermanas espirituales en el
gozo de una comunidad centrada en Cristo.

REFLEXIÓN PERSONAL

_____

_____

_____

_____

_____

Día 133
PLANOS MÁS PROFUNDOS
DE SU VERDAD

Para que habite Cristo por la fe en vuestros corazones, a fin de que, arraigados y cimentados en amor, seáis plenamente capaces de comprender con todos los santos cuál sea la anchura, la longitud, la profundidad y la altura, y de conocer el amor de Cristo, que excede a todo conocimiento, para que seáis llenos de toda la plenitud de Dios.
—EFESIOS 3:17-19

CON EL FIN de obtener un corazón que anhela conocer a Dios, debemos sacrificar nuestra necesidad de tener la razón, entender o explicar cosas. Tenemos que confiar en Él lo suficiente como para permitirle romper nuestras cajas de entendimiento y dirigirnos a planos más profundos de su verdad. Él promete llevarnos línea sobre línea, precepto sobre precepto, "de gloria en gloria" (2 Corintios 3:18). No nos sacó de Egipto para hacernos acampar en el desierto, sino para llevarnos a la tierra prometida de vida siempre en expansión en el conocimiento de Él. ¿Está dispuesto a abrir la puerta de su corazón de par en par de modo que Dios pueda entrar de maneras que jamás se ha imaginado?

PUNTO PARA MEDITAR

Voy a dejar a un lado mis preocupaciones y avanzar hacia aguas profundas con Dios con el fin de recibir más de su revelación divina.

REFLEXIÓN PERSONAL

_____

_____

_____

Día 134
EL GOZO DE SU PRESENCIA

Has hecho de él manantial de bendiciones; tu
presencia lo ha llenado de alegría.
—SALMOS 21:6, NVI

TENEMOS QUE RECONOCER que el arrepentimiento y la transformación completos solo pueden tomar lugar por medio de encuentros reales con Dios; a través de experiencias verdaderas con su poder y su gracia. Moisés tenía una perspectiva divina porque había sido expuesta al poder de Dios más que nadie más en Israel. A lo largo de la Escritura, Dios nos invita a experimentarlo a medida que leemos las historias de sus encuentros con los santos del pasado. Nos invita a buscar y ver qué Él es bueno (Salmos 34:8). ¿De qué maneras ha experimentado el gozo de la presencia de Dios en su vida? ¿Ha podido gustar y ver que Dios es bueno?

PUNTO PARA MEDITAR
Me encanta gustar y ver qué Dios es bueno.

REFLEXIÓN PERSONAL

_____

_____

_____

_____

_____

_____

_____

_____

Día 135
COMO EN EL CIELO, ASÍ TAMBIÉN EN LA TIERRA

Venga tu reino. Hágase tu voluntad, como
en el cielo, así también en la tierra.
—MATEO 6:10

MUCHOS SEGUIDORES DE Jesucristo están satisfechos con la promesa sencilla de ir al cielo en lugar de ver que su destino es proseguir para tener encuentros con el rostro de Dios y vivir en el correspondiente incremento de favor. Están satisfechos con promesas figuradas, no con su cumplimiento. Para algunas personas esto podría parecer como una fortaleza, pero actúa en contra de las mismas promesas de Dios las cuales nos fueron dadas para nuestro tiempo en la Tierra, así como para nuestra vida en el cielo. De hecho, Dios nos dio sus promesas para que nos las apropiáramos, que el cielo pudiera venir a la Tierra. Lo repetiré: solo podemos vivir en el Reino, nuestra tierra prometida, si estamos dispuestos a abrazar la aventura de experimentar a Dios tal como es Él. ¿Está viviendo como si las promesas de Dios pudieran venir a la Tierra a través de usted aquí y ahora?

PUNTO PARA MEDITAR

Ya no voy a estar satisfecho con promesas figuradas. Me
apropiaré de las promesas de Dios aquí y ahora y veré
su Reino venir a la Tierra como es en el cielo.

REFLEXIÓN PERSONAL

_____

_____

_____

$D_{ía}$ 136
CALCULE EL COSTO

En tu simiente serán benditas todas las naciones de
la tierra, por cuanto obedeciste a mi voz.
—GÉNESIS 22:18

LO DESAFÍO A calcular el costo y a que, cómo Moisés, entre a la oscuridad donde Dios está. No hay nada que valga más sobre esta Tierra que encontrar su presencia manifiesta y responder a la invitación de conocerlo y ser conocido por Él. Es para lo que fuimos hechos, para lo que fuimos salvos y lo único que satisfará los anhelos más profundos de nuestro corazón. ¿Qué se requerirá para que verdaderamente calcule el costo, salga de su zona de comodidad y entre con valentía a la presencia de Dios?

PUNTO PARA MEDITAR

Mi corazón anhela encontrarse con Dios y su amor, y
responder a su invitación para tener una relación.

REFLEXIÓN PERSONAL

_____

_____

_____

_____

_____

_____

_____

_____

_____

Día 137
SU PRESENCIA MANIFIESTA

Y después de esto derramaré mi Espíritu sobre toda carne...
—JOEL 2:28

UNA DE LAS mayores promesas de la Escritura es que el Espíritu Santo será derramado sobre toda la humanidad en los últimos días. Esta promesa es declarada de una manera más memorable en Joel 2:28. Podemos reconocer esta promesa en otras partes de la Escritura por medio de poner atención a la imaginería profética bíblica. La primera imagen asociada con el Espíritu Santo en los libros proféticos del Antiguo Testamento es *agua*. Encontramos esta metáfora en versículos como Salmos 72:6: "Descenderá como la lluvia sobre la hierba cortada; como el rocío que destila sobre la tierra". De una manera similar, Oseas 6:3 dice: "Vendrá a nosotros como la lluvia, como la lluvia tardía y temprana a la tierra". Y el paralelismo se ve probablemente más claro en Isaías 44:3: "Porque yo derramaré *aguas* sobre el sequedal, y ríos sobre la tierra árida; mi *Espíritu* derramaré sobre tu generación, y mi bendición sobre tus renuevos" (énfasis añadido). ¿Alguna vez experimentado el agua de la presencia de Dios: la promesa de su Espíritu derramado sobre usted?

PUNTO PARA MEDITAR

Cuando esté seco y sediento, me pararé en las promesas de Dios de que derramará su Espíritu sobre mí.

REFLEXIÓN PERSONAL

_____

_____

_____

_____

Día 138
Y SUCEDERÁ

Sucederá en aquel tiempo, que los montes destilarán mosto, y los
collados fluirán leche, y por todos los arroyos de Judá correrán aguas;
y saldrá una fuente de la casa de Jehová, y regará el valle de Sitim.
—Joel 3:18

A veces los profetas se refieren a "ríos", "arroyos", "manantiales" o "estanques", y en otras ocasiones utilizan los términos *lluvia* o *derramamiento*. Pero la parte más interesante de estudiar la imagen del agua en los libros proféticos de la Biblia es el hecho de que, sin importar el problema que la gente de Dios estuviera enfrentando, el agua parecía ser la respuesta. En otras palabras, sin importar que enfrentaran un conflicto militar, un colapso moral o incluso una sequía natural, la respuesta era siempre la misma: necesitaban al Espíritu Santo. El derramamiento del Espíritu realmente es el curalotodo de la Biblia. No es que no haya cosas que se suponga debamos hacer en lo natural; simplemente al final necesitamos más de Él que cualquier otra cosa. Y Él viene como lluvia: ¡en chubascos celestiales! ¿Vive en un lugar seco y estéril en necesidad de la prosperidad espiritual de Dios? De ser así, hay una fuente en la casa de Dios que fluye de su trono para regar cada lugar seco de su vida. ¡Venga y recíbalo!

Punto para meditar
Estaré debajo del chubasco celestial de Dios.

Reflexión personal

_____

_____

_____

LA LLUVIA PRIMAVERAL
TRAE LA COSECHA

Vosotros también, hijos de Sion, alegraos y gozaos en Jehová vuestro
Dios; porque os ha dado la primera lluvia a su tiempo, y hará
descender sobre vosotros lluvia temprana y tardía como al principio.
—JOEL 2:23

EN PENTECOSTÉS PEDRO declaró que la promesa de Joel 2 se había cumplido. Todos los extraordinarios eventos de esa mañana fueron parte de un derramamiento del Espíritu Santo. No obstante, ese día solo fue el cumplimiento inicial de la promesa: el Espíritu fue derramado ese día, pero hay un día que viene en el que será verdaderamente derramado sobre *toda carne*. Este es un cumplimiento de la promesa del derramamiento del Espíritu como lluvia temprana y tardía. La lluvia temprana fue el primer siglo, la tardía es ahora. Si la lluvia temprana a la que se refiere el pasaje de Joel es acerca del tiempo de siembra que ya se ha llevado a cabo —de sembrar las semillas del Reino— ¿puede ver cómo la lluvia tardía es la lluvia de primavera para la gran cosecha de almas que viene?

PUNTO PARA MEDITAR

Confío en lo que Dios está haciendo con respecto al derramamiento
de su Espíritu porque su tiempo siempre es perfecto.

REFLEXIÓN PERSONAL

Día 140
LO MEJOR ESTÁ POR VENIR

*Todo hombre sirve primero el buen vino, y cuando
ya han bebido mucho, entonces el inferior; mas tú
has reservado el buen vino hasta ahora.*
—JUAN 2:10

EL CUMPLIMIENTO FINAL de la profecía de Joel se llevará a cabo cuando la Iglesia entre a su hora máxima de impacto en el mundo. La tragedia viene cuando la Iglesia repasa las grandes proezas de la historia y supone que nuestra mejor hora se encuentra en el pasado. Este error de lectura de la historia se deriva de no entender de una manera adecuada la naturaleza de Dios. Siempre reserva lo mejor para el último; tanto así que Jesús incluso reservó el mejor vino para el final de la celebración de la boda. Y cuando restaura las cosas que están destruidas o quebradas, las restaura a una mejor condición que antes. Por ejemplo, cuando Dios restauró a Job le dio el doble de lo que había perdido. Ese es el estilo de Dios. Esperar cualquier cosa menos de Él para los últimos días es, en el mejor de los casos, pura ignorancia o incredulidad en el peor. ¿No le parece interesante que el primer milagro registrado de Jesús en la Biblia es la revelación de la naturaleza de Dios?

PUNTO PARA MEDITAR

*Creo que Dios es bueno y que no hay nada en su
naturaleza que contradiga su bondad.*

REFLEXIÓN PERSONAL

_____

_____

_____

Día 141
JESÚS EL DESEADO DE TODAS LAS NACIONES

No apaguéis al Espíritu. No menospreciéis las profecías. Examinadlo
todo; retened lo bueno. Absteneos de toda especie de mal. Y el mismo
Dios de paz os santifique por completo; y todo vuestro ser, espíritu,
alma y cuerpo, sea guardado irreprensible para la venida de nuestro
Señor Jesucristo. Fiel es el que os llama, el cual también lo hará.
—1 Tesalonicenses 5:19-24

La Iglesia está destinada por Dios para cumplir una asignación particular en los últimos días y el derramamiento prometido de su Espíritu está conectado directamente con esa asignación. Hemos sido comisionados para hacer lo que Jesús hizo y enseñar lo que Jesús enseñó. El derramamiento del Espíritu viene a ungir a la Iglesia con la misma unción mesiánica que reposaba sobre Jesús en su ministerio para que podamos ser sus imitadores. Solamente cuando Jesucristo, quién es llamado el Deseado de Todas las Naciones, vive en realidad a través de su pueblo podemos ser exitosos en cumplir su mandato de discipular a las naciones. ¿Considera que Dios será fiel hasta el final de los tiempos a pesar de que lo que ve en lo natural no siempre parece la fidelidad de Dios?

Punto para meditar

Jesús, el Deseado de todas las naciones, será fiel hasta el fin
incluso cuando las circunstancias parezcan indicar lo contrario.

Reflexión personal

_____

_____

_____

Día 142
PARTÍCIPES DE SU NATURALEZA DIVINA

Como todas las cosas que pertenecen a la vida y a la piedad nos han sido dadas por su divino poder, mediante el conocimiento de aquel que nos llamó por su gloria y excelencia, por medio de las cuales nos ha dado preciosas y grandísimas promesas, para que por ellas llegaseis a ser participantes de la naturaleza divina, habiendo huido de la corrupción que hay en el mundo a causa de la concupiscencia.
—2 Pedro 1:3-4

En el corazón de Dios se encuentra que su pueblo, de hecho, represente (o re-presente) los aspectos de su naturaleza por los que la gente está hambrienta. Deben ser expresados a través de nosotros. Dios nos ha establecido para que tengamos éxito en representar a Cristo por medio darnos la promesa de su Espíritu quién vendría sobre nosotros con poder. Pedro expresó esto maravillosamente cuando dijo que: "Nos ha dado preciosas y grandísimas promesas, para que por ellas llegaseis a ser participantes de la naturaleza divina" (2 Pedro 1:4). ¿Hasta qué punto ha pasado por el tipo de transformación espiritual radical que lo habilita para ser participante de su naturaleza divina?

Punto para meditar
Soy un hijo de Dios, un miembro de su familia, transformado por el poder de su Espíritu para participar de su naturaleza divina tanto para mi salvación como para que pueda representarlo bien en el mundo.

Reflexión personal

_____

_____

SU ESPÍRITU EN NOSOTROS
Y SOBRE NOSOTROS

Y Jesús se acercó y les habló diciendo: Toda potestad me es
dada en el cielo y en la tierra. Por tanto, id, y haced discípulos
a todas las naciones, bautizándolos en el nombre del Padre, y
del Hijo, y del Espíritu Santo; enseñándoles que guarden
todas las cosas que os he mandado; y he aquí yo estoy con
vosotros todos los días, hasta el fin del mundo. Amén.
—MATEO 28:18-20

ANTES DE VER qué es el derramamiento del Espíritu quiero clarificar cómo es distinto de la presencia del Espíritu que mora en la vida del creyente. La Escritura nos enseña que cada creyente recibe el Espíritu como sello y arras de nuestra herencia plena, la cual es Dios mismo. La presencia del Espíritu que mora en nosotros viene en el momento de nuestra conversión, cuándo el Espíritu de resurrección trae vida a nuestro espíritu, al igual que sopló en la nariz de Adán en el huerto y se convirtió en un ser viviente. En la vida de los discípulos de Cristo vemos que esto sucedió en Juan 20:22 cuando Jesús se reunió con ellos "sopló, y les dijo: Recibid el Espíritu Santo", pero en su ascensión Jesús les dijo a estas mismas personas que el Espíritu Santo vendría sobre ellos. El Espíritu Santo ya estaba en ellos, pero iba a venir sobre ellos con poder con el fin de convertirlos en testigos. ¿Está dispuesto a permitir que el Espíritu Santo venga sobre usted en poder?

PUNTO PARA MEDITAR

Voy a llevar a cabo la Gran Comisión como un testigo fiel.

REFLEXIÓN PERSONAL

Día 144
COLABORAR CON DIOS

Porque el reino de Dios no es comida ni bebida, sino
justicia, paz y gozo en el Espíritu Santo.
—ROMANOS 14:17

COMO LA PALABRA *derramar* sugiere, la promesa de Mateo 28 se cumple cuando el Espíritu de Dios viene sobre su pueblo como lluvia. Esta invasión celestial es la primera respuesta de Dios a la oración que Jesús nos enseñó a orar: "Venga tu reino. Hágase tu voluntad, como en el cielo, así también en la tierra" (Mateo 6:10). Pablo nos enseñó que: "El reino de Dios […] es […] justicia, paz y gozo en el Espíritu Santo" (Romanos 14:17). Es decir, el Reino de Dios se encuentra en el Espíritu Santo. Este Reino primero crea *el cielo en la Tierra* en la "tierra" de nuestra vida, lo cual nos habilita para madurar como colaboradores del cielo con el fin de traer transformación a la tierra a nuestro alrededor. Por tanto, el derramamiento del Espíritu trata directamente con el destino de Dios para la humanidad. El propósito por el cual Cristo llevó a cabo la salvación de la humanidad fue justo este: reconciliarnos con Dios para que Él pueda reposar sobre nosotros, creando así un pueblo que pueda colaborar con Él en traer el cielo a la Tierra. ¿Está listo para que la invasión celestial de Dios impregne todo su ser para que camine de la mano con Él?

PUNTO PARA MEDITAR

Estoy listo para que el Espíritu de Dios venga sobre mí
como lluvia para que su invasión celestial toque cada
parte de mi ser y me transformé para mi destino.

REFLEXIÓN PERSONAL

_____

_____

LA CLAVE PARA CADA CREYENTE

*Y ahora, Señor, mira sus amenazas, y concede a tus
siervos que con todo denuedo hablen tu palabra, mientras
extiendes tu mano para que se hagan sanidades y señales y
prodigios mediante el nombre de tu santo Hijo Jesús.*
—Hechos 4:29-30

EL DERRAMAMIENTO DEL Espíritu está intrínsecamente vinculado con el bautismo en el Espíritu Santo. Esta experiencia ha sido tema de debate durante décadas. Pero no hubo debate cuándo fue dado a la Iglesia hace dos mil años. Era tan esencial para la vida del creyente que Jesús les advirtió a los discípulos que no se fueran de Jerusalén antes de recibirlo. Lo que es todavía más importante notar es que poco tiempo después de esta experiencia inicial encontramos que los discípulos recibieron otro nivel de ese mismo derramamiento en Hechos 4:30. Si el bautismo del Espíritu fue prometido para los últimos días, y si fue clave para el éxito de los discípulos cuando comenzaron a obedecer el mandato de Cristo para discipular a las naciones, entonces parece claro que es la clave para cada creyente y cada generación en lo postrero de los últimos días. ¿Cómo sería si usted hablara con denuedo y confianza de parte de Dios de una manera muy pública confiando en que su Espíritu le será dado en una medida equivalente a la tarea?

PUNTO PARA MEDITAR

*Creo que el bautismo en el Espíritu de Dios es una
necesidad para mí y para todos los creyentes.*

REFLEXIÓN PERSONAL

_____

_____

$Día$ 146
EN TIERRA FIRME

En realidad, sin fe es imposible agradar a Dios, ya que
cualquiera que se acerca a Dios tiene que creer que él
existe y que recompensa a quienes lo buscan.
—HEBREOS 11:6, NVI

EL MEJOR TERRENO en el que podamos estar parados al considerar el bautismo en el Espíritu Santo son las Escrituras. Mucho del debate que ha surgido sobre este asunto deriva de que las personas lo evalúan con base en su experiencia, o falta de ella, en lugar de invitar al Espíritu Santo a que alinee su nivel de experiencia. Los que intencionalmente ignoran elementos de la Escritura que están fuera de su experiencia, dejan ver una falta de confianza en el Dios que la escribió.

Quienes están satisfechos con su falta de experiencia se esfuerzan duro para justificar su postura por medio de oponerse a los que enseñan y van en pos de encuentros con Dios. Una evaluación sencilla de las Escrituras y la vida de los que enseñan y experimentan el bautismo en el Espíritu brindará evidencia abrumadora de que esta promesa del Padre fue dada para "vosotros [...] y para vuestros hijos, y para todos los que están lejos; para cuantos el Señor nuestro Dios llamare" (Hechos 2:39). Todos los que son llamados a salvación están en la lista para recibir esta promesa del bautismo en el Espíritu Santo. ¿Qué encuentra en la Escritura sobre el poder del Espíritu operando en la vida de los que recibieron el bautismo en el Espíritu? ¿Qué encuentra cuando examina su propia vida?

PUNTO PARA MEDITAR

Continuaré creciendo en mi comprensión del bautismo en el
Espíritu Santo por medio de leer y estudiar la Palabra de Dios.

REFLEXIÓN PERSONAL

_____

_____

Día 147
LA NATURALEZA RENOVADA

Si vivimos por el Espíritu, andemos también por el Espíritu.
—GÁLATAS 5:25

FUI CRIADO CON la enseñanza de qué hablar en lenguas es la evidencia inicial del bautismo en el Espíritu Santo. Es un punto por el cual no estoy dispuesto a pelear, aunque iré tan lejos como para decir que este don de orar en lenguas está disponible para cada creyente que recibe este bautismo. Como dijo el apóstol Pablo: "…no impidáis el hablar lenguas" (1 Corintios 14:39). Yo personalmente siento que el bautismo mismo y su propósito son infinitamente más importantes que la cuestión de sí es o no la evidencia inicial de la experiencia. Este profundo encuentro con Dios nos es dado para que podamos ser llenos con su poder y habilitados para demostrar de una manera auténtica la vida de Jesús delante de este mundo. ¿De qué manera su naturaleza renovada lo está habilitando para demostrar la vida de Jesús al mundo a su alrededor?

PUNTO PARA MEDITAR

Yo vivo y camino por el Espíritu, lleno de su poder, de modo que reflejo a Jesús en cada situación.

REFLEXIÓN PERSONAL

_____

_____

_____

_____

_____

_____

Día 148
¡ESPÉRELO!

Una vez, mientras comía con ellos, les ordenó: —No se alejen de Jerusalén, sino esperen la promesa del Padre, de la cual les he hablado: Juan bautizó con agua, pero dentro de pocos días ustedes serán bautizados con el Espíritu Santo.
—HECHOS 1:4-5, NVI

LAMENTABLEMENTE, MUCHOS PUEDEN orar en lenguas, pero tienen poco poder en su vida. En algún punto del camino compraron la mentira de que una vez que pueden orar en lenguas ya tienen todo lo que fue prometido. Tal respuesta es similar a que Israel, una vez habiendo cruzado el río Jordán hacia la Tierra prometida hubiese acampado en la ribera del Jordán y nunca hubiese entrado a tomar posesión de la tierra. Mientras que me deleito bastante cada día de mi vida en el don de lenguas, tiene que haber más con respecto a la experiencia máxima en la vida que haber recibido una herramienta para usarla en edificación personal. Ese es el propósito de ese don. Los demás dones se deben utilizar de modo que pueda ser capaz de representar a Jesús con poder delante del mundo y afectar el curso de la historia mundial. ¿Cuán a menudo agradece en verdad el gran don del Espíritu Santo que le fue dado para llenarlo de poder para la gloria de Dios?

PUNTO PARA MEDITAR

Esperaré, ya que el propósito de Dios para el bautismo en el Espíritu es traerme su poder para que pueda lograr su voluntad sobre la Tierra.

REFLEXIÓN PERSONAL

_____

_____

Día 149
LA PROMESA INCOMPRENSIBLE
DE DIOS

Al que puede hacer muchísimo más que todo lo que podamos
imaginarnos o pedir, por el poder que obra eficazmente en
nosotros, ¡a él sea la gloria en la iglesia y en Cristo Jesús por
todas las generaciones, por los siglos de los siglos! Amén.
—Efesios 3:20-21, NVI

LA PROVISIÓN MÁXIMA de Dios para el creyente en el derramamiento del Espíritu es que seamos "llenos de la plenitud de Dios" (Efesios 3:19). Para el apóstol Pablo era tan obvio que debíamos ser llenos del Espíritu que de hecho lo ordenó. Una cosa es acostumbrarnos a la idea de que Dios, de hecho, quiere vivir en nosotros, pero es otra muy distinta darnos cuenta de que tiene el propósito de llenarnos con su plenitud. No puedo comprender tal promesa. Pero sé que su propósito para llamarnos es que Él pueda derramarse a través de nosotros al mundo a nuestro alrededor. Un vaso de agua no está realmente lleno hasta que se derrama. De una manera similar, la llenura del Espíritu en nuestra vida se mide por el derramamiento del Espíritu a través de nosotros con el fin de tocar al mundo a nuestro alrededor. ¿Cómo lo hace sentir pensar que Dios tiene el propósito de que usted sea lleno con *toda* su plenitud?

PUNTO PARA MEDITAR
Recibo la plenitud del Espíritu de Dios
trabajando en mí para traerle gloria.

REFLEXIÓN PERSONAL

Día 150
¿POR QUÉ PODER?

Porque el Señor tu Dios está en medio de ti como
guerrero victorioso. Se deleitará en ti con gozo, te
renovará con su amor, se alegrará por ti con cantos.
—Sofonías 3:17, NVI

SERÍA INCORRECTO PARA mí decir que todo lo que experimentamos es por causa de otros. Eso simplemente no es cierto. Algunos piensan que Dios los sanará con el fin de que un pariente o amigo sea salvo. Por supuesto, un gran beneficio secundario de un milagro es que otros sean tocados por la bondad de Dios. Pero distorsiona el asunto. Dios toca su vida porque lo ama. De hecho, se deleita en usted. A muchas personas se les dificulta creerlo. ¿De qué manera saber eso cambia la forma en la que usted piensa de sí mismo y de Dios?

Punto para meditar

Gracias, Dios, que me amas tanto que me salvaste por
completo y para siempre de cada enemigo espiritual y
de cada enemigo del mundo, y luego pusiste tu poder
sobre mí para que pueda estar firme en tu victoria.

Reflexión personal

_____

_____

_____

_____

_____

_____

Día 151
PARA GLORIA DEL GRAN
NOMBRE DE DIOS

Los llamaron y les ordenaron terminantemente que dejaran de
hablar y enseñar acerca del nombre de Jesús. Pero Pedro y Juan
replicaron: —¿Es justo delante de Dios obedecerlos a ustedes
en vez de obedecerlo a él? ¡Júzguenlo ustedes mismos! Nosotros
no podemos dejar de hablar de lo que hemos visto y oído.
—HECHOS 4:18-20, NVI

DIOS SE DELEITA en nosotros y hace llover bendiciones sobre nosotros solo porque le pertenecemos. Se deleita sobre nosotros y nos da acceso a sus dominios simplemente para nuestro placer. No obstante, también hay un principio preponderante en su Reino: es casi imposible experimentar más de Dios y guardarlo nosotros mismos. Como declararon Pedro y Juan: "Nosotros *no podemos dejar* de hablar de lo que hemos visto y oído" (Hechos 4:20, énfasis añadido). Esta es la naturaleza de una vida con Dios: dar es lo más natural. A medida que usted experimente más de Dios, ¿qué quiere hacer como resultado: aquilatar la experiencia, compartirla o ambas?

PUNTO PARA MEDITAR

Quiero ser contado entre los que no pueden dejar de
hablar acerca de lo que han visto y escuchado de Dios.

REFLEXIÓN PERSONAL

EL PODEROSO NOMBRE DE JESÚS

*Si esto es así, ¡cuánto más la sangre de Cristo, quien por
medio del Espíritu eterno se ofreció sin mancha a Dios,
purificará nuestra conciencia de las obras que conducen
a la muerte, a fin de que sirvamos al Dios viviente!*
—Hebreos 9:14, NVI

El Reino de Dios nunca debe ser reducido a mensajes, ideas y principios. El Reino de Dios es poder. A aquellos que se encuentran con Él una y otra vez, les ha sido concedido poder ilimitado. Cada encuentro obra más profundo en nuestro corazón, trayendo la transformación necesaria para que se nos pueda confiar más de Él. Entre más profunda sea la obra del Espíritu dentro de nosotros, más profunda será la manifestación del fluir del Espíritu a través de nosotros. Eso, en esencia, es el propósito detrás de la promesa que se encuentra en Efesios 3:20: "Y a Aquel que es poderoso para hacer todas las cosas mucho más abundantemente de lo que pedimos o entendemos, *según el poder que actúa en nosotros*" (énfasis añadido). ¿Cuándo fue la última vez que permitió que la sangre de Jesús limpiará su conciencia?

PUNTO PARA MEDITAR

*Quiero que todo el poder de Jesús, el Señor del
cielo y de la Tierra, opere en mi vida.*

REFLEXIÓN PERSONAL

_____

_____

_____

_____

Día 153
FLORECER EN LO IMPOSIBLE

Para que en el nombre de Jesús se doble toda rodilla de los
que están en los cielos, y en la tierra, y debajo de la tierra.
—FILIPENSES 2:10

OBSERVE QUE LO que pasa a nuestro alrededor es *conforme* a lo que pasa en nuestro interior. Ese calificador es ignorado con demasiada frecuencia. Este poder nos habilita para presentarle a Jesús a los demás de una manera que satisface cada necesidad humana. Este estilo de vida florece en lo imposible. Nuestro deleite es ver las imposibilidades de la vida doblar su rodilla en el nombre de Jesús una y otra vez. Los que se encuentran con Él en este nivel se inclinan mucho más a tomar riesgos para que los milagros sucedan. La ausencia de lo sobrenatural es intolerable. Cuando uno considera la asombrosa provisión del Señor para los que rinden todo, la falta de poder se vuelve inexcusable. ¿Está usted viendo las imposibilidades de la vida doblar su rodilla delante de Jesús?

PUNTO PARA MEDITAR

Viviré una vida que florezca en lo imposible porque
con Dios todas las cosas son posibles.

REFLEXIÓN PERSONAL

_____

_____

_____

_____

_____

_____

Día 154
EL FRAGANTE AROMA DE CRISTO

Pero gracias a Dios, que en Cristo siempre nos lleva en triunfo, y que por medio de nosotros manifiesta la fragancia de Su conocimiento en todo lugar. Porque fragante aroma de Cristo somos para Dios entre los que se salvan y entre los que se pierden [...] Y para estas cosas ¿quién está capacitado?
—2 Corintios 2:14-16, NBLH

El propósito de Dios fue anunciado por el salmista: "Dios tenga misericordia de nosotros, y nos bendiga; *haga resplandecer su rostro sobre nosotros*; para que sea conocido en la tierra tu camino, *en todas las naciones tu salvación*" (Salmos 67:1-2, énfasis añadido). Una vez más hay una conexión profunda que no debe ser ignorada entre el rostro de Dios que brilla sobre su pueblo y la salvación de las almas entre las naciones. Hay una conexión entre ambos que no debe ser ignorada. Muchos se resisten a la bendición del Señor porque no quieren ser egoístas. No obstante, es su bendición sobre su pueblo la que se supone convertirá el corazón del incrédulo para descubrir la bondad de Dios. ¿Ha experimentado que el rostro de Dios brille sobre usted? Si fue así, ¿cuál fue el resultado? Si no, ¿qué tanto desea esta experiencia?

Punto para meditar
Dejaré de resistir las bendiciones de Dios y me convertiré en fragante aroma para Él.

Reflexión personal

_____

_____

_____

Día 155
LA ABRUMADORA PROMESA

Pero ahora, Jacob, mi siervo, Israel, a quien he escogido, ¡escucha!
Así dice el Señor, el que te hizo, el que te formó en el seno
materno y te brinda su ayuda: "No temas, Jacob, mi siervo,
Jesurún, a quien he escogido, que regaré con agua la tierra
sedienta, y con arroyos el suelo seco; derramaré mi Espíritu
sobre tu descendencia, y mi bendición sobre tus vástagos".
—Isaías 44:1-3, NVI

DIOS HIZO UNA promesa que combinaba dos de las mayores experiencias para el creyente contenidas en toda la Biblia: el derramamiento del Espíritu y el encuentro con su rostro. Como veremos, en esencia son una y la misma. Lo dijo así: "Ni esconderé más de ellos mi rostro; porque habré derramado de mi Espíritu sobre la casa de Israel, dice Jehová el Señor" (Ezequiel 39:29). En esta declaración, esta extraordinaria *promesa* ha sido vinculada con el cumplimiento de la *búsqueda* máxima.

Cuando el Espíritu Santo viene con poder para transformar vidas, iglesias y ciudades, el rostro de Dios está al alcance. Su rostro expresa el corazón de quién es Él y cómo es. ¿Cómo ve la promesa máxima de Dios vinculada con la búsqueda máxima de su vida?

PUNTO PARA MEDITAR

Recibo la promesa máxima de Dios a medida que voy
en pos de la búsqueda máxima de mi corazón: conocerlo
plenamente para que pueda ser plenamente conocido.

REFLEXIÓN PERSONAL

_____

_____

$Día$ 156
REVELACIONES DE SU ROSTRO

Pero a cada uno le es dada la manifestación
del Espíritu para provecho.
—1 Corintios 12:7

No todos pueden reconocer el rostro de Dios en el derramamiento de su Espíritu. Cuando la lluvia del Espíritu viene, la mayoría de las personas se fijan en los efectos de la tormenta y se pierden de Aquel que es revelado en la nube. El gozo extremo, llorar, sacudirse y temblar, las visiones, los sueños, la sanidad, la liberación y la manifestación de los dones del Espíritu, incluyendo lenguas y profecía son todas revelaciones de su rostro. A algunas personas les encantan estas manifestaciones, y otras personas las rechazan. Pero lo aleccionador que hay que tomar en cuenta es que nuestra respuesta al mover del Espíritu no es una respuesta a las manifestaciones. Más bien, es una respuesta al rostro de Dios. Rechazar el mover del Espíritu de Dios es rechazar el rostro de Dios. ¿Alguna vez ha rechazado las manifestaciones del Espíritu de Dios? Si fue así, ¿cuál fue la razón?

Punto para meditar

Cuando Dios se manifieste responderé a su rostro y a nada más.

Reflexión personal

_____

_____

_____

_____

_____

_____

Día 157
MOISÉS VIO LO QUE LOS DEMÁS NO PUDIERON

Sus caminos notificó a Moisés, y a los hijos de Israel sus obras
[...] Mas la misericordia de Jehová es desde la eternidad y
hasta la eternidad sobre los que le temen, y su justicia sobre
los hijos de los hijos; sobre los que guardan su pacto, y los que
se acuerdan de sus mandamientos para ponerlos por obra.
—SALMOS 103:7; 17-18

EL GRADO EN que percibimos el rostro de Dios por medio las manifestaciones de su presencia es determinado en gran parte por lo que hay en nuestro corazón. Hay un gran contraste entre la manera en que Moisés experimentó a Dios y la manera en que el pueblo de Israel lo experimentó. El corazón de Moisés por conocer a Dios le dio acceso a una revelación que el pueblo de Israel nunca percibió. A Moisés se le permitió ver la apariencia de Dios, a Israel no. También Salmos 103:7 afirma que Moisés conoció los caminos de Dios, e Israel sus obras. ¿Se encuentra estancado en un lugar donde conoce las obras de Dios, pero no sus caminos? ¿Desea más? ¡Abra su corazón a Él por completo y recíbalo plenamente!

PUNTO PARA MEDITAR
Me rehúso a conformarme con menos que la
plenitud de su rostro brillando sobre mí.

REFLEXIÓN PERSONAL

_____

_____

_____

Día 158
DIOS EL PROVEEDOR

Pide para ti señal de Jehová tu Dios, demandándola ya
sea de abajo en lo profundo, o de arriba en lo alto.
—Isaías 7:11

LOS CAMINOS DE Dios son descubiertos a través de las obras de Dios, pero solo los reconocen aquellos que están hambrientos por Él. Por ejemplo, cada vez que vemos una instancia de la provisión de Dios, esa provisión es una señal. Una señal apunta hacia algo más grande que ella misma. En este caso, la señal de provisión señala a Dios el proveedor. Tomarse el tiempo para reconocer hacia dónde apunta una señal no es complicado. No obstante, nuestro sistema de valores determina si seremos motivados para tomarnos ese tiempo. Si nuestro sistema de valores le da más importancia a lo que Dios hace que a quién es Dios —si estamos motivados religiosamente en lugar de por nuestra relación con Él— no seremos atraídos a reconocer la revelación mayor detrás de las obras de Dios. La triste realidad es que algunos están satisfechos con lo que Dios puede hacer y poco les preocupa quién es Dios. Muchos se han perdido del propósito de su creación por conformarse con las obras de Dios, fallando así en venir bajo la influencia del rostro de Dios. ¿Cuál es el sistema de valores y cómo refleja los afectos de su corazón?

PUNTO PARA MEDITAR

Le daré todo mi afecto a Dios, no sobre la base de
lo que hace por mí sino, de lo que Él es.

REFLEXIÓN PERSONAL

_____

_____

Día 159
MANTENERSE EN LA PRESENCIA DE DIOS

Y Moisés respondió: Si tu presencia no ha de ir conmigo, no nos saques de aquí. ¿Y en qué se conocerá aquí que he hallado gracia en tus ojos, yo y tu pueblo, sino en que tú andes con nosotros, y que yo y tu pueblo seamos apartados de todos los pueblos que están sobre la faz de la tierra? Y Jehová dijo a Moisés: También haré esto que has dicho, por cuanto has hallado gracia en mis ojos, y te he conocido por tu nombre.
—Éxodo 33:15-17

TODA LA VIDA de Moisés lo preparó para ver a Dios. Su éxito como líder de Israel dependía por completo de su habilidad, momento a momento, de percibir y seguir la presencia y la voz del Señor. Pero en cierto punto, Dios le dio la oportunidad de tener éxito como líder de Israel de una manera distinta. Le ofreció asignarle un ángel para llevar al pueblo de Israel a la Tierra Prometida. Este ángel se aseguraría de que cada éxito viniera a Moisés como Dios le había prometido. Pero Moisés solo tenía hambre de Dios. Insistió en seguir la presencia de Dios mismo, cuando dijo: "Si tu presencia no ha de ir conmigo, no nos saques de aquí" (Éxodo 33:15). ¿Qué precio está dispuesto a pagar para ver a Dios con mayor claridad?

PUNTO PARA MEDITAR

Estoy tan hambriento por Dios que renunciaré a todos los éxitos terrenales solo para estar cerca de Él.

REFLEXIÓN PERSONAL

_____

_____

UNA DECISIÓN NOBLE

Y haz lo recto y bueno ante los ojos de Jehová, para que te vaya
bien, y entres y poseas la buena tierra que Jehová juró a tus padres.
—DEUTERONOMIO 6:18

OISÉS FUE UN gran líder porque no estaba enfocado en el éxito personal, sino en que Dios fuera conocido. Moisés prefería el desierto *con Dios* a la Tierra prometida *sin Dios*, con toda seguridad una decisión noble. Muchos en nuestras filas han reprobado la prueba. Han escogido la gratificación de los sueños cumplidos sobre las esferas de Dios que parecen tan costosas. Escogieron lo inferior y se perdieron de las realidades celestiales que estaban a la mano; no obstante, eran invisibles. Las esferas celestiales son puestas a nuestra disposición en esta vida. No están reservadas solo para la eternidad. ¿Qué realidades celestiales quiere que Dios ponga a su disposición durante su vida?

PUNTO PARA MEDITAR

Solo estaré satisfecho con las realidades celestiales de
Dios, sea en el desierto o en la Tierra Prometida.

REFLEXIÓN PERSONAL

_____

_____

_____

_____

_____

_____

Día 161
RECONOCER EL DÍA DE SU VENIDA

¿Y quién podrá soportar el tiempo de su venida? ¿o quién
podrá estar en pie cuando él se manifieste? Porque él es
como fuego purificador, y como jabón de lavadores.
—MALAQUÍAS 3:2

AL IGUAL QUE a Moisés, a Israel se le dieron múltiples oportunidades de ir en pos de la presencia manifiesta de Dios. La presencia del Señor se manifestó delante de ellos día y noche. Dios se manifestó a ellos—conforme a sus alrededores—de noche en la columna de fuego y de día en una nube. En los pasajes siguientes vemos que Dios también les habló cara a cara. Pero no reconocieron el día de su venida:

> Guardad, pues, mucho vuestras almas; *pues ninguna figura*
> *visteis* el día que Jehová habló con vosotros de en medio
> del fuego; *para que no os corrompáis y hagáis para vosotros*
> *escultura, imagen de figura alguna,* efigie de varón o hembra.
>
> DEUTERONOMIO 4:15-16, ÉNFASIS AÑADIDO

> *Cara a cara habló Jehová con vosotros en el monte de en*
> *medio del fuego.*
>
> DEUTERONOMIO 5:4, ÉNFASIS AÑADIDO

¿Cómo está reconociendo el día de su venida a usted?

PUNTO PARA MEDITAR
Aprovecharé al máximo cada oportunidad que Dios
me dé para ir en pos de su presencia manifiesta.

REFLEXIÓN PERSONAL

_____

_____

Día 162
NO SE CONFORME CON MENOS

Estas palabras habló Jehová a toda vuestra congregación en el monte, de en medio del fuego, de la nube y de la oscuridad, a gran voz…
—Deuteronomio 5:22, énfasis añadido

Dios les habló a los israelitas cara a cara desde la nube. En otras palabras, hubo una revelación de su rostro en la nube. Pero su falta de disposición a permitirles ver cualquier forma de su semejanza era porque eran inclinados a la idolatría y con toda seguridad crearían una imagen para representar su forma. Hoy caemos en la misma trampa cuando creamos fórmulas para representar revelaciones del Reino. La gente con frecuencia se siente tentada a buscar atajos a los beneficios del Reino, lo cual da como resultado Ismaeles en lugar de Isaacs: falsificaciones en lugar de lo real. ¿Está usted de alguna manera inclinado al mismo tipo de idolatría que afligía a los israelitas: dispuesto a conformarse con una falsificación en el lugar de Dios?

Punto para meditar

No buscaré atajos a los beneficios del Reino. Quiero al verdadero Dios, no una falsificación.

Reflexión personal

_____

_____

_____

_____

_____

_____

VIVIR A LA LUZ DE SU ROSTRO

Examíname, oh Dios, y conoce mi corazón; pruébame
y conoce mis pensamientos; y ve si hay en mí camino
de perversidad, y guíame en el camino eterno.
—SALMOS 139:23-24

DIOS SÍ LE permitió a Moisés ver su forma. Dios podía confiarle a Moisés este nivel de revelación porque su corazón había sido probado. En su misericordia Dios nos da el nivel de revelación que nuestro carácter está preparado para manejar. Al mismo tiempo, sigue revelándose a sí mismo con el fin de exponer nuestro carácter e invitarnos a conocerlo más. Vemos esto en el Evangelio de Juan:

> Ahora está turbada mi alma; ¿y qué diré? ¿Padre, sálvame de esta hora? Mas para esto he llegado a esta hora. Padre, glorifica tu nombre. Entonces vino una voz del cielo: Lo he glorificado, y lo glorificaré otra vez. Y la multitud que estaba allí, y había oído la voz, decía que había sido un trueno. Otros decían: Un ángel le ha hablado. Respondió Jesús y dijo: No ha venido esta voz por causa mía, sino por causa de vosotros.
>
> JUAN 12:27-30

¿Le permitirá a Dios probar su corazón si eso significa que Él le confíe mayores niveles de revelación?

PUNTO PARA MEDITAR

Quiero vivir con mi corazón expuesto a su amor perfecto.

REFLEXIÓN PERSONAL

_____

_____

QUE SU CORAZÓN SE AGITE

*Clama a mí, y yo te responderé, y te enseñaré
cosas grandes y ocultas que tú no conoces.*
—JEREMÍAS 33:3

EL ENCUENTRO DE Juan 12:27 revela las respuestas primarias que la gente tiene a la presencia manifiesta de Dios y su voz. Algunos que escucharon la voz pensaron que era un trueno. En otras palabras, clasificaron la experiencia como un fenómeno natural. Otros creyeron que un ángel le había hablado a Jesús. Estas personas reconocieron que estaba sucediendo algo espiritual o sobrenatural, pero creyeron que no era para ellos. Por otro lado, Jesús escuchó la voz con claridad y sabía que *era* para ellos. Tenía el corazón de su Padre, lo cual lo hacía capaz de percibir no solo la voz de su Padre, sino también el propósito detrás de ella: comunicarle su corazón a su pueblo. El Padre habló para dar a conocer algo a todos los que pudieran escuchar. Pero al hacerlo, expuso el nivel de percepción que poseían en realidad todos los que estaban allí. ¿Qué tan bien puede percibir cuando su amado Padre celestial habla? ¿Cómo fue Jesús ejemplo de maneras en las que usted puede escuchar la voz de Dios?

PUNTO PARA MEDITAR

Mi corazón se agita al sonido de la voz de Dios.

REFLEXIÓN PERSONAL

_____

_____

_____

_____

Día 165
TODOS PUEDEN PERCIBIR
Poned la mira en las cosas de arriba, no en las de la tierra.
—COLOSENSES 3:2

POR MEDIO DE Cristo, Dios ha hecho posible que cada persona vea el Reino. Nuestra experiencia de conversión nos da acceso a esa esfera como Jesús le explicó a Nicodemo: "De cierto, de cierto te digo, que el que no naciere de nuevo, no puede ver el reino de Dios" (Juan 3:3). No obstante, es nuestra responsabilidad desarrollar esta capacidad, entrenar nuestros sentidos para percibir a Dios por medio de renovar nuestra mente y alimentar los afectos de nuestro corazón con la verdad. De otra manera, no tendremos un paradigma interno que nos mantenga sintonizados con la verdad en medio de las actitudes culturales prevalecientes que nos rodean. ¿Está su amor por las cosas terrenales debilitando su deseo por las cosas de Dios? ¿Cómo puede poner la mira en las cosas de arriba?

PUNTO PARA MEDITAR
Mis afectos están establecidos en las cosas de Dios, no en las cosas de este mundo.

REFLEXIÓN PERSONAL

_____

_____

_____

_____

_____

_____

Día 166
LA LOCURA DE LA CRUZ

Porque la palabra de la cruz es locura a los que se pierden; pero
a los que se salvan, esto es, a nosotros, es poder de Dios.
—1 Corintios 1:18

En el mundo occidental poner la mira en las cosas de arriba es un desafío porque vivimos en una cultura que ha abrazado una cosmovisión casi por completo materialista. Esta cosmovisión no acepta la realidad espiritual y hace de lo físico, del plano material, la definición de la realidad. Cuando una persona materialista se encuentra con cosas espirituales no tiene caja donde ponerlas. O las ignora por completo o las explica por medios naturales cómo los circunstantes que dijeron que la voz de Dios era solamente un trueno. Lamentablemente, este paradigma influencia a muchos creyentes, dejándolos impedidos en su habilidad de percibir y entender la verdad de la Escritura y las dimensiones espirituales de su propia vida, ya no se diga de los encuentros sobrenaturales con Dios. ¿Está usted dispuesto a permanecer firme en la gracia salvadora de la cruz, aunque eso signifique dejar pasar el éxito y la popularidad?

PUNTO PARA MEDITAR

Estoy firme en el terreno sólido de la cruz: el corazón
del evangelio y el poder de Dios para salvación.

REFLEXIÓN PERSONAL

_____

_____

_____

_____

BUSCAR SABIDURÍA

Y si alguno de vosotros tiene falta de sabiduría, pídala a Dios, el
cual da a todos abundantemente y sin reproche, y le será dada.
—Santiago 1:5

EL CONFLICTO ENTRE una cosmovisión materialista y una bíblica es la aparente inhabilidad o rechazo de algunos médicos occidentales a reconocer que sus pacientes han sido sanados por un milagro de Dios. Conocemos a muchas personas que han acudido a su médico después de haber sido sanados con el fin de hacerse análisis que muestren que ya no siguen en la misma condición. Aunque estos médicos eran los que conocían mejor la condición en la que estaba la persona, con frecuencia escuchamos que muchos de ellos insisten en que el problema está en remisión en lugar de reconocer que la persona ha sido sanada. Su razonamiento es porque es imposible que el sida o la hepatitis C desaparezca y debe estar escondida. En su campo eso es ser realista. Pero el realismo ignora una realidad superior: la del Reino de Dios. Hay personas que no han tenido evidencia de una enfermedad en particular durante muchos años cuyos registros médicos todavía declaran que la tienen, simplemente porque el médico no quiere o no puede reconocer que la persona ha sido sanada milagrosamente. Gracias a Dios, cada vez hay más médicos que no solamente reconocen los milagros, sino que oran por sus pacientes para que experimenten un muy necesario milagro. ¿Quién es la fuente de su sabiduría Dios o el hombre?

PUNTO PARA MEDITAR

El Reino de Dios es una realidad superior.

REFLEXIÓN PERSONAL

_____

_____

UNA ORDEN DIVINA

De repente, en la sinagoga, un hombre que estaba
poseído por un espíritu maligno gritó: —¿Por qué te
entrometes, Jesús de Nazaret? ¿Has venido a destruirnos?
Yo sé quién eres tú: ¡el Santo de Dios! —¡Cállate!
—Marcos 1:23-26, NVI

UNO DE NUESTROS propios médicos de la iglesia Bethel Church estaba trabajando con otro médico y varias enfermeras en un paciente que estaba en una crisis. Cuando, de pronto, el paciente comenzó a manifestar un demonio; los demás no sabían que hacer. Nuestro médico se inclinó sobre esa persona ató al demonio y le ordenó que se fuera. Se fue, y la persona en la camilla quedó llena de paz. Los demás en la sala se asombraron por la manifestación de un demonio y la facilidad con la cual el nombre de Jesús resolvió un problema de esa naturaleza. ¡Ahora ya saben que hay un mundo espiritual y a quién llamar si los demonios se manifiestan! También saben que hay otra influencia en la vida de las personas además del cuerpo físico y el alma (mente, voluntad y emociones).

Debemos tomar en cuenta que cada vez que somos expuestos a lo milagroso —a las obras de Dios— somos responsables. Es decir, el poder nos fuerza a responder. La incredulidad nos endurece hacia Dios, mientras que la fe nos hace más vivos a Él. ¿Vive a diario abrazando la realidad de que Jesús tiene toda la autoridad?

PUNTO PARA MEDITAR

Responderé en fe cuando sea expuesto a lo milagroso.

REFLEXIÓN PERSONAL

_____

_____

Día 169

EN POSICIÓN PARA UN ENCUENTRO

Además, yo estoy contigo y te protegeré dondequiera que vayas.
Llegará el día en que te traeré de regreso a esta tierra. No te dejaré
hasta que haya terminado de darte todo lo que te he prometido.
Entonces Jacob se despertó del sueño y dijo: "¡Ciertamente el
Señor está en este lugar, y yo ni me di cuenta!"; pero también
tuvo temor y dijo: "¡Qué temible es este lugar! No es ni más
ni menos que la casa de Dios, ¡la puerta misma del cielo!".
—Génesis 28:15-17, NTV

L A CONCLUSIÓN DE Jacob a este primer encuentro con Dios es extraordinaria. Después de haber despertado de un sueño en el cual había una escalera entre el cielo y la Tierra con ángeles que subían y bajaban por ella dijo: "¡Ciertamente el Señor está en este lugar, y yo ni me di cuenta!" (Génesis 28:16, NTV).

¡Es posible estar justo junto a Dios y no darse cuenta! Con frecuencia veo esta verdad desarrollarse en la vida. Nunca deja de asombrarme que en la misma reunión una persona esté experimentando un poderoso toque del Señor y al mismo tiempo la persona junto a ella se está preguntando cuándo va a terminar todo para poder ir a comer. ¿Cuántas veces piensa haber estado justo a un lado de Dios y no haber estado consciente de su presencia? ¿Cómo puede afilar sus sentidos espirituales a este respecto?

PUNTO PARA MEDITAR

Dios siempre está presente incluso cuando no estoy consciente de Él.

REFLEXIÓN PERSONAL

_____

_____

Día 170
HONRE LA SEÑAL

Y nosotros hemos conocido y creído el amor que Dios
tiene para con nosotros. Dios es amor; y el que permanece
en amor, permanece en Dios, y Dios en él.
—1 Juan 4:16

ES POSIBLE COLOCARNOS en una posición para encontrarnos con Dios por medio de aprender a reconocer las señales de su presencia no solo a medida que las experimentamos, sino también a medida que otros las experimentan. Mi perro de caza está entrenado para "honrar la señal" de los demás perros con los cuales está cazando. Eso significa que "señala" incluso cuando no ha percibido el olor de su presa. Asume la misma postura para darme la señal de que ha encontrado algo. Toma la misma postura que los demás perros. Como resultado, finalmente percibe el mismo aroma que ellos han percibido. De la misma forma, cuando reconocemos que otros a nuestro alrededor se están conectando con la presencia de Dios, incluso cuando nosotros todavía no estamos conscientes de Él, nos ponemos en posición de llegar a percibirlo por medio de reconocer su presencia sobre la base de la experiencia de los demás. ¿Quién a su alrededor se conecta con el amor de Dios de tal forma que usted también quiere acercarse y experimentar el amor de Dios?

PUNTO PARA MEDITAR

Cuando puedo reconocer la presencia de Dios en
otros, me pongo en posición de recibirla también.

REFLEXIÓN PERSONAL

$D^{\acute{\iota}a}$ 171
LA PLENITUD DE LA VERDAD DE DIOS

Pero cuando venga el Espíritu de verdad, él os guiará a toda la
verdad; porque no hablará por su propia cuenta, sino que hablará
todo lo que oyere, y os hará saber las cosas que habrán de venir.
—JUAN 16:13

LOS DISCÍPULOS APRENDIERON una lección desafiante en Marcos 16:14 Jesús los reprendió "porque no habían creído a los que le habían visto resucitado". Aprender a creerle a Dios por medio de la experiencia de otra persona es una de las lecciones más difíciles, y al mismo tiempo importante, de la vida. Como el Espíritu Santo vive dentro de nosotros, se nos exige que reconozcamos cuando alguien nos está diciendo la verdad incluso cuando no la entendamos. ¿Está usted invitando la sabiduría del Espíritu Santo en estos momentos de la vida cuando se siente espiritualmente ciego o tiende a depender de su propio entendimiento?

PUNTO PARA MEDITAR

La sabiduría del Espíritu Santo restaura mi
vista cuando estoy espiritualmente ciego.

REFLEXIÓN PERSONAL

_____

_____

_____

_____

_____

_____

Día 172
COMPAÑEROS DE TRABAJO

Somos compañeros de trabajo al servicio de Dios, y ustedes
son un sembrado y una construcción que pertenecen a Dios.
—1 Corintios 3:9, DHH

CUANDO DIOS LEVANTA el velo de nuestros sentidos para percibir lo que está sucediendo en el plano espiritual, dejamos de ser espectadores que han tropezado con algo que no tiene nada que ver con nosotros. Dios se está comunicando con nosotros permitiéndonos ver lo que Él ve con el fin de invitarnos a conocerlo y a colaborar con lo que está haciendo. El plano natural es un territorio tan familiar que es fácil obtener un atisbo de la esfera espiritual y seguir pensando en lo natural. No obstante, Dios nos da estos atisbos de su esfera para que podamos colaborar mejor con Él en la obra del Reino. Trabajar al lado de Dios como mayordomos de la creación ha sido nuestra asignación desde el huerto. ¿Qué está haciendo con la gloriosa invitación de Dios de trabajar a su lado? ¿Lo ve como un gran privilegio, o como algo que usted debe hacer en sus propias fuerzas que va más allá de sus habilidades?

PUNTO PARA MEDITAR

El deseo de mi corazón es caminar de la mano de Dios
sirviéndolo con fidelidad en el poder de su Espíritu.

REFLEXIÓN PERSONAL

_____

_____

_____

_____

Día 173
POSICIÓNESE PARA UNA
MAYOR REVELACIÓN

Samuel todavía no conocía al Señor, ni su palabra se le había revelado. Por tercera vez llamó el Señor a Samuel. Él se levantó y fue adonde estaba Elí. —Aquí estoy —le dijo—; ¿para qué me llamó usted? Entonces Elí se dio cuenta de que el Señor estaba llamando al muchacho. —Ve y acuéstate —le dijo Elí—. Si alguien vuelve a llamarte, dile: "Habla, Señor, que tu siervo escucha". Así que Samuel se fue y se acostó en su cama. Entonces el Señor se le acercó y lo llamó de nuevo: —¡Samuel! ¡Samuel! —Habla, que tu siervo escucha —respondió Samuel. — Mira —le dijo el Señor—, estoy por hacer en Israel algo que a todo el que lo oiga le quedará retumbando en los oídos.
—1 Samuel 3:7-11, NVI

Es un error pensar que solo ciertas personas con dones únicos pueden escuchar y ver a Dios. Uno de los gestos esenciales de la fe es vivir con la expectativa de que el Dios que dijo que sus ovejas escuchan su voz, y que dio su vida para restaurar la relación con cada uno de nosotros, quisiera comunicarse con nosotros. Esta fe nos lleva a inclinarnos a su voz: a aprender a decir como el profeta Samuel: "Habla, Señor, que tu siervo escucha". Es significativo que tan pronto aprendió a tomar esta postura, obtuvo acceso a la mayor revelación a la que Dios lo estaba invitando. ¿Qué postura está tomando usted?

Punto para meditar

Me posicionaré para reconocer la voz de Dios en cada situación.

Reflexión personal

_____

_____

Día 174
ESTÁ BUSCANDO A AQUELLOS EN QUIENES PUEDA CONFIAR

Cuando hubieron orado, el lugar en que estaban
congregados tembló; y todos fueron llenos del Espíritu
Santo, y hablaban con denuedo la palabra de Dios.
—HECHOS 4:31

DIOS HA COMBINADO la búsqueda máxima con el derramamiento prometido del Espíritu porque a los que Él desea vestir con la misma unción que reposó sobre su Hijo son quienes tienen el mismo corazón por el rostro de Dios que el que tenía Jesús. Solamente a los que tienen este corazón se les puede confiar utilizar su poder para el propósito que Él desea: representarlo en toda su gloria y bondad. Este es nuestro desafío, y nuestro destino. ¿Cómo se ve a sí mismo levantándose al desafío de abrazar su destino para representar a Dios como merece ser representado?

PUNTO PARA MEDITAR

Me encontraré entre aquellos en quienes Dios puede confiar que
lo representarán con toda la gloria debida a su gran nombre.

REFLEXIÓN PERSONAL

_____

_____

_____

_____

_____

_____

Día 175
JESÚS: EL ROSTRO DE DIOS

Como está escrito en Isaías el profeta: He aquí yo envío
mi mensajero delante de tu faz, el cual preparará tu
camino delante de ti. Voz del que clama en el desierto:
preparad el camino del Señor; enderezad sus sendas.
—MARCOS 1:2-3

¿QUÉ DIFERENCIA HABÍA en la vida de Juan el Bautista y su ministerio profético? A medida que lea la escritura anterior considere primero que el evangelio de Marcos específicamente describe el ministerio de Juan como el cumplimiento de la profecía de Isaías.

Jesús dijo de Juan: "Entre los que nacen de mujer *no se ha levantado otro mayor que Juan el Bautista;* pero el más pequeño en el reino de los cielos, mayor es que él" (Mateo 11:11, énfasis añadido). Otros en la Escritura tuvieron experiencias más dramáticas con Dios. Algunos hicieron bajar fuego del cielo, otros terminaron hambrunas y, por lo menos uno, les habló a unos huesos secos que en un instante se convirtieron en un ejército viviente. Pero Juan captó la atención del cielo como ningún otro profeta. Llegó a ser conocido como el mayor entre los que nacen de mujer. ¿Está consciente de que al igual que Juan el Bautista, Dios tiene un destino único para su vida y que va a colaborar con usted para hacer a su Hijo conocido en la Tierra si usted abraza su destino?

PUNTO PARA MEDITAR

Sé que Dios tiene un destino único para mí y que me
lo revelara desde su gran corazón de amor.

REFLEXIÓN PERSONAL

_____

_____

APARTADO PARA SUS PROPÓSITOS

Antes de formarte en el vientre, ya te había elegido;
antes de que nacieras, ya te había apartado; te
había nombrado profeta para las naciones.
—JEREMÍAS 1:5, NVI

JUAN VIVIÓ DELANTE del rostro de Dios: el lugar máximo de favor y responsabilidad. Tenía una gracia inusual para reconocer la presencia de Dios incluso antes de nacer. Cuando María estaba embarazada de Jesús entró a una habitación para visitar el Elisabet quien estaba embarazada de Juan. Cuando el saludo de María llegó a los oídos de Elisabet, Juan saltó de gozo todavía en el vientre. Asombroso; Juan todavía era lo que nuestra cultura llama un feto y ese niño nonato pudo reconocer la presencia de Dios. Todavía más significativo fue la habilidad de Juan para reconocer la conexión que la presencia de Cristo tenía con su asignación y destino eterno. Esa realidad le trajo gran celebración, aunque todavía no había nacido. Siempre hay gran gozo disponible para cualquiera que se conecta con su propósito eterno. ¿Alguna vez ha escuchado a Dios declarar su destino sobre usted como lo hizo con Jeremías? Si no, ¿está prosiguiendo para cumplirlo o solo va por la vida esperando?

PUNTO PARA MEDITAR

Tengo un destino único de Dios que se alinea
perfectamente con su corazón.

REFLEXIÓN PERSONAL

_____

_____

_____

Día 177
EL PODER DE LA LENGUA

Pon guarda a mi boca, oh Jehová; guarda la puerta de mis labios.
—Salmos 141:3

L EVANGELIO DE Lucas registra los primeros años de la vida de Juan el Bautista por varias razones. No solo nos muestra que Juan estaba sintonizado con la presencia de Dios desde el vientre, indicando así el potencial que maduraría plenamente en su ministerio, sino también señala que esta capacidad era algo que tenía que ser protegida. Zacarías no creyó las palabras del ángel que Dios le envió con el mensaje del nacimiento de Juan. A causa de esto Dios lo enmudeció durante el resto del embarazo. Su lengua se soltó solo después de que respondió en obediencia al mandato del Señor de nombrar a su hijo *Juan*. Esto es muy importante porque: "La muerte y la vida están en poder de la lengua" (Proverbios 18:21). Si se le hubiera dejado solo mientras todavía estaba en este estado incredulidad, Zacarías hubiera matado con sus palabras el propósito mismo de Dios en la promesa dada a ellos. ¿Puede pensar en algunas palabras que quizá haya dicho que mataron el propósito de Dios en su vida? Nunca es demasiado tarde para arrepentirse y hablar nuevamente en obediencia a Dios.

Punto para meditar

Entro en acuerdo con Dios con respecto a sus planes y propósitos. Me arrepiento de cualquier palabra que yo haya dicho que haya obstaculizado el propósito de Dios en mi vida.

Reflexión personal

_____

_____

_____

Día 178
POR SUS PALABRAS
SERÁ JUSTIFICADO

Mas yo os digo que de toda palabra ociosa que hablen los
hombres, de ella darán cuenta en el día del juicio. Porque por tus
palabras serás justificado, y por tus palabras serás condenado.
—MATEO 12:36-37

LAS PALABRAS DE Zacarías habladas en acuerdo con la voluntad de Dios fueron la clave para liberar el destino de Juan. Juan también fue protegido por Elisabet, quien ocultó su embarazo durante cinco meses después de la concepción. En otras palabras, solo cuando su embarazo se había vuelto indiscutiblemente evidente salió al público. Esto implica que la exposición de Juan a las palabras descuidadas de otros podría haber afectado lo que Dios quería hacer. Se requiere disciplina para domar la lengua. ¿Con cuánta frecuencia salen de nuestros labios palabras descuidadas sin pensar en las consecuencias tanto para nosotros mismos como para aquellos de los que estamos hablando?

PUNTO PARA MEDITAR

Guardaré mi lengua para que las palabras de mi
boca hablen bendiciones y no maldiciones.

REFLEXIÓN PERSONAL

_____

_____

_____

_____

APRENDER A SER FRUCTÍFERO

Que todos nos consideren servidores de Cristo, encargados de
administrar los misterios de Dios. Ahora bien, a los que reciben
un encargo se les exige que demuestren ser dignos de confianza.
—1 Corintios 4:1-2, NVI

MUCHOS PODRÍAN ARGUMENTAR que los propósitos de Dios se cumplirán sin importar lo que digan los demás. Pero ¿por qué, entonces, quiere que conozcamos el efecto de nuestras palabras si no tienen ningún efecto? Los cinco meses en reclusión probablemente fueron suficientes para que Elisabet se fortaleciera en su propia fe para resistir las *maldiciones bien intencionadas* que las personas probablemente pronunciarían; cosas como: "¿No estás demasiado grande para tener un hijo? ¿Qué no hay una buena probabilidad de que este niño nazca con deformidades o retraso mental?". Haber estado escondida le dio tiempo para establecerse en su llamado y aprender la manera de no dejarse afectar por la preocupación descuidada de otras personas. Solo con fe y confianza con respecto a su propio llamado podría volverse lo suficientemente fuerte para administrar de una manera correcta la unción sobre su hijo nonato. ¿Cree tener la paciencia y sabiduría de Elisabet para aprender cómo administrar bien lo que Dios le da, o encuentra que tiende a luchar con saber cómo avanzar cuando Dios está haciendo algo en su vida?

PUNTO PARA MEDITAR

Me detendré y esperaré en Dios, confiando en que
Él me mostrará todo lo que necesito saber.

REFLEXIÓN PERSONAL

_____

_____

HABLE PALABRAS DE VIDA

Y aconteció que cuando oyó Elisabet la salutación de María, la
criatura saltó en su vientre; y Elisabet fue llena del Espíritu Santo, y
exclamó a gran voz, y dijo: Bendita tú entre las mujeres, y bendito el
fruto de tu vientre. ¿Por qué se me concede esto a mí, que la madre
de mi Señor venga a mí? Porque tan pronto como llegó la voz de tu
salutación a mis oídos, la criatura saltó de alegría en mi vientre.
—Lucas 1:41-44

EN NUESTRA CULTURA occidental suena extraño escuchar a alguien
hablar del efecto de nuestras palabras sobre un niño en el vientre.
No obstante, le recuerdo que fue el *saludo* de María, la madre de
Jesús, lo que causó que Juan se regocijara. Un niño tiene un discerni-
miento asombroso el cual, a menos que tenga padres que entiendan
la manera en que trabaja el mundo espiritual y hayan aprendido
cómo administrar la unción y el don de su hijo, tiende a ser aplas-
tado a lo largo de la vida hasta que ese niño ya no puede discernir.
¡Cuando la esencia de las palabras de María llegaron a su corazón
impoluto se regocijó! Entonces Elisabet fue llena del Espíritu Santo,
lo cual la habilitó para convertirse en una buena administradora
del don que Dios le había dado a su hijo hasta el momento en que
pudiera cuidarlo él mismo. ¿Qué lo hace pensar que sus palabras
tengan un impacto tan extraordinario y sobrenatural?

PUNTO PARA MEDITAR
Estoy creciendo en mi entendimiento del poder de mi lengua.

REFLEXIÓN PERSONAL

_____

_____

Día 181
LA ASIGNACIÓN DE JUAN

Y pidiendo una tablilla, escribió, diciendo: Juan es su nombre. Y todos se maravillaron. Al momento fue abierta su boca y suelta su lengua, y habló bendiciendo a Dios. Y se llenaron de temor todos sus vecinos; y en todas las montañas de Judea se divulgaron todas estas cosas. Y todos los que las oían las guardaban en su corazón, diciendo: ¿Quién, pues, será este niño? Y la mano del Señor estaba con él.
—LUCAS 1:63-66

EN LA HISTORIA del nacimiento de Juan el Bautista vemos una ilustración poderosa de colaboración con el Señor en palabra y acción con el fin de administrar el llamado de Dios sobre su vida. Ningún profeta alguna vez llevó la responsabilidad que le fue dada a Juan. Su asignación no era solamente andar delante del rostro de Dios; también era *preparar el camino para que el rostro de Dios fuera revelado* para que todos lo pudieran ver. Este era el momento que todos los demás profetas habían anhelado ver. Ahora todo cambiaría. ¿Qué tan exagerado sería para usted pensar que Dios le ha dado una asignación que tendrá un impacto significativo? Considere a Ananías. Dios le mandó que impusiera manos sobre Saulo y declarará sanidad en el nombre de Jesús. Ese acto sencillo tuvo una importancia eterna. ¿Ha tenido un momento al estilo de Ananías?

PUNTO PARA MEDITAR
*Confiaré en Dios y seré obediente, no rehuiré
de mi momento al estilo Ananías.*

REFLEXIÓN PERSONAL

_____

_____

Día 182
¡EL REY HA VENIDO!

El siguiente día vio Juan a Jesús que venía a él, y dijo: He aquí el Cordero de Dios, que quita el pecado del mundo.
—Juan 1:29

IMAGÍNESE UNA ESCENA común del mundo antiguo: un ejército marchando a través de un pueblo, seguido por su rey siendo llevado en hombros por sus siervos. Ahora imagine la misma escena, excepto que esta vez el ejército es de un solo soldado, vestido de pelo de camello, quien endereza los lugares torcidos con sus declaraciones proféticas. Él también es seguido por un Rey, pero este es el Rey de reyes. Juan está a punto de presentar el rostro del favor divino del Rey. Su asignación no solo era preparar el camino para la *revelación* más clara de Dios, sino también preparar el camino para una *manifestación* real del rostro de Dios: Jesucristo. En Cristo lo que había existido en tipos y sombras durante siglos sería hecho público. ¿Tiene hambre de ser capaz, como Juan, de percibir las señales especiales de Dios y recibir su inspiración divina con respecto a las cosas de su Reino?

PUNTO PARA MEDITAR
Tengo hambre de recibir más de Dios, y confío en su proceso a medida que me prepara para una revelación mayor.

REFLEXIÓN PERSONAL

_____

_____

_____

_____

Día 183
EL PRECIOSO ESPÍRITU SANTO

Esfuérzate por presentarte a Dios aprobado, como
obrero que no tiene de qué avergonzarse y que
interpreta rectamente la palabra de verdad.
—2 Timoteo 2:15, NVI

La tarea de Juan el Bautista no era solo hacer declaraciones.

> También dio Juan testimonio, diciendo: Vi al Espíritu
> que descendía del cielo como paloma, y permaneció
> sobre él. Y yo no le conocía; pero el que me envió a
> bautizar con agua, aquél me dijo: Sobre quien veas
> descender el Espíritu y que permanece sobre él, ése es el
> que bautiza con el Espíritu Santo. Y yo le vi, y he dado
> testimonio de que éste es el Hijo de Dios.
>
> Juan 1:32-34

Juan hizo una afirmación sorprendente cuánto dijo: "Y yo no le conocía". Jesús, el rostro de Dios, no fue notado hasta que el Espíritu de Dios vino sobre Él. El maravilloso Espíritu Santo ha sido posicionado para manifestar el rostro de Dios; primero sobre Jesús, luego a través de Jesús al mundo. ¿Cuán cualificado se siente para testificar que Jesús es el Hijo de Dios? ¿Qué lo haría sentir más cualificado?

Punto para meditar

No estaré satisfecho con mi entendimiento actual de la Palabra de
Dios. Me comprometo a una mayor profundidad y amplitud de
estudio, e invito al Espíritu Santo a que me ilumine las Escrituras.

Reflexión personal

_____

_____

Día 184
APASIONADO POR ALBERGAR
LA PRESENCIA

*Juan declaró: "Vi al Espíritu descender del cielo
como una paloma y permanecer sobre él".*
—JUAN 1:32, NVI

UN PENSAMIENTO CLAVE para mí en toda esta historia se encuentra en la frase "permanecer sobre él". Esta declaración profética vigorosa describe cómo vivía Jesús: andaba de tal manera por la vida que la paloma del Espíritu no se espantaba ni se iba. ¿Tenemos un estilo de vida desarrollado alrededor de la pasión de albergar la presencia del Espíritu de Dios? Ser una persona en la que le Espíritu Santo pueda permanecer tiene un costo (el costo en este contexto no tiene nada que ver con obras; es pasión por Él y una reverencia por su presencia donde cada movimiento que hacemos lo tiene a Él en mente). ¿Puede decir que usted está apasionado por albergar la presencia de Dios o es algo en lo que no ha pensado?

PUNTO PARA MEDITAR

*Cultivaré la pasión por albergar la presencia de Dios andando
cada día con una conciencia aguda del Espíritu Santo.*

REFLEXIÓN PERSONAL

LA OBEDIENCIA TRAE LO MILAGROSO

Y él dijo: Antes bienaventurados los que oyen
la palabra de Dios, y la guardan.
—Lucas 11:28

EL EVANGELIO DE Mateo registra los detalles del bautismo de Jesús a manos de Juan. Al principio Juan se resistió a Jesús por razones obvias. No era digno de desatar el calzado de Jesús, mucho menos bautizarlo. Sobre todo, Jesús no era pecador y no tenía necesidad de arrepentimiento público. No obstante Juan obedeció. Este es el relato completo:

> Entonces Jesús vino de Galilea a Juan al Jordán, para ser bautizado por él. Mas Juan se le oponía, diciendo: Yo necesito ser bautizado por ti, ¿y tú vienes a mí? Pero Jesús le respondió: Deja ahora, porque así conviene que cumplamos toda justicia. Entonces le dejó. Y Jesús, después que fue bautizado, subió luego del agua; y he aquí los cielos le fueron abiertos, y vio al Espíritu de Dios que descendía como paloma, y venía sobre él. Y hubo una voz de los cielos, que decía: Este es mi Hijo amado, en quien tengo complacencia.
>
> —Mateo 3:13-17

¿Algunas veces batalla para obedecer la Palabra de Dios porque lo que usted ve en lo natural parece contrario a lo que Él le está diciendo?

PUNTO PARA MEDITAR

Creceré en una obediencia radical que traiga lo milagroso.

REFLEXIÓN PERSONAL

_____

_____

Día 186
EL BAUTISMO EN EL ESPÍRITU

Yo a la verdad os bautizo en agua para arrepentimiento; pero
el que viene tras mí, cuyo calzado yo no soy digno de llevar, es
más poderoso que yo; él os bautizará en Espíritu Santo y fuego.
—MATEO 3:11

ANTES DE SU encuentro en el Jordán, Juan había anunciado que Jesús vendría con un bautismo distinto al suyo, el bautismo en Espíritu Santo y fuego. Juan estaba hablando de este bautismo cuando hizo la sorprendente afirmación: "Yo necesito ser bautizado por ti" (Mateo 3:14). Cuando Jesús vino a ser bautizado por Juan violó todo lo que Juan había pensado acerca de sus diferentes asignaciones. Sabía que su papel era identificar al Hijo de Dios y preparar al pueblo con un bautismo de arrepentimiento del pecado para que pudieran recibir la revelación del rostro de Dios en el Hijo. También sabía que el papel del Hijo era revelar su rostro a través de su bautismo: el bautismo en el Espíritu. En su afirmación vemos que la consideración de Juan no era hacia su título o su papel, sino enteramente hacia aquel a quien servía. Juan necesitaba el bautismo que Jesús ofrecía: el bautismo en Espíritu Santo y fuego. Juan lo necesitaba y también nosotros. No obstante, muchos de nosotros no nos damos cuenta de nuestra gran necesidad en este aspecto. ¿Y usted?

PUNTO PARA MEDITAR

El bautismo en el Espíritu Santo es un regalo
de Jesús que cada creyente necesita para tener
poder para testificar de su grande nombre.

REFLEXIÓN PERSONAL

_____

_____

$Día$ 187
TRANSFORMADO POR EL AMOR

Y la esperanza no desilusiona, porque el amor de
Dios ha sido derramado en nuestros corazones por
medio del Espíritu Santo que nos fue dado.
—ROMANOS 5:5, NBLH

JESÚS HIZO LA afirmación de que el más pequeño en el Reino es mayor que Juan: mayor que el más grande de los que nacen de mujer. Jesús no desperdiciaba palabras. Más bien estaba dando una revelación significativa acerca del tipo de persona que estaría caminando en la Tierra no muchos días después: personas nacidas del Espíritu y bautizadas en el Espíritu. Es en este contexto que la confesión de Juan tiene sentido: "Yo necesito ser bautizado por ti". Aquello de lo que carecía el mayor profeta de todos, ahora está disponible a cada creyente nacido de nuevo. El bautismo en el Espíritu, un encuentro profundo con el rostro de Dios, añade el poder del cielo para traer transformación al planeta Tierra. Este bautismo califica *al más pequeño en el Reino para ser mayor que Juan*. Es una promesa que está en vigor ahora, según el grado que vivimos y manifestamos los dominios del Rey. ¿Puede pensar en por lo menos una instancia de la Escritura donde el bautismo en el Espíritu Santo derramó el amor de Dios en el corazón de alguien de manera que trajo transformación a la Tierra?

PUNTO PARA MEDITAR

Estoy agradecido por el don del Espíritu
Santo derramado en mi corazón.

REFLEXIÓN PERSONAL

_____

_____

Día 188
LA ÚLTIMA CONTROVERSIA

Jesús le respondió: ¿Por qué Me llamas bueno?
Nadie es bueno, sino sólo uno, Dios.
—Marcos 10:18, NVI

Cuando caemos en cuenta que Juan vivía delante del rostro de Dios y que su rostro fue revelado en Jesucristo, específicamente a partir del momento que fue revestido de poder por el Espíritu Santo, entonces la pregunta que se necesita hacer es ¿cuál era la naturaleza de Dios que Cristo reveló? Si tuviera que escoger una palabra para describir la naturaleza de Dios revelada en Cristo es que Él es *bueno*.

Nunca caí en cuenta de lo controversial que sería el tema de la naturaleza de Dios hasta que comencé a enseñar que Dios es bueno *siempre*. Mientras que la mayoría de los creyentes tienen esa creencia, especialmente porque así es afirmado en Nahúm 1:7 y en otras partes, batallan a la luz de las dificultades a nuestro alrededor. Muchos han abandonado la idea por completo, al pensar que no tiene una aplicación práctica. Algunos dirán que es *misteriosamente bueno*, lo que es casi lo mismo que decir que es bueno. Esta respuesta no ayuda a aclarar la confusión sobre la naturaleza de Dios. ¿Está usted confundido por los problemas de este mundo que parecen contradecir la naturaleza de Dios? Si la Escritura dice que Él es una fortaleza en tiempos de tribulación, ¿no indica que Él no es la fuente de la tribulación?

Punto para meditar

Declaro que Dios es siempre bueno incluso cuando las
cosas a mi alrededor parecen contradecir esa creencia.

Reflexión personal

$Día$ 189

JESÚS LA LUZ DEL MUNDO

El pueblo que habitaba en la oscuridad ha visto una gran luz;
sobre los que vivían en densas tinieblas la luz ha resplandecido.
—MATEO 4:16-17, NVI

CUANDO RECURRIMOS A las Escrituras, encontramos contradicciones aparentes similares entre la declaración de que Dios siempre es bueno y los eventos reales en los que no parece estar expresando bondad. Mientras que el Antiguo Testamento ciertamente contiene revelaciones de la compasión y el amor de Dios por la gente, también está plagado de muchos incidentes que parecen implicar lo contrario. Para los que no tienen una relación personal con Dios, esto en especial parece ser el caso. El Antiguo Testamento está lleno de relatos de todo tipo de tragedias y conflictos que Dios al parecer trajo sobre el pueblo a causa de su pecado y rebelión. El Antiguo Testamento parece retratar a Dios como muy distinto del Dios que vemos a través de Jesucristo en el Nuevo Testamento. ¿Cuál es la diferencia principal entre la relación con Dios en el Antiguo Testamento contra la relación con Él en el Nuevo Testamento?

PUNTO PARA MEDITAR

La luz de Cristo ha venido a mi corazón.

REFLEXIÓN PERSONAL

_____

_____

_____

_____

_____

LA CONFUSIÓN NO ES DE DIOS

*Jesús le dijo: ¿Tanto tiempo hace que estoy con vosotros, y no
me has conocido, Felipe? El que me ha visto a mí, ha visto
al Padre; ¿cómo, pues, dices tú: Muéstranos el Padre?*
—JUAN 14:9

En el Nuevo Testamento Jesús obra contra las tragedias que están devorando la vida de la gente y trata de traer restauración y sanidad. ¿Cuántas personas enfermas vinieron a él y se fueron afligidas y decepcionadas? ¿Cuántas veces Jesús dijo que el problema en realidad de la persona era porque Dios Padre estaba tratando de enseñarle una lección para finalmente hacerlo más como Él? ¿A cuántas personas trató de explicarles que simplemente no era el tiempo de Dios para que ellos estuvieran bien? ¿Cuántas personas atormentadas dejó en esa condición diciendo: "Es el resultado de sus decisiones. Yo podría liberarlas si ellas realmente quisieran ser libres"? ¿Cuántas tormentas bendijo Jesús? No solo vivió de una manera distinta de su entendimiento común de Dios; vivió en completa *contradicción* a su entendimiento común de Dios. Si Jesús es una representación exacta del Padre, ¿por qué estamos confundidos con respecto a la naturaleza de Dios?

PUNTO PARA MEDITAR
Entre más conozco a Jesús, más entiendo a Dios.

REFLEXIÓN PERSONAL

_____

_____

_____

_____

$Día$ 191
VIVIR EN LA PLENITUD DEL EVANGELIO

Estaba Jesús echando fuera un demonio, que era mudo; y aconteció que salido el demonio, el mudo habló; y la gente se maravilló. Pero algunos de ellos decían: Por Beelzebú, príncipe de los demonios, echa fuera los demonios [...] Mas él, conociendo los pensamientos de ellos, les dijo: Todo reino dividido contra sí mismo, es asolado; y una casa dividida contra sí misma, cae. Y si también Satanás está dividido contra sí mismo, ¿cómo permanecerá su reino? ya que decís que por Beelzebú echo yo fuera los demonios [...] Mas si por el dedo de Dios echo yo fuera los demonios, ciertamente el reino de Dios ha llegado a vosotros.
—Lucas 11:14-15, 17-18, 20

Se ha vuelto común para los creyentes pensar que Dios trae o permite la enfermedad para que podamos ser más como Jesús. Hoy es aceptado que los líderes enseñen que Dios trae calamidad porque sabe que nos va a acercar más a Él. Si eso fuera cierto, entonces los psiquiátricos y las áreas de oncología resplandecerían con la presencia manifiesta de Dios ya que todos sus pacientes se habrían acercado más a Dios y habrían sido transformados a la semejanza de Jesús. Hace dos mil años toda la enfermedad era del diablo y la sanidad era de Dios; hoy la gente enseña que la enfermedad es de Dios y que los que buscan un ministerio de sanidad son del diablo. ¡Qué lejos hemos caído! ¿Cómo se siente acerca del ministerio de sanidad en la Iglesia hoy?

Punto para meditar

Jesús me ha comisionado para ministrar sanidad a los enfermos, a los quebrantados y a los atormentados como Él lo hizo.

Reflexión personal

———————————————————————

———————————————————————

Día 192
¡HAY MÁS!

De cierto, de cierto os digo: El que en mí cree, las obras que
yo hago, él las hará también; y aun mayores hará, porque yo
voy al Padre. Y todo lo que pidiereis al Padre en mi nombre,
lo haré, para que el Padre sea glorificado en el Hijo.
—JUAN 14:12-13

AUNQUE ES CIERTO que los creyentes puedan responder a la enfermedad y la calamidad con actos de amor sacrificado y caridad, el ministerio nunca debería ser reducido a meramente eso. Debemos ser semejantes a Cristo y servir con amor. Pero hemos definido la responsabilidad de ser como Jesús a través de esos lentes solamente, en lugar de por la manera en que trató con tales asuntos. Jesús detuvo tormentas; no estaba interesado en solamente ayudar con la reconstrucción. Resucitó a los muertos en lugar de conducir funerales. Sanó a los ciegos en lugar de entrenar perros guía. ¿Qué piensa de la afirmación de Jesús de que usted puede hacer cosas mayores que Él? ¿Parece imposible? ¿Por qué no es imposible?

PUNTO PARA MEDITAR
No voy a permitir que mi experiencia limite mi comprensión de Dios.

REFLEXIÓN PERSONAL

_____

_____

_____

_____

_____

_____

Día 193
DIOS ES AMOR REVELADO EN JESÚS

Al que no conoció pecado, por nosotros lo hizo pecado, para
que nosotros fuésemos hechos justicia de Dios en él.
—2 Corintios 5:21

Algunos han ido tan lejos como para decir que al igual que en un escenario de policía-bueno-policía-malo el Padre es el enojado y Jesús el misericordioso. Nada podría estar más lejos de la verdad. La confusión sobre la naturaleza de las personas de la Trinidad nos ha hecho darle la bienvenida al engaño en nuestras filas. La mayoría de los que abrazan la idea de que Dios es un Padre enojado lo hacen en igual proporción a su incapacidad de demostrar su poder. La falta de poder exige una explicación o una solución. Culpar a Dios parece ser más fácil que tomar la responsabilidad e ir en pos de un encuentro con Él que cambie nuestras capacidades en el ministerio. ¿Puede ver en usted mismo la tendencia de culpar a Dios cuando se siente sin poder? No caiga en esa trampa. Él es un buen Padre.

Punto para meditar

El amor de Dios es un atributo fundamental de su carácter.

Reflexión personal

_____

_____

_____

_____

_____

_____

_____

JESÚS: LA REPRESENTACIÓN EXACTA DE LA NATURALEZA DE DIOS

El es el resplandor de Su gloria y la expresión (representación)
exacta de Su naturaleza, y sostiene todas las cosas por la
palabra de Su poder. Después de llevar a cabo la purificación de
los pecados, el Hijo se sentó a la diestra de la Majestad en las
alturas, siendo mucho mejor (llegando a ser superior a) los ángeles,
por cuanto ha heredado un nombre más excelente que ellos.
—HEBREOS 1:3-4, NBLH, ÉNFASIS AÑADIDO.

UNA DE LAS características más importantes del mensaje del evangelio es que la naturaleza del Padre se puede ver perfectamente en Jesucristo. Jesús fue una manifestación de la naturaleza del Padre. Lo que sea que se piense que está en conflicto entre el Padre del Antiguo Testamento y el Hijo del Nuevo Testamento está, de hecho, equivocado. Todas las inconsistencias en la revelación de la naturaleza de Dios entre el Antiguo y el Nuevo Testamentos son aclaradas en Jesucristo. Jesús demostró al Padre en todo lo que hizo. En breve, Jesús es teología perfecta. ¿Está batallando con lo que piensa son inconsistencias en la revelación de la naturaleza de Dios? De ser así, ¿cómo está impactando su relación con Él?

PUNTO PARA MEDITAR

Necesito dejar de batallar con lo que parecen ser inconsistencias en
la Escritura con respecto a la naturaleza de Dios y simplemente
ver a Jesús quién es la representación exacta del Padre.

REFLEXIÓN PERSONAL

_____

_____

EL DISCIPULADO SEGÚN ES DEFINIDO POR LA ESCRITURA

Después que Juan había sido encarcelado, Jesús vino a Galilea predicando (proclamando) el evangelio (las buenas nuevas) de Dios. "El tiempo se ha cumplido," decía, "y el reino de Dios se ha acercado; arrepiéntanse y crean en el evangelio".
—Marcos 1:14-15, NBLH

A L REFLEXIONAR EN lo que parecen ser inconsistencias en la Escritura con respecto a la naturaleza de Dios, alguien quizá pregunte: "¿Y qué hay acerca de Job?". Yo respondería: "No soy discípulo de Job. Soy discípulo de Jesús. Job era la pregunta y Jesús la respuesta". Todo el Antiguo Testamento dibujó la imagen del problema para que se pudiera reconocer fácilmente la respuesta cuando viniera. Si mi estudio de Job no me lleva a Jesucristo como la respuesta, entonces nunca entendí a Job. El libro de Job, junto con otras preguntas acerca de la naturaleza de Dios no tienen el propósito de brindar una revelación de Dios que pueda restarle validez a la revelación clara de Dios a través de Jesucristo. ¿De quién es discípulo usted?

PUNTO PARA MEDITAR

Soy un discípulo de Jesucristo que cree en las buenas nuevas.

REFLEXIÓN PERSONAL

_____

_____

_____

_____

Día 196
LA EXTRAORDINARIA COMPASIÓN DE UN DIOS GLORIOSO

Entonces Jesús les dijo otra vez: Paz a vosotros. Como
me envió el Padre, así también yo os envío.
—JUAN 20:21

PARA EL CREYENTE, es teológicamente inmoral permitir que una revelación del Antiguo Testamento de Dios cancele o contradiga la perfecta y clara manifestación de Dios en Jesús. No estoy negando que Dios mostró enojo y juicio en el Antiguo Testamento, al igual que Jesús en cierto grado, pero en general Jesús vino a mostrar una compasión extraordinaria. Esta es la revelación de Dios que los creyentes son responsables de enseñar y ser ejemplo. Esto fue aclarado en la declaración de Jesús: "Como me envió el Padre, así también yo os envío" (Juan 20:21). Jesús ministró por compasión, lo cual es una revelación del corazón de Dios. ¿Cómo se ve manifestando la compasión de Dios?

PUNTO PARA MEDITAR
Ministraré desde un corazón de compasión al igual que Jesús.

REFLEXIÓN PERSONAL

_____

_____

_____

_____

_____

_____

Día 197
ASIRSE DEL REINO

Desde los días de Juan el Bautista hasta ahora, el reino de
los cielos sufre violencia, y los violentos lo arrebatan.
—Mateo 11:12

EL ÚNICO MODELO justificable que tenemos es Jesucristo. La descripción de puesto es bastante simple: sanar enfermos, resucitar muertos, echar afuera demonios y limpiar leprosos. Si usted dice que no tiene el don para tales cosas, entonces yo digo: "Investigue por qué". La mayoría de lo que necesitamos en la vida nos será traído, pero la mayoría de lo que deseamos tenemos que ir y obtenerlo. Dios ha hecho que estas realidades estén disponibles. Debemos ir en pos de ellas. Estos obsequios es lo que se derrama del encuentro con el *rostro de Dios*. No siempre está en boga tener celo por Dios; no obstante, es lo que Él desea. ¿Cuánto celo tiene para ir en pos de su rostro?

Punto para meditar
Mi deseo para ir en pos de Dios celosamente crece a diario.

Reflexión personal

_____

_____

_____

_____

_____

_____

Día 198
PERMANECER EN ÉL

El que dice que permanece en él, debe andar como él anduvo.
—1 Juan 2:6

N<small>O TENGO LAS</small> respuestas a todas las preguntas acerca de las diferencias en cómo es retratado Dios a través de las Escrituras. Hay misterios de la fe con los que debo aprender a vivir contento. Pero he encontrado una maravillosa clave para la vida: es mejor vivir a partir de lo que uno sabe que es verdad a pesar de los misterios que no puede explicar. No me puedo dar el lujo de tropezarme sobre mis preguntas cuando lo que *sí* entiendo exige una respuesta y un compromiso. El retrato de Dios Padre, visto en Jesucristo, es maravillosamente claro. Merece el resto de mi vida a medida que aprendo a imitarlo. La mayoría de los días, el resto de mi vida parece demasiado breve para hacerle justicia. ¿Cómo está viviendo a partir de lo que sabe que es cierto acerca de Dios como está revelado en Jesús?

Punto para meditar

Estoy firme en 1 Juan 4:17: "En esto se ha perfeccionado el amor en [mí], para que [tenga] confianza en el día del juicio; pues como él es, así [soy] en este mundo" [personalización añadida].

Reflexión personal

_____

_____

_____

_____

_____

_____

Día 199
APARTARSE Y ACERCARSE

Por aquel tiempo se fue Jesús a la montaña a orar, y
pasó toda la noche en oración a Dios.
—Lucas 6:12, NVI

JESÚS PUSO A un lado su divinidad y en lugar de ello escogió vivir como hombre dependiendo por completo de Dios. Al hacerlo, no solo fue ejemplo de un estilo de vida sobrenatural, sino que también ilustró que la búsqueda máxima es por el rostro de Dios. Su estilo de vida de ayunar y orar en la montaña a lo largo de la noche —un estilo de vida que sin duda había establecido mucho antes de que el Espíritu descendiera sobre Él— demostró su prioridad incuestionable de buscar el rostro de Dios. ¿Cómo puede tomar el ejemplo de Jesús en este pasaje de Lucas —apartarse de todo y de todos para estar a solas con el Padre a quién le somete sus preocupaciones y cargas— y aplicarlo a su propia vida?

PUNTO PARA MEDITAR

Con Jesús como mi ejemplo, voy a apartar tiempo para estar a solas con el Padre para compartir mi corazón, mis cargas y mi amor.

REFLEXIÓN PERSONAL

_____

_____

_____

_____

_____

_____

_____

Día 200
EL PODER DE LA RELACIÓN

Entonces Jesús fue llevado por el Espíritu al desierto, para ser tentado por el diablo. Y después de haber ayunado cuarenta días y cuarenta noches, tuvo hambre.
—MATEO 4:1-2

DECIR QUE JESÚS vino tanto a manifestar al rostro de Dios como a ilustrar la búsqueda de su rostro puede sonar un poco confuso, pero ambos son ciertos. Recuerde, Jesús fue ejemplo para nosotros de cómo crecer en el favor de Dios y los hombres. El Padre celestial le respondió a su Hijo por medio de darle un cielo abierto seguido de palabras de afirmación diciendo: "Este es mi Hijo amado, en el cual tengo complacencia" (2 Pedro 1:17). Fue en este encuentro que el Padre soltó el Espíritu Santo sobre su Hijo habilitándolo para manifestar su rostro al mundo. Observe la progresión de eventos desde el final de Mateo 3 a Mateo 4: Jesús es bautizado en el Espíritu, afirmado por el Padre y hecho manifiesto al mundo. Después, es inmediatamente tentado por el diablo. Jesús, la Palabra viviente le responde al diablo con la palabra viviente. ¿Está listo para vivir este modelo en su propia vida?

PUNTO PARA MEDITAR

Estoy aprendiendo a vivir como Jesús vivió, en el poder de la relación.

REFLEXIÓN PERSONAL

_____

_____

_____

_____

Día 201
LA CONFESIÓN DE CRISTO

Respondiendo Simón Pedro, dijo: Tú eres
el Cristo, el Hijo del Dios viviente.
—MATEO 16:16

EL PADRE POR medio del Espíritu Santo dirigió todo lo que Jesús dijo e hizo. Fue la intimidad que Jesús tuvo con su Padre celestial lo que se convirtió en el fundamento de todas las señales, maravillas y milagros realizados en sus tres años y medio de ministerio terrenal.

Ezequiel hizo la declaración profética: "Ni esconderé más de ellos mi rostro; porque habré derramado de mi Espíritu sobre [ellos]" (Ezequiel 39:29, aplicación añadida). El rostro de Dios se revela en el derramamiento del Espíritu Santo. También se necesitaba que a Jesús le sucediera el derramamiento del Espíritu Santo para que estuviera completamente cualificado. Esta era su búsqueda. Recibir esta unción lo cualificó para ser llamado el *Cristo* qué significa "el ungido". Sin la experiencia no podría haber título. Mucho del mundo preferiría que no confesáramos a Jesús. ¿Qué tan listo está para confesar a Cristo?

PUNTO PARA MEDITAR
Confieso que Jesús es el Cristo, el Hijo del Dios viviente.

REFLEXIÓN PERSONAL

_____

_____

_____

_____

Día 202
CUMPLIR SU ASIGNACIÓN

Porque he descendido del cielo, no para hacer mi
voluntad, sino la voluntad del que me envió.
—JUAN 6:38

En Juan 17 leemos la oración de Jesús sobre cómo cumplió su asignación en el ministerio cuando dijo: "Yo te he glorificado [...] he acabado la obra [...] He manifestado tu nombre [...] Yo les he dado tu palabra [...] Como tú me enviaste al mundo, así yo los he enviado al mundo [...] La gloria que me diste, yo les he dado [...] Y les he dado a conocer tu nombre" (vv. 4, 6, 14, 18, 22, 26). Claramente la asignación de Jesús era mostrar el nombre de Dios, su obra, su gloria y su Palabra, particularmente a su selecto grupo de discípulos. Es difícil hacer la voluntad de alguien si no se conoce a la persona. La intimidad que Jesús disfrutaba con el Padre lo habilitó para revelar aspectos de la naturaleza de Dios que Dios quería que conociéramos. ¿Qué aspectos de su naturaleza le ha revelado Dios?

PUNTO PARA MEDITAR

A medida que me acerque al Padre, Él se acercará a mí.

REFLEXIÓN PERSONAL

_____

_____

_____

_____

_____

_____

_____

Día 203
ÉL ESTÁ SIEMPRE CON NOSOTROS

Salí del Padre, y he venido al mundo; otra
vez dejo el mundo, y voy al Padre.
—JUAN 16:28

JESÚS IMPACTÓ A sus discípulos cuando les dijo que tenía que irse. Imagínese, el rostro de Dios había venido, se habían encontrado con Él y contemplado su gloria. Ahora habían escuchado que esta experiencia que se había convertido en el máximo encuentro con Dios imaginable les iba a ser quitada. Para rematar, Jesús dijo que, de hecho, sería mejor si los dejaba: "Os conviene que yo me vaya; porque si no me fuera, el Consolador no vendría a vosotros; mas si me fuere, os lo enviaré" (Juan 16:7). No es difícil imaginar la confusión de los discípulos. Todavía no tenían una revelación completa de la cruz. Nosotros sí. Con eso en mente, ¿cómo responde cuando Dios parece confuso?

PUNTO PARA MEDITAR

Recuerdo las promesas de Dios cuando me
encuentro en aguas turbulentas.

REFLEXIÓN PERSONAL

_____

_____

_____

_____

_____

_____

Día 204

DE GLORIA EN GLORIA

De modo que si alguno está en Cristo, nueva criatura es; las cosas viejas pasaron; he aquí todas son hechas nuevas.
—2 Corintios 5:17

Jesús le manifestó el rostro de Dios a la humanidad. Pero fue solo cuando fue quitado que pudo soltar su experiencia para que se convirtiera en nuestra experiencia. Así que envió al Espíritu Santo para que viniera sobre los discípulos. Esto significaba que ellos tendrían su propio encuentro con el rostro de Dios de una manera que no estaba disponible a través de Jesús mismo. En otras palabras, la experiencia de Jesús se convertiría en la experiencia normal de todos los que lo siguieran. Este encuentro nos lleva a la transformación máxima: que nos convirtamos en los transformadores máximos. ¿Está dispuesto a entregarse al glorioso proceso de ser hecho más como Jesús? Lo que deja palidece en comparación con lo que gana.

PUNTO PARA MEDITAR

Quiero ser cambiado de gloria en gloria.

REFLEXIÓN PERSONAL

EL LADO PRÁCTICO DE LA GLORIA

Pero Dios, que es rico en misericordia, por su gran amor
por nosotros, nos dio vida con Cristo, aun cuando estábamos
muertos en pecados. ¡Por gracia ustedes han sido salvados!
—EFESIOS 2:4-5, NVI

CUANDO MOISÉS PIDIÓ ver la gloria de Dios, Dios le reveló su bien. La bondad de Dios es revolucionaria por naturaleza. Su bondad no es un acto simbólico de misericordia, sino una imagen de la búsqueda abrumadora de Dios de la humanidad para mostrarnos su amor y misericordia extremas. La gente se queda atorada en la habilidad de Dios de juzgar, y se olvida de que Él es quien busca la oportunidad de mostrar misericordia. Muchos de sus hijos viven en ignorancia con respecto a su bondad y por lo tanto continúan representándolo mal. De hecho, no importó cuan horrible fuera el pecado o la vida de la persona, desde la mujer atrapada en adulterio al gadareno atormentado, Jesús reveló el rostro de Dios por medio de mostrar misericordia. Estas acciones nunca tuvieron el propósito de ser muestras de bondad momentáneas para que en el siglo XXI Dios pudiera finalmente castigar a la gente. Su corazón para perdonar y mostrar misericordia es claro en la persona de Jesucristo. Jesús es la manifestación más clara del rostro de Dios que la humanidad haya visto. ¿Cómo lo hace sentir que Dios va en pos de usted de modo que pueda mostrarle su amor, misericordia y gran bondad?

PUNTO PARA MEDITAR

Estoy agradecido de haber sido salvo por gracia.

REFLEXIÓN PERSONAL

CONTEMPLAR EL ROSTRO
DE DIOS EN JUSTICIA

Bienaventurados los de limpio corazón, porque ellos verán a Dios.
—MATEO 5:8

MUCHOS NOS RECORDARÁN que, aunque Dios es bueno, sigue siendo el juez de todos. Y eso es cierto. Pero durante el tiempo de Jesús en la Tierra ese juicio solamente fue dirigido hacia las personas que afirmaban conocer a Dios, pero que no lo conocían en realidad: los líderes religiosos. Jesús era una amenaza continua a su imperio de egoísmo construido sobre servicio religioso. Eran buenos para rechazar, castigar y restringir, pero no tenían idea del corazón de Dios: justo lo que ellos afirmaban conocer. Poco conocían acerca del amor sin límites de Dios y su pasión por la libertad de toda la humanidad. ¿Será posible ser puro de corazón, pero no de cabeza?

PUNTO PARA MEDITAR
Veo la gloria de Dios con mayor claridad cuando mi corazón es puro.

REFLEXIÓN PERSONAL

_____

_____

_____

_____

_____

_____

_____

_____

Día 207
ANDAR COMO SU PUEBLO

Vosotros también, como piedras vivas, sed edificados como casa espiritual y sacerdocio santo, para ofrecer sacrificios espirituales aceptables a Dios por medio de Jesucristo.
—1 Pedro 2:5

En una ocasión Jesús les dijo a los fariseos: "Los sanos no tienen necesidad de médico, sino los enfermos. No he venido a llamar a justos, sino a pecadores" (Marcos 2:17). Las personas más enfermas espiritualmente del planeta eran los líderes religiosos. No obstante, esta afirmación no causó ningún impacto en ellos porque carecían de conciencia de su necesidad personal. Carecían de la justicia genuina que proviene de una relación con Dios. Las rameras y los publicanos iban un paso adelante de los fariseos simplemente porque estaban al tanto de su necesidad. "Bienaventurados los *pobres en espíritu*, porque de ellos es el reino de los cielos" (Mateo 5:3; énfasis añadido). Pero la carencia de conciencia de su necesidad espiritual de los fariseos los descalificaba del llamado de Dios a la salvación. ¿Vive a diario con una conciencia genuina de su necesidad de Jesús?

Punto para meditar

Mi justicia es como trapos de inmundicia sin Jesús.

Reflexión personal

_____
_____
_____
_____
_____

Día 208
¡BENDITO JESÚS!

*Yo mismo, hermanos, cuando fui a anunciarles el testimonio de
Dios, no lo hice con gran elocuencia y sabiduría. Me propuse
más bien, estando entre ustedes, no saber de cosa alguna,
excepto de Jesucristo, y de este crucificado. Es más, me presenté
ante ustedes con tanta debilidad que temblaba de miedo.*
—1 Corintios 2:1-3, NVI

Es irónico que los más grandes pecadores fueron quienes reconocieron quién era Jesús cuando vino. Las rameras, los astrólogos y los publicanos, todos, reconocieron a Jesús como el Mesías. Los más entrenados en la Escritura no reconocieron quién era. Este solo factor de estar consciente de la necesidad personal es lo que faculta a alguien para reconocer lo que Dios está haciendo en la Tierra. Cada uno de nosotros tiene la necesidad personal de Dios, aunque muchos no estén al tanto de la profundidad de su necesidad. ¿Es su vida caracterizada por un sentir de su propia debilidad y necesidad de Dios? ¿De qué maneras lo necesita? ¿La profundidad de su necesidad compagina con la profundidad de su deseo?

Punto para meditar

*Decido vivir en la fuerza de Cristo en
lugar de en mi propia debilidad.*

Reflexión personal

_____

_____

_____

_____

VIVIR EN LA ESFERA DE LA FE

Porque tú, Señor, eres bueno y perdonador, y grande
en misericordia para con todos los que te invocan.
—SALMOS 86:5

LA CONCIENCIA DE la profunda necesidad personal también es el marco en el que crece la fe extraordinaria. El rey David conoció la necesidad extraordinaria que expresó hermosamente en los Salmos. También en los Salmos podemos ver la respuesta extraordinaria de David a Dios en medio de sus necesidades. Cuando no hay conciencia de necesidad, la oportunidad de responder a Dios permanece fuera de nuestro alcance. Por esta razón los fariseos no tenían acceso a la esfera que agrada más a Dios: la fe. La fe mueve a Dios como ninguna otra cosa. David no vacilaba en clamar a Dios porque tenía fe en Él. ¿Cómo es su fe en tiempos de necesidad? ¿Clama a Dios creyendo que responderá?

PUNTO PARA MEDITAR

Vivo y camino en la esfera de la fe, siempre consciente
de mi necesidad por la misericordia de Dios.

REFLEXIÓN PERSONAL

_____

_____

_____

_____

_____

_____

PONER UNA EMBOSCADA

Jesús les dijo: Yo soy el pan de vida; el que a mí viene, nunca tendrá hambre; y el que en mí cree, no tendrá sed jamás.
—JUAN 6:35

EL HAMBRE POR Dios es una de las mayores señales de vida que una persona puede tener. Revela la conciencia interna de la existencia de un destino y realización personal mayores. Algunas personas tienen un concepto teológico acerca de que la presencia de Dios está con ellos, pero están atorados sin ninguna interacción o experiencia. Dios anhela que lo experimentemos. Nos creó para una relación con Él. Quiere caminar con usted al igual que caminaba con Adán en el aire fresco de la tarde en el huerto. Debemos proseguir más allá de la conciencia intelectual a un hambre de encuentros de corazón que cambian y transforman. ¿A dónde acude o con quién cuando tiene hambre espiritual?

PUNTO PARA MEDITAR

Todo mi ser desea el pan verdadero que es Cristo Jesús. Ninguna otra cosa me satisfará.

REFLEXIÓN PERSONAL

_____

_____

_____

_____

_____

Día 211
CREADO PARA ÉL

Anhela mi alma y aun ardientemente desea los atrios de
Jehová; mi corazón y mi carne cantan al Dios vivo.
—SALMOS 84:2

EL DESEO MISMO de buscar a Dios es testimonio de que hay más, y el hecho de que poseemos este deseo de buscar a Dios debería alentarnos a ir en pos de estos encuentros. Es casi imposible tener hambre de algo que no existe. Tengo antojo de dulces porque las cosas dulces existen. De la misma manera, mi corazón clama a Dios porque fui creado para encontrar plenitud completa solo en Él. Y entre más lo conozco, más estoy seguro de que será fiel para satisfacer el deseo que puso en mí. El deseo por Dios está entretejido en el corazón humano. Cuando nuestro corazón se corrompe, comenzamos a desear cosas en lugar de a Dios. Algunas personas pasan toda la vida en tratar de satisfacer un corazón hambriento sin volverse a Dios. ¿Hay alguna área corrupta en su corazón con la que necesite tratar?

PUNTO PARA MEDITAR

Dios me creó para encontrar realización plena solo en Él.

REFLEXIÓN PERSONAL

_____

_____

_____

_____

_____

Día 212
SU CONSTANTE PRESENCIA

Y Jehová va delante de ti; él estará contigo, no te dejará,
ni te desamparará; no temas ni te intimides.
—Deuteronomio 31:8

UNA DE LAS promesas importantes de Jesús fue dada a sus discípulos justo antes de su muerte: "...el que me ama [...] *yo le amaré, y me manifestaré a él*" (Juan 14:21, énfasis añadido). Prometió que lo verían otra vez. Esto claramente no es solo una promesa de que lo verían en el cielo, porque eso ya estaba establecido. Tampoco era una promesa solo para sus discípulos, sino más bien para todo el que lo amara (de otra manera podríamos pensar que esta promesa solo se refería a la aparición de Jesús a sus discípulos antes de ascender). ¿Qué tan seguro se encuentra de que Jesús siempre está con usted? ¿Qué le da esa seguridad?

PUNTO PARA MEDITAR

Recibo cada promesa de Jesús con confianza en su amor infalible.

REFLEXIÓN PERSONAL

_____

_____

_____

_____

_____

_____

_____

SEA MUY VALIENTE

Entonces me invocaréis, y vendréis y oraréis a mí, y yo os oiré;
y me buscaréis y me hallaréis, porque me buscaréis de todo
vuestro corazón. Y seré hallado por vosotros, dice Jehová...
—Jeremías 29:12-14

LA PROMESA DE Juan 14:21 —de que veríamos nuevamente a Jesús— es para cada generación de creyentes y puede significar nada menos que Él se haría evidente a nosotros, y que con toda seguridad lo veríamos una y otra vez. No solo debemos recibir el Espíritu Santo en poder, también debemos ver a Jesús una y otra vez. Eso tiene que ser lo mejor de dos mundos. Dios nos ha dado estás promesas explícitamente para que lo busquemos con abandono, confiados en que Él será encontrado por aquellos que lo aman y lo buscan con todo su corazón. ¿De qué maneras está buscando a Dios con todo su corazón?

PUNTO PARA MEDITAR

Mi mayor gozo es buscar a Dios con todo en mí.

REFLEXIÓN PERSONAL

_____

_____

_____

_____

_____

_____

_____

Día 214
DIOS MIRA EL CORAZÓN

Tras destituir a Saúl, les puso por rey a David, de quien dio este
testimonio: "He encontrado en David, hijo de Isaí, un hombre
conforme a mi corazón; él realizará todo lo que yo quiero".
—HECHOS 13:22, NVI

Dios se revela a los que lo aman. ¿Qué tipo de personas son los que lo aman? Si hiciéramos una lista de personas de la Escritura que ilustraran cómo es amar a Dios, David probablemente estaría en el primer lugar de la lista. Es asombroso ver a lo que este amor por Dios lo llevó. ¿Qué características de David reveladas en los Salmos piensa que hicieron que Dios declarase que era un hombre conforme a su corazón? ¿Ve alguna de esas características en usted mismo? Tómese el tiempo para pensar en otros en la Escritura que ilustran cómo amar a Dios. ¿Qué aspectos de andar con el Señor ve reflejados en su vida?

PUNTO PARA MEDITAR

Dios me busca y conoce mi corazón, incluso
mis pensamientos de ansiedad.

REFLEXIÓN PERSONAL

_____

_____

_____

_____

_____

_____

_____

Día 215
LA PRUEBA DE FE

El oro, aunque perecedero, se acrisola al fuego. Así también
la fe de ustedes, que vale mucho más que el oro, al ser
acrisolada por las pruebas demostrará que es digna de
aprobación, gloria y honor cuando Jesucristo se revele.
—1 PEDRO 1:7

CUANDO DIOS ENVIÓ al profeta Samuel para ungir al hombre que había escogido para reemplazar al rey Saúl le explicó que no viera la experiencia externa sino el corazón. Fue desde esa perspectiva que David fue escogido sobre sus hermanos, quienes eran más adecuados para la grandeza en lo natural. No obstante, la pasión del corazón de David por Dios atrajo a Dios a David. Como resultado fue escogido para ser rey. Mientras que Dios es perfectamente capaz de ser multitarea —darle toda su atención a cada persona en el planeta al mismo tiempo— es atraído con más fuerza a aquellos cuyos corazones han sido acrisolados en la búsqueda de Él. ¿De qué manera su corazón ha sido acrisolado en su búsqueda de Dios? ¿Qué fue lo que produjo la refinación?

PUNTO PARA MEDITAR
Estoy guardado por el poder de Dios en medio de mis pruebas.

REFLEXIÓN PERSONAL

_____

_____

_____

_____

_____

VERDADERO ARREPENTIMIENTO

Los sacrificios de Dios son el espíritu quebrantado; al corazón contrito y humillado no despreciarás tú, oh Dios.

—SALMOS 51:17

LA PASIÓN DE David por Dios fue primero vista en la ladera de una montaña mientras apacentaba las ovejas de su padre. En la parte tranquila de nuestro día, cuando nadie nos ve, se pueden ver los verdaderos deseos de nuestro corazón. Así era con David. David era un músico hábil quien escribía canciones de adoración para Dios. Hacía esto mucho antes de que fuera una expresión normal de adoración. Hasta este punto en la historia, Israel había sido instruido a ofrecer la sangre del sacrificio a Dios como su expresión básica de adoración. Pero habían tenido poca instrucción acerca del sacrificio de acción de gracias y alabanza que podía darse del corazón. David descubrió que esto era importante para Dios a medida que buscaba Dios. Aprendió que lo que realmente agradaba a Dios era la ofrenda de un corazón contrito y humillado. Y David anhelaba darlo. Su celo por Dios se volvió evidente cuando se entregó al privilegio de la adoración y ministró directamente al Señor. ¿Qué significa para usted este tipo de adoración verdaderamente arrepentida? ¿Qué tan dispuesto está a ir a un nivel más profundo de quebrantamiento delante de Dios?

PUNTO PARA MEDITAR

Dios me mostrará cada rincón de mi corazón donde necesito arrepentimiento.

REFLEXIÓN PERSONAL

Día 217
SU ROSTRO DE FAVOR

Humíllense, pues, bajo la poderosa mano de Dios,
para que él los exalte a su debido tiempo.
—1 Pedro 5:6

DAVID ABRAZÓ LA responsabilidad de cuidar de las ovejas de su padre con el mismo celo (muchos tienen pasión por las metas y ambiciones de su vida, pero David estaba dirigido correctamente). Cuando un león o un oso atacaban las ovejas de su padre él ponía su propia vida en riesgo para salvarlas. Recuerde que hacía esto cuando nadie más lo veía; no lo hacía para que otros lo reconocieran como un joven valiente. Era algo que salía de su identidad con Dios. Los mató a ambos y tal valentía e integridad lo preparó para el momento en que Dios le permitió matar a Goliat cuando todos estaban viendo. Una victoria privada lleva a una victoria pública y a una bendición colectiva, porque Dios vuelve su rostro de favor hacia aquellos que demuestran carácter cuando nadie los ve. ¿Qué victorias privadas han ocurrido en su vida? ¿Qué siguió después de esas victorias?

PUNTO PARA MEDITAR

Me encanta el lugar secreto con Dios, donde
solo Él ve las cosas de mi corazón.

REFLEXIÓN PERSONAL

_____

_____

_____

_____

_____

Día 218
PARA EL SEÑOR

Todo lo que hagan, háganlo de corazón, como
para el Señor y no para los hombres.
—Colosenses 3:23

MUCHOS AÑOS DESPUÉS del gobierno de David se levantó otro rey. El profeta Eliseo le dio la instrucción de que golpeara la tierra con saetas. El rey siguió su orden y lo hizo tres veces. El profeta se enojó ante su acercamiento casual a la asignación y le anunció que si hubiera golpeado la tierra cinco o seis veces hubiera aniquilado a sus enemigos. Pero en lugar de ello solamente disfrutaría tres victorias temporales. Todo Israel sufriría las consecuencias de su acto carente de pasión. El hecho aleccionador es este: los líderes que carecen de pasión les cuestan a todos los seguidores. No fue así con David. Se granjeó el afecto de Dios como un hombre de gran pasión: por Dios y la vida. ¿Cuánta pasión tiene realmente por Dios, y cómo está impactando a las personas a su alrededor?

PUNTO PARA MEDITAR
La pasión por Dios caracteriza mi vida.

REFLEXIÓN PERSONAL

_____

_____

_____

_____

_____

_____

_____

Día 219
LA LUCHA SE TERMINÓ

Así dice el Señor: "Deténganse en los caminos y miren; pregunten
por los senderos antiguos. Pregunten por el buen camino, y
no se aparten de él. Así hallarán el descanso anhelado".
—Jeremías 6:16, NVI

El gran amor de David por Dios lo llevó a descubrir la verdad de
que Dios sería encontrado por los que lo buscan. Un gran mandamiento que se encuentra en los Salmos revela uno de los secretos de
la vida del rey David: "Reposa en el Señor; espera con paciencia que
él se manifieste" (Salmos 37:7, NBV). La palabra *reposa* usada en
este versículo significa una de dos cosas dependiendo del contexto,
una es "estar quieto", lo cual sería consistente con nuestro uso de la
frase en español; sin embargo, la otra definición es bastante fascinante, significa "dar un paseo". Pienso automáticamente en Dios y
Adán caminando en el huerto de Edén juntos al aire del día. Esto
ilustra que el verdadero reposo se encuentra en una correcta relación con Dios. ¿Encuentra descanso para su alma cuando camina
con Jesús?

Punto para meditar
Pongo mis pies en el buen sendero que es Jesucristo.

Reflexión personal

_____

_____

_____

_____

_____

Día 220
VERDADERA LIBERTAD

Así que, si el Hijo os libertare, seréis verdaderamente libres.
—JUAN 8:36, NVI

SABEMOS QUE TODO lo que fue robado a causa del pecado de Adán, es restaurado en el postrer Adán: Jesucristo. Así que, *reposar en el Señor* básicamente significa que el obstáculo para la relación es removido y que el esfuerzo termina. No necesito luchar para obtener la atención de Dios. Ya tengo su favor, y andaré en favor con Él en la aventura de desarrollar una relación personal. Todo esto es provisto por el regalo de la salvación. Es asombroso darse cuenta de que David descubrió este poder de esperar en Dios cuando todavía se encontraba bajo el antiguo pacto. ¿Qué está descubriendo usted bajo el nuevo pacto?

PUNTO PARA MEDITAR

Jesús me da el poder para caminar verdaderamente libre.

REFLEXIÓN PERSONAL

_____

_____

_____

_____

_____

_____

_____

_____

EL REINO AL REVÉS

Pero Dios mostró el gran amor que nos tiene al enviar a Cristo
a morir por nosotros cuando todavía éramos pecadores.
—Romanos 5:8, NTV

MUCHAS PERSONAS SE esfuerzan para obtener la atención y el favor de Dios en lugar de aprender a trabajar con Dios gracias a su favor. Se agotan trabajando *por* Él, de modo que les queda poca fuerza para trabajar *con* Él cuando abre las puertas para el servicio significativo. La raíz de este problema yace en la ignorancia de que Cristo nos acepta a cada uno de nosotros, lo cual nos ha salido bastante caro. Nos esforzamos mucho por obtener el favor de Dios para ser aceptados, cuando la vida en el Reino funciona de la manera opuesta. ¿Encuentra desafiante aceptar en su mente el gran amor de Dios por nosotros en Jesús? ¿Qué aspectos de su amor lo desafían?

PUNTO PARA MEDITAR

Recibo la misericordia de Dios en Jesús como el
primer paso para vivir en el Reino al revés.

REFLEXIÓN PERSONAL

_____

_____

_____

_____

_____

_____

_____

Día 222
EL PERFECTO

Porque todas las cosas proceden de él, y existen por él
y para él. ¡A él sea la gloria por siempre! Amén.
—ROMANOS 11:36, NVI

COMO JESÚS ES mi justicia yo ya soy aceptado. A partir de esa aceptación viene el favor, y el favor da a luz obras de servicio auténticamente semejantes a Cristo. Yo sirvo *a partir de* Él, no solo *para* Él. Esta progresión sencilla en realidad es la clave para el ministerio. Este fue el modelo que Jesús nos dio. Solo hizo lo que vio hacer al Padre y dijo lo que escuchó decir al Padre. Muchos están ocupados en servirlo con poco conocimiento de su identidad como hijos e hijas amados de su amoroso Padre celestial. Viven como externos, se esfuerzan de continuo para obtener el afecto del Padre cuando ya lo tienen por medio de ningún esfuerzo propio. ¿Está viviendo como uno de los amados de Dios? ¿Cómo describiría la manera en la que sirve a Dios?

PUNTO PARA MEDITAR
Jesús es mi justicia.

REFLEXIÓN PERSONAL

_____

_____

_____

_____

_____

_____

D^{ia} 223
ESCOJA LA BUENA PARTE

*Respondiendo Jesús, le dijo: Marta, Marta, afanada y turbada
estás con muchas cosas. Pero sólo una cosa es necesaria; y
María ha escogido la buena parte, la cual no le será quitada.*
—Lucas 10:41-42

LA HISTORIA DE María y Marta ilustra la diferencia entre la manera en que respondemos con frecuencia en la presencia de Jesús y cómo desea que respondamos. María escogió sentarse a los pies de Jesús mientras que Marta escogió trabajar en la cocina. Busco agradarlo por medio de estar con Él mientras que Marta trató de agradarlo a través del servicio. Cuando Marta se puso celosa, le pidió a Jesús que le dijera a María que la ayudara en la cocina. La mayoría de los siervos quieren degradar el papel del amigo para sentirse justificados en su acercamiento a Dios orientado a las obras. Es importante recordar la respuesta de Jesús: "María ha escogido la buena parte". Marta estaba haciendo una comida que Jesús nunca pidió. Hacer más para Dios es el método que los siervos utilizan para obtener la atención de Dios para incrementar en favor. El amigo tiene un enfoque completamente diferente: disfruta el favor que tiene y lo usa para pasar tiempo con su Maestro. ¿Utiliza el favor que Dios le ha dado para pasar tiempo con Él, o tiende a mantenerse ocupado sirviendo en lugar de simplemente sentarse?

PUNTO PARA MEDITAR

*Soy un amigo de Dios, y quiero pasar tanto
tiempo con Él como pueda.*

REFLEXIÓN PERSONAL

_____

_____

Día 224
GOZO INEFABLE

Me mostrarás la senda de la vida; en tu presencia hay
plenitud de gozo; delicias a tu diestra para siempre.
—SALMOS 16:11

DECIR QUE NECESITAMOS tanto Marías como Martas es no entender el punto completamente. Y eso simplemente no es cierto. Es probable que haya escuchado decir que nunca se lograría hacer nada si no tuviéramos Martas. Eso también es una mentira. Esa enseñanza proviene principalmente de que las Martas se sienten intimidadas por el estilo de vida de las Marías. María no era una persona que no trabajaba. Más bien estaba comenzando a ser como su Maestro, quien solo hacía lo que veía hacer al Padre. Jesús estaba hablando, así que María dejó a un lado otras distracciones y se sentó a escuchar. No se enfrascó en preparar sándwiches que Jesús no había pedido. Estaba aprendiendo que trabajar desde su presencia es mucho más eficaz que trabajar para su presencia. ¿Alguna vez ha experimentado gozo inefable en la presencia de Dios? ¿Es algo que usted anhela? ¿Cómo le está sugiriendo Jesús que reciba tal gozo?

PUNTO PARA MEDITAR

Quiero ser más como Jesús todos los días: más
como María y no como Marta.

REFLEXIÓN PERSONAL

_____

_____

_____

_____

Día 225
OTRA MIRADA A ESPERAR

Para lo cual también trabajo, luchando según la
potencia de él, la cual actúa poderosamente en mí.
—COLOSENSES 1:29

UNO DE LOS problemas que tenemos en nuestro estudio de las Escrituras es que tendemos a interpretar las cosas a través de nuestra propia experiencia y cultura. *Esperar pacientemente a Dios* es un gran ejemplo. Para la mayoría de nosotros esta afirmación trae una imagen pasiva a la mente. Muchos han encontrado en esto una manera de culpar a Dios por su negligencia espiritual: "Oh, estamos esperando en Dios". Lo han estado haciendo por años, desperdiciando tiempo valioso, esperando que Dios invada su vida con algún sentido de significado. ¿Deja las cosas para después bajo el disfraz de "esperar en Dios" cuando de hecho es a *usted* a quién Dios está esperando?

PUNTO PARA MEDITAR

Dios ya invadió mi vida con más trascendencia de
la que puedo manejar: me ha dado a Jesús.

REFLEXIÓN PERSONAL

_____

_____

_____

_____

_____

_____

Día 226
ESPERAR DE UNA MANERA ACTIVA

Por tanto, amados míos, como siempre habéis obedecido, no como en mi presencia solamente, sino mucho más ahora en mi ausencia, ocupaos en vuestra salvación con temor y temblor.
—FILIPENSES 2:12

SIN EMBARGO, ESPERAR en Dios no es una actitud pasiva que se relaja en el sillón y que dice: "Cuando Dios quiera tocarme, conoce mi dirección". Todavía hay personas que se relajan en su asiento y dicen: "Qué bien, escucho que Dios está haciendo grandes cosas en todo el mundo. Solo desearía que se moviera en mi vida o en mi iglesia. Desearía que hiciera algo grande en mi ciudad". Esta actitud de *espera en Dios* no es la que vemos en las Escrituras. Están los que esperan y los que van. ¿Cuál de los dos es usted? ¿Puede hacer a un lado su agenda, o su falta de ella, y abrazar su buena dirección incluso cuando eso signifique esperar activamente?

PUNTO PARA MEDITAR

Esperaré en Dios, no como una evasión, sino porque sé que me mostrará un mejor camino.

REFLEXIÓN PERSONAL

_____

_____

_____

_____

_____

_____

QUE LA PASIÓN DIRIJA EL CAMINO

Porque donde esté tu tesoro, allí estará también tu corazón.
—Mateo 6:21, NVI

ESTA PALABRA HEBREA, *pacientemente*, se encuentra en la Biblia cincuenta y tres veces. Cuatro veces se define como "esperar pacientemente", "esperar", "en espera" o "esperando". Cuarenta y nueve veces se define como "retorcerse de dolor, semejante a dar a luz" o "girar en el aire al danzar". Las características involucradas en dar a luz y en la danza nos dan la perspectiva necesaria sobre cómo practicar la espera paciente en Dios. Nunca veríamos a alguien que está dando a luz a un niño o danzando con maestría al ritmo de la música y pensaríamos que estaban siendo pasivos. Pasión es la naturaleza de ambas expresiones. Y la pasión lidera el camino en esperar pacientemente en Dios. ¿Qué está dirigiendo su espera en Dios?

PUNTO PARA MEDITAR

Cuando la pasión dirige mi corazón las bendiciones de Dios abundan.

REFLEXIÓN PERSONAL

_____

_____

_____

_____

_____

_____

_____

Día 228
TRÁIGALE LO MEJOR A DIOS

Mi corazón está confiado en ti, oh Dios; mi corazón tiene
confianza. ¡Con razón puedo cantar tus alabanzas!
—Salmos 57:7, NTV

En nuestra cultura la *paciencia* tiene la connotación de la actitud expresada por las palabras: "Voy a soportar esta molestia otro día más porque soy paciente". Esa no es la paciencia bíblica de la que David estaba hablando. Sí *esperar pacientemente* es visto en la actividad de saltar y girar en danza, entonces la persona que está esperando tiene que estar increíblemente concentrada. Su amor por la danza los lleva a una disciplina que manifiesta excelencia creativa. Los danzantes deben estar intensamente enfocados en su cuerpo, la música y dónde van a caer. Por lo menos, sin esa muy necesaria disciplina y concentración, las lesiones serían algo seguro. ¿En qué áreas de su vida su amor por Dios lo hace manifestar excelencia? ¿Qué áreas necesitan más trabajo (más amor)?

Punto para meditar

Cuando le traigo lo mejor a Dios, Él lo hace todavía mejor.

Reflexión personal

_____

_____

_____

_____

_____

_____

Día 229
NUESTRO SUMO SACERDOTE

Por lo tanto, hermanos, ustedes que han sido santificados y
que tienen parte en el mismo llamamiento celestial, consideren
a Jesús, apóstol y sumo sacerdote de la fe que profesamos.
—Hebreos 3:1, NVI

Tuve el privilegio de estar presente en el nacimiento de cada uno de mis hijos. Cuando mi esposa estaba dando a luz por tercera vez, cometí el error de voltear a ver a alguien más en la habitación durante una contracción. Con rapidez descubrí que definitivamente era el momento equivocado para haberlo hecho. Cuando puse mi atención en otra parte, afectó su habilidad para mantener su concentración, la cual era esencial para mantener su sufrimiento y dolor al mínimo. Cometí este error cuando mi esposa necesitaba más mi ayuda. Su fuerte apretón en mi brazo me ayudó a volver en mí y caer en cuenta de que en realidad solo había una persona que debería tener toda mi atención en ese momento. ¿Con cuánta frecuencia hace de Dios el centro absoluto de su atención de modo que excluye todo lo demás?

Punto para meditar

Fijo mis ojos en Jesús quien me da sabiduría, motivación
fresca para amar y confianza para enfrentar todos los días.

Reflexión personal

_____

_____

_____

_____

VIDA RADICAL

Como se acercaba el tiempo de que fuera llevado al cielo,
Jesús se hizo el firme propósito de ir a Jerusalén.
—Lucas 9:51, NVI

H AY ALGO ACERCA de la danza y de dar a luz que requiere una determinación increíble para alcanzar el fin deseado. Esto significa esperar pacientemente en Dios. Tiene una concentración intensa, determinación disciplinada y una convicción de que *nada más satisfará*. Dios es atraído a personas que tienen ese tipo de tenacidad y que no están satisfechos con cosas inferiores. Con demasiada frecuencia somos tenaces con respecto a cosas que no son de Dios porque tenemos nuestro corazón puesto en otro lado. Él quiere que centremos nuestro corazón en el suyo. ¿Hay algo en su vida que en este momento exija determinación tenaz? ¿Cómo cree que Dios quiere que usted responda?

PUNTO PARA MEDITAR

Vivo de una manera radical cuando mi corazón
está centrado en el corazón de Dios.

REFLEXIÓN PERSONAL

_____

_____

_____

_____

_____

_____

Día 231
BÚSQUEDA ENTUSIASTA

Encamíname en tu verdad, y enséñame, porque tú eres el
Dios de mi salvación; en ti he esperado todo el día.
—Salmos 25:5

DAVID USA OTRA palabra para expandir su retrato de nuestra espera en Dios. "Porque los malignos serán destruidos, pero los que *esperan* en Jehová, ellos heredarán la tierra" (Salmos 37:9, énfasis añadido). Aquí la palabra *esperar* significa "estar al acecho", como al tender una emboscada. Eso está tan lejos de la definición pasiva como se pueda imaginar. Es casi militar, todavía conlleva la disciplina del enfoque intenso mencionado anteriormente, pero va junto con una búsqueda anhelante. Isaías expresó la misma idea: "Esperaré, pues, a Jehová, el cual escondió su rostro de la casa de Jacob, y en él confiaré" (Isaías 8:17). ¿Cómo espera en Dios? ¿Anhelante? ¿Impaciente? ¿Con fe?

Punto para meditar

Cuando le tiendo una emboscada a Dios siempre lo
encontraré, porque Él ya me ha encontrado.

Reflexión personal

_____

_____

_____

_____

_____

_____

Día 232
NO SE DETENGA ANTE NADA

*Y como no podían acercarse a él a causa de la multitud,
descubrieron el techo de donde estaba, y haciendo una
abertura, bajaron el lecho en que yacía el paralítico.*
—MARCOS 2:4

SI QUIERO CAZAR venado, no voy a tender una emboscada en Wall Street en la ciudad de Nueva York o en medio del océano Pacífico. Para tender una emboscada con cualquier esperanza de éxito, debo hacerlo en las áreas que los venados frecuentan. Pero muchos no caen en cuenta de que lo mismo es cierto para esperar en Dios. Hay muchos que necesitan un milagro, pero no van del otro lado de la ciudad a la iglesia donde los milagros son comunes. Jugamos este juego mental de orgullo cuando nos rehusamos a humillarnos y asechar en los lugares que Dios frecuenta. ¿Está dispuesto a tender una emboscada solo para encontrar a Jesús? Si no, ¿qué le estorba?

PUNTO PARA MEDITAR

*Voy a buscar cada oportunidad para estar
en posición de recibir de Jesús.*

REFLEXIÓN PERSONAL

_____

_____

_____

_____

_____

Día 233
LO RINDO TODO

Y me buscaréis y me hallaréis, cuando me
busquéis de todo vuestro corazón.
—JEREMÍAS 29:13

POR FAVOR, NO tropiece con el concepto de tenderle una emboscada a Dios como si eso violara su soberanía, Él es quien ha prometido ser encontrado por nosotros si lo buscamos con todo nuestro corazón. Y Él fue quien dijo que se haría visible a medida que lo persiguiéramos. Esta es su idea. Es nuestra prueba para ver si le creemos lo suficiente como para *buscarlo anhelantes*. Dios está buscando a alguien que salga de su rutina y le ponga una emboscada. Si usted fuera a salir de su rutina para buscar a Dios, ¿sería una inconveniencia o un gozo?

PUNTO PARA MEDITAR

Voy a soltar todo en mi corazón que me esté
estorbando en mi búsqueda de Dios.

REFLEXIÓN PERSONAL

_____

_____

_____

_____

_____

_____

_____

_____

Día 234
UNA REALIDAD MAYOR

Sepan, pues, todos ustedes y todo el pueblo de Israel que este hombre está aquí delante de ustedes, sano gracias al nombre de Jesucristo de Nazaret, crucificado por ustedes, pero resucitado por Dios.
—Hechos 4:10, NVI

ALGUNAS PERSONAS SE molestan bastante cuando ven a los creyentes viajar al otro lado del mundo porque han escuchado que Dios está haciendo algo significativo en un lugar en particular. Su razonamiento es: "Dios está en todos lados. Búsquelo donde usted se encuentra y Él vendrá". De una manera similar, los predicadores con poca unción de rompimiento dicen: "No debe seguir señales. ¡Las señales lo deben seguir a usted!". Eso se ve bien en papel y contiene cierta medida de verdad. Pero si las señales no lo están siguiendo, más le vale seguirlas hasta que lo sigan. Recuerde, las señales apuntan a una realidad mayor. No debemos seguirlas por ellas mismas, sino porque nos guían al que las creó. Entrar en contacto con Él es la manera en que nos convertimos en quienes las señales los siguen. Cuando escucha acerca de un milagro de Dios, ¿cómo responde? ¿Lo hace tener hambre por las cosas de Dios que están más allá de lo que usted conoce en lo natural, o trata de minimizarlo porque no ha experimentado mucho de lo milagroso usted mismo?

PUNTO PARA MEDITAR

Yo abrazo la fe para creer que lo sobrenatural de Dios irrumpirá en mi vida natural.

REFLEXIÓN PERSONAL

_____

_____

Día 235
ACÉRQUESE

Pero una mujer que padecía de flujo de sangre desde hacía doce años, y que había gastado en médicos todo cuanto tenía, y por ninguno había podido ser curada, se le acercó por detrás y tocó el borde de su manto; y al instante se detuvo el flujo de su sangre.
—Lucas 8:43-44

Aunque quizá no se den cuenta, muchos de los que viajan a cualquier parte a cualquier costo solo por el hambre que tienen por Dios están haciendo exactamente lo que David enseñó acerca de esperar en Dios. Van a cualquier lado donde el Señor está obrando y se ponen al acecho, anticipando cada uno de sus movimientos buscando la oportunidad de estirar la mano y tocar a Dios. Mateo describió un acto así de extraordinario en la historia de la mujer que tuvo flujo de sangre durante doce años. Se posicionó de tal manera que pudo tocar el borde del manto de Jesús mientras Él caminaba por la calle. No fue una proeza sencilla. Había grandes multitudes de personas que se agolpaban sobre Él. Sin embargo, ella fue la única que vio la dimensión del cielo que Él llevaba y lo tocó de una manera que puso una demanda sobre la unción del Espíritu Santo que residía en Él. Ese es el tipo de fe que agrada a Dios. Es el clásico ejemplo de cómo Dios le da la bienvenida a *ser emboscado*. ¿Está dispuesto emboscar a Dios con gran fe?

Punto para meditar
Cuando Jesús se acerque voy a estirar la mano hacia Él.

Reflexión personal

_____

_____

_____

SEGUIR LAS HUELLAS DE JACOB

No te dejaré, si no me bendices.
—GÉNESIS 32:26

H AY VARIOS PERSONAJES notables en la Escritura que ilustran claramente cómo es esperar en Dios con esta intensa concentración y pasión. Quiero considerar tres de ellos comenzando con Jacob.

Jacob a pesar de sus profundos problemas personales con el engaño y la manipulación tenía un deseo intenso de la bendición del Señor. No sería muy querido hoy por quienes critican a los que constantemente buscan la bendición de Dios. Simplemente quería que Dios fuera real en su vida. Su búsqueda culminó cuando tuvo que enfrentar lo que pensaba era la situación más peligrosa de su vida: encontrarse con su hermano Esaú por primera vez después de haber obtenido la primogenitura de Esaú y haber robado su bendición. Las circunstancias eran desesperadas; creía que su hermano quería vengarse. No todos recurren a Dios en circunstancias desesperadas. Algunos quizá lancen una oración como último intento, pero pocos dan el paso de aferrarse a Dios como su única esperanza y asirse de Él por su vida hasta que llegue la respuesta. Jacob hizo esto y fue esta pasión enfocada y fe lo que atrajo al Señor a él. Como respuesta, Dios envió un ángel para que lo visitara.

Jacob puso sus temores delante de Dios y terminó en un encuentro de lucha. ¿Alguna vez ha luchado con Dios con la persistencia de Jacob? Si fue así, ¿cuál fue el resultado? Si no, ¿qué lo está deteniendo?

PUNTO PARA MEDITAR

Solo la gracia de Dios me trae victoria. Su gozo viene en la mañana.

REFLEXIÓN PERSONAL

Día 237
SOSTÉNGASE DE DIOS

Y el varón le dijo: ¿Cuál es tu nombre? Y él respondió: Jacob. Y el
varón le dijo: No se dirá más tu nombre Jacob, sino Israel; porque
has luchado con Dios y con los hombres, y has vencido. Entonces
Jacob le preguntó, y dijo: Declárame ahora tu nombre. Y el varón
respondió: ¿Por qué me preguntas por mi nombre? Y lo bendijo
allí. Y llamó Jacob el nombre de aquel lugar, Peniel; porque
dijo: Vi a Dios cara a cara, y fue librada mi alma. Y cuando
había pasado Peniel, le salió el sol; y cojeaba de su cadera.
—GÉNESIS 32:27-31, ÉNFASIS AÑADIDO

COMO RESPUESTA A su persistencia Jacob recibió un cambio de
nombre. Este cambio de nombre reflejó el cambio de carácter que
ocurrió dentro de Él en su búsqueda de la bendición. Su nombre fue
cambiado de *Jacob* ("engañador") a *Israel* ("Dios lucha"). Salió lesionado de su encuentro con Dios y cojeó por el resto de su vida: ese
fue el costo de su persistencia. Tal determinación siempre tiene un
costo. Mire a su alrededor y encontrará personas que están dispuestas
a pagar un precio por cosas que no son de Dios, mientras ignoran lo
que Él tiene para ofrecerles. Esta es la condición de muchos creyentes.
¿Qué tan persistente es usted en su búsqueda de Dios, y qué precio
está dispuesto a pagar?

PUNTO PARA MEDITAR

El fuego que quema en mi alma no puede ser apagado por
ninguna otra cosa más que por su magnífica presencia.

REFLEXIÓN PERSONAL

_____

_____

$Día$ 238
LA GENEROSIDAD DE DIOS

¿No te das cuenta de lo bondadoso, tolerante y paciente que es Dios contigo? ¿Acaso eso no significa nada para ti? ¿No ves que la bondad de Dios es para guiarte a que te arrepientas y abandones tu pecado?
—ROMANOS 2:4, NTV

CREO QUE CUANDO uno se da cuenta de que ha sobrevivido después de ver el rostro de Dios, sobrevivir a un hermano enojado parece cosa fácil. Es significativo que cuando Jacob se encontró más tarde con Esaú y encontró favor delante de él le dijo: "Y dijo Jacob: No, yo te ruego; si he hallado ahora gracia en tus ojos, acepta mi presente, porque he visto tu rostro, como si hubiera visto el rostro de Dios, pues que con tanto favor me has recibido" (Génesis 33:10). Este episodio claramente revela el poder de la bendición y del favor que vino sobre Jacobo después de su encuentro y cambio de nombre: su hermano lo trató como una persona completamente distinta. ¿Han existido instancias en su vida en las que Dios haya traído a la luz acciones o motivos escondidos poco santos y luego lo bendijo? ¿Consideraría que esas instancias son generosidad suya o una represión?

PUNTO PARA MEDITAR
La bondad de Dios me guía al arrepentimiento.

REFLEXIÓN PERSONAL

Día 239
LA BÚSQUEDA QUE PERFECCIONA

Porque si, cuando éramos enemigos de Dios, fuimos reconciliados
con él mediante la muerte de su Hijo, ¡con cuánta más razón,
habiendo sido reconciliados, seremos salvados por su vida!
—Romanos 5:10, NVI

LA BÚSQUEDA DEL rostro de Dios inició un cambio en Jacob. Su vida es un gran recordatorio de que uno no necesita ser perfecto para comenzar esta jornada. De hecho, es esta búsqueda lo que nos perfecciona. El encuentro máximo en la vida le fue dado a Jacob. Su conclusión fue: "Vi a Dios cara a cara, y fue librada mi alma". Me entristece ver la gran cantidad de personas que sienten que tienen que limpiar su vida antes de encontrarse con el único que limpia. Es una tarea imposible que genera presión y esfuerzo por una relación con Dios. Simplemente ser capaces de seguir, sin distracciones, el deseo de nuestro corazón de conocer a Dios, es lo que provoca más transformaciones que cualquier lista de reglas religiosas. ¿Batalla con relacionarse con Dios porque piensa que la vida es demasiado complicada o que necesita limpiarla antes de buscarlo?

Punto para meditar

Cuando Dios me ofrece venir y reconciliarme con
Él, iré con todo mi quebranto y recibiré su amor.

Reflexión personal

_____

_____

_____

_____

SEGUIR EN LOS PASOS DE ELISEO

Aconteció que cuando quiso Jehová alzar a Elías en un
torbellino al cielo, Elías venía con Eliseo de Gilgal. Y dijo
Elías a Eliseo: Quédate ahora aquí, porque Jehová me
ha enviado a Bet-el. Y Eliseo dijo: Vive Jehová, y vive tu
alma, que no te dejaré. Descendieron, pues, a Bet-el.
—2 REYES 2:1-2

ELISEO PASÓ AÑOS en entrenamiento como asistente de Elías, y finalmente vino el tiempo en que el Señor se llevaría a Elías a casa. Toda la comunidad profética, al igual que Eliseo, al parecer sabían el día en que esto iba a ocurrir. Lo extraño es que ese día también parecía que Elías estaba tratando de abandonar a su hijo espiritual en cada esquina. Pero Eliseo siguió a Elías como una sombra y no lo dejó desaparecer de su vista. Cuando Elías le preguntó qué podía hacer por él antes de que fuera llevado, Eliseo pensó en grande, le dijo: "Te ruego que una doble porción de tu espíritu sea sobre mí" (2 Reyes 2:9). La experiencia personal de Elías ya era el logro más alto de todos los profetas. Lo que Eliseo pedía era muy difícil a causa del precio involucrado. El Señor le mostró a Elías cómo sería probado Eliseo para ver si tenía lo necesario para llevar una doble porción de la unción de Elías. ¿Cómo lo está probando Dios con el fin de prepararlo para llevar a una unción mayor?

PUNTO PARA MEDITAR

Pacientemente esperaré y soportaré la prueba de
Dios para que pueda recibir su mayor unción.

REFLEXIÓN PERSONAL

_____

_____

Día 241
A TRAVÉS DEL ESPÍRITU

Sin embargo, los que vivimos por el Espíritu esperamos con
anhelo recibir por la fe la justicia que Dios nos ha prometido.
—GÁLATAS 5:5, NTV

LOS DONES DEL Espíritu descansan mejor en el fruto del Espíritu. Por eso la Biblia dice que, de hecho, la fe obra por el amor. La palabra para *obras* u *obra* en Gálatas 5:6 es *energeo*, de donde obtenemos nuestra palabra *energía*. En otras palabras, *la fe es energizada por del amor*. Los dones son energizados por el carácter. Y sin la energía del carácter fluyendo a través de nuestra vida no vamos a poder ejercitar los dones de una manera consistente y con excelencia. La unción del Espíritu a través de la que estos dones fluyen es dada para bendecir y soltar la realidad del cielo en la Tierra, pero es pesada. ¿De qué manera está Dios obrando en su carácter, y hasta qué grado está usted cooperando con Él?

PUNTO PARA MEDITAR

Mi fe es energizada por el amor de Dios. Mis dones son
energizados por su carácter formado en mí por medio de su amor.

REFLEXIÓN PERSONAL

_____

_____

_____

_____

_____

TIEMPOS DE PRUEBA

Y aconteció que yendo ellos y hablando, he aquí un carro de fuego con caballos de fuego apartó a los dos; y Elías subió al cielo en un torbellino.

—2 Reyes 2:11

SOLO LA INTEGRIDAD aunada a la compasión pudo habilitar a Eliseo para llevar una doble medida de la unción de Elías. La prueba fue sencilla, pero no fácil. Elías dijo: "Cosa difícil has pedido. Si me vieres cuando fuere quitado de ti, te será hecho así; mas si no, no" (2 Reyes 2:10). Entonces Dios generó una increíble distracción que habría causado que la mayoría de las personas quitaran sus ojos de Elías. Es interesante notar que el Señor escogió probar a Eliseo en aquello que ya estaba haciendo: mantener sus ojos en su maestro. Eliseo probablemente ya estaba siguiendo los pasos de Elías hasta el punto en el que Elías no podía ir al baño sin que Eliseo estuviera presente. Dios simplemente arregló las circunstancias con el fin de ver si lo que estaba haciendo por instinto tenía la suficiente fuerza de carácter detrás para ser sostenido a pesar del tipo de distracciones que enfrentaría, de serle confiada a una doble porción. ¿Qué distracciones lo han llevado a quitar sus ojos de Dios? ¿Cómo retomó el camino?

PUNTO PARA MEDITAR

Mantendré mis ojos fijos en aquel que es digno de todo sin importar lo que esté pasando a mi alrededor.

REFLEXIÓN PERSONAL

_____

_____

APRENDER A LLEVAR LA UNCIÓN

Viéndolo Eliseo, clamaba: ¡Padre mío, padre mío, carro
de Israel y su gente de a caballo! Y nunca más le vio; y
tomando sus vestidos, los rompió en dos partes.
—2 REYES 2:12

A MEDIDA QUE ELISEO mantenía su asignación de observar a Elías sucedió lo inesperado. Un carro de fuego descendió del cielo. El carro no se llevó Elías al cielo como algunos han supuesto. Las Escrituras nos dicen que Elías, de hecho, fue llevado en un torbellino. Entonces, ¿para qué era el carro de fuego? Era la prueba. Si Eliseo iba a llevar una doble porción de la unción de Elías significaba que iban a suceder muchas señales inusuales y maravillas alrededor de su vida. ¿Podría Eliseo mantener sus ojos en su asignación (Elías en este caso) incluso cuando las actividades celestiales invadieran la atmósfera? ¿Podría anclar su corazón en la voluntad de Dios y no ser arrastrado por la maravilla de su don? La mayoría de nosotros hubiéramos fallado la prueba. Después de todo, ¿cómo podríamos equivocarnos al poner nuestra atención en las actividades de Dios? Pero la búsqueda de Eliseo por la doble porción de unción se cumplió en este encuentro porque Eliseo no se distrajo con su propio don y unción. ¿Cómo ancla su corazón en la voluntad de Dios y no se distrae por los dones y la unción que ha puesto en usted?

PUNTO PARA MEDITAR

Estoy muy agradecido por los dones que Dios me
ha dado, pero estoy más agradecido por Él.

REFLEXIÓN PERSONAL

EL LLAMADO A LA RESISTENCIA

*Por tanto, nosotros también, teniendo en derredor
nuestro tan grande nube de testigos, despojémonos de
todo peso y del pecado que nos asedia, y corramos con
paciencia la carrera que tenemos por delante.*
—HEBREOS 12:1

DIOS DESEA SOLTARNOS sus dones más de lo que nosotros deseamos recibirlos. Simplemente es demasiado misericordioso como para soltar dones sobre nosotros por los que después tendría que juzgarnos, porque fallamos en llevarlos con integridad. No obstante, también debemos caer en cuenta de que incluso cuando pasamos una prueba particular de carácter y se nos confía una medida de unción mayor, todavía no hemos *llegado*. Todos conocemos a los que han comenzado bien la carrera de la fe, a quiénes se les ha confiado una maravillosa unción para bendecir al cuerpo de Cristo, solo para caer más tarde en la vida. Esta es una carrera de por vida la que estamos corriendo, y Dios obra en cada parte de ella para prepararnos para llevar lo que Él quiere que demos, tanto en esta vida como en la siguiente. ¿Hay momentos en los que se siente tentado a pensar que ya "llegó"? ¿Cómo haría el contrapeso de esos sentimientos con el fin de mantenerse enfocado en el largo plazo?

PUNTO PARA MEDITAR

*Continuaré corriendo la carrera que tengo por delante,
iré de gloria en gloria, de fuerza en fuerza.*

REFLEXIÓN PERSONAL

SEGUIR EN LAS PISADAS DE JESÚS

*Porque no tenemos un sumo sacerdote incapaz de compadecerse
de nuestras debilidades, sino uno que ha sido tentado en todo
de la misma manera que nosotros, aunque sin pecado.*
—**Hebreos 4:15, NVI**

NUESTRA CLAVE PARA correr con éxito la carrera es la misma que
la de Eliseo. Como nos dice Hebreos la clave es fijar nuestros
ojos en nuestro Maestro. Tenemos éxito cuando fijamos nuestros
ojos en Jesús precisamente porque Él es quien ha corrido la carrera
delante de nosotros, ha pasado las mismas pruebas de carácter que
enfrentó Eliseo y que nosotros debemos enfrentar y fue ejemplo de
éxito para nosotros por medio de mantener *sus* ojos fijos en el Padre
en todo momento. Al igual que la prueba final del Eliseo, la prueba
de Jesús requería que mantuviera su enfoque frente a la separación
de su Padre. ¿Cómo mantiene su enfoque cuando se siente distante
de Dios?

PUNTO PARA MEDITAR

Mantendré mis ojos fijos en el Padre en todo momento.

REFLEXIÓN PERSONAL

_____

_____

_____

_____

_____

_____

Día 246
A LA CRUZ

*Aquel mismo día llegaron unos fariseos, diciéndole: Sal, y vete
de aquí, porque Herodes te quiere matar. Y les dijo: Id, y decid
a aquella zorra: He aquí, echo fuera demonios y hago curaciones
hoy y mañana, y al tercer día termino mi obra. Sin embargo, es
necesario que hoy y mañana y pasado mañana siga mi camino;
porque no es posible que un profeta muera fuera de Jerusalén.*
—LUCAS 13:31-33

EN SU CAMINO a la cruz Jesús demostró el ejemplo máximo del tipo
de enfoque apasionado que hemos estado considerando. Afirmó
su rostro hacia Jerusalén sabiendo que estaba a punto de morir.
Incluso algunos de sus amados discípulos trataron de disuadirlo de
ir porque todavía no tenían conocimiento del resultado final de la
cruz. ¿Qué obstáculos han sido lanzados a su camino para quitarle
el enfoque de hacia dónde Dios lo está guiando? ¿Cómo trata con
estos obstáculos?

PUNTO PARA MEDITAR
*Al seguir el ejemplo de Jesús estaré firme
hacia lo que Dios ponga frente a mí.*

REFLEXIÓN PERSONAL

_____

_____

_____

_____

_____

_____

EL TIEMPO PERFECTO DE DIOS

Entonces Pedro, tomándolo aparte, comenzó a reconvenirle, diciendo:
Señor, ten compasión de ti; en ninguna manera esto te acontezca.
—MATEO 16:22

ES IMPORTANTE CAER en cuenta de que Jesús perseguía su enfoque sin apoyo de los que estaban más cercanos a Él. Con todo cuidado se tomó el tiempo de preparar a sus discípulos para su muerte. Pero sin importar lo mucho que hablaba con ellos, no entendían. No solo no comprendían el asunto de la cruz, se oponían a lo poco que entendían. En cierto punto Pedro de hecho reprendió a Jesús por sus repetidas referencias a su muerte personal. El tiempo de Dios era perfecto para no darles a los discípulos la revelación de la cruz antes de la resurrección, incluso cuando la falta de revelación dificultaba las cosas tanto para Jesús como para sus seguidores. ¿Confiará en el tiempo perfecto de Dios aun cuando sea difícil mantener su enfoque?

PUNTO PARA MEDITAR

El tiempo de Dios siempre es perfecto. Por lo tanto, aprenderé a
caminar con perseverancia y fe a pesar de lo que sepa o no sepa.

REFLEXIÓN PERSONAL

_____

_____

_____

_____

_____

_____

Día 248
AMOR PERFECTO

Como a las tres de la tarde, Jesús gritó con fuerza: —
Elí, Elí, ¿lama sabactani? (que significa: "Dios mío,
Dios mío, ¿por qué me has desamparado?").
—MATEO 27:46, NVI

SU MUERTE IBA a ser distinta a cualquier otra en la historia. Jesucristo no tuvo pecado; no obstante, llevaría los pecados de toda la humanidad de todos los siglos. El peso de tal carga va más allá de cualquier comprensión. En su muerte, el Hijo de Dios fue separado de su Padre por la primera y única vez. Esta separación es otra experiencia inimaginablemente difícil que Jesús abrazó por nuestra causa. ¡Qué sorprendente es la misericordia de la cruz: saber y entender que el Padre, Hijo y Espíritu Santo estaban dispuestos a permitir un tiempo de separación en su unión perfecta para que pudiéramos participar de esa unión! ¿No se encuentra deshecho a la luz de tan grande sacrificio?

PUNTO PARA MEDITAR

Estoy haciendo mi mejor esfuerzo para recibir
el perfecto amor de Dios en Jesús.

REFLEXIÓN PERSONAL

_____

_____

_____

_____

_____

_____

Día 249
CONSIDÉRESE MUY DICHOSO

Hermanos míos, considérense muy dichosos cuando
tengan que enfrentarse con diversas pruebas.
—SANTIAGO 1:2, NVI

LEEMOS EN LA Escritura que Jesús hizo lo que hizo "por el gozo puesto delante de él" (Hebreos 12:2). Sus ojos estaban fijos en algo más allá de la cruz: la reconciliación de muchos hijos con su Padre. Del mismo modo, en la carrera de cada una de nuestras vidas, Dios ha puesto el gozo delante de nosotros, y es el gozo de participar en esta reconciliación que Cristo ha comprado para nosotros. Pero a medida que nos volvemos personas que pueden beber de ese gozo en su plenitud, podemos pasar por en medio de las pruebas y el sacrificio cuando sentimos como si Dios hubiera apartado su rostro de nosotros.

Es un secreto precioso y vital descubrir eso. Para los que buscan el rostro de Dios estos momentos son de hecho las invitaciones de Dios a mayor poder e intimidad. ¿Ha experimentado momentos de gozo con el Señor en medio de pruebas? Qué maravilloso que Dios nos invita a tal intimidad con Él.

PUNTO PARA MEDITAR
Confío en que Dios me dirija para su gozo
incluso en medio de las pruebas.

REFLEXIÓN PERSONAL

_____

_____

_____

_____

Día 250
OTRA PARADOJA

Amados, ahora somos hijos de Dios, y aún no se ha manifestado
lo que hemos de ser; pero sabemos que cuando él se manifieste,
seremos semejantes a él, porque le veremos tal como él es.
—1 Juan 3:2

Vivimos en una hora en la que el rostro de Dios está siendo revelado en un maravilloso derramamiento del Espíritu Santo. *No hay límite para lo que es posible que experimente una persona, iglesia, ciudad o nación.* La Biblia señala lo que está disponible, pero cómo, cuándo, qué tanto se puede tener acceso, nunca ha sido definido por nosotros. Nunca se han establecido límites. Mientras que la gloria de Dios en su plenitud podría matarnos, hay muchas medidas de su presencia que han sido disfrutadas por personas en el pasado que sobrepasan por mucho lo que ahora experimentamos. Es mi convicción personal que Dios ha puesto a nuestra disposición la medida de gloria que nuestro cuerpo puede manejar. ¿Cómo cree que pueda manejar una medida extraordinaria de la gloria de Dios? ¿Qué persona de la Escritura es buen ejemplo de esto para usted?

Punto para meditar

Dios me conoce lo suficientemente bien como para no darme
más de lo que puedo manejar. Su gracia es suficiente para mí.

Reflexión personal

_____

_____

_____

_____

Día 251
EQUILIBRIO SANTO

Porque somos hechura de Dios, creados en Cristo
Jesús para buenas obras, las cuales Dios dispuso de
antemano a fin de que las pongamos en práctica.
—Efesios 2:10, NVI

PODRÍA PARECER COMO algo extraño alentar a las personas a ir en pos de algo en Dios con abandono temerario y en el mismo aliento exhortarlas a reposar. Pero en alguna manera es la combinación única de esas dos cosas lo que define nuestro desafío en esta hora. Este es el "reposo que persigue". Lo que Dios ha hecho por mí va mucho más allá de mis sueños más alocados. En cierto sentido puedo vivir en este lugar con Dios por siempre porque es completamente satisfactorio, no obstante, estar con Él estimula sueños y pasiones que no me van a permitir estar estático. Hay tanto en riesgo. ¡Estoy vivo para más! ¿De qué maneras está usted navegando la paradoja de estar satisfecho con la riqueza de Dios en su vida, mientras al mismo tiempo siente un hambre por compenetrarse más con Él a causa de su riqueza?

PUNTO PARA MEDITAR

Estoy apuntándole a un equilibrio santo entre ese lugar de
reposo en Él y al mismo tiempo de tener más hambre de Él.

REFLEXIÓN PERSONAL

_____

_____

_____

_____

Día 252
ESTÉ QUIETO Y EXPERIMENTE A DIOS

Es como el buen óleo sobre la cabeza, el cual desciende sobre la barba, la barba de Aarón, y baja hasta el borde de sus vestiduras.
—SALMOS 133:2

ME ENCANTA EL privilegio de pasar tiempo con Dios; entre más, mejor. Estar quieto delante de Él con frecuencia es una actividad subestimada por los de nosotros que nos gusta lograr cosas en oración para el Rey y su Reino.

Así es como lo hago yo. Algunas veces solo tomo algunos minutos en medio de un día de trabajo para su placer. Voy delante del Señor y digo algo como: "Dios, estoy aquí, pero no voy a pedirte nada o a hacer algo de manera alguna para ti. Solo voy a sentarme aquí como un objeto de tu amor y dejar que me ames". Esto es importante para mí porque mi tiempo de oración usual es alrededor de tres cuartos de adoración y un cuarto de petición. No hacer nada es algo difícil. Algunas veces cuando entramos en ese lugar de reposo recibo en mi mente la imagen de que derrama aceite color miel sobre mí como símbolo de su amor. Es una imagen abrumadora de ahogarme en su amor. Algo maravilloso comienza a suceder mientras despierta cada parte de mi vida a su presencia. ¿Alguna vez ha experimentado el aceite de sus bendiciones?

PUNTO PARA MEDITAR

Quiero que el ungüento del amor de Dios sea derramado sobre mi vida, todos los días, en una medida generosa.

REFLEXIÓN PERSONAL

_____

_____

Día 253
VIVIR EN LA GLORIA DE DIOS

Y David danzaba con toda su fuerza delante de Jehová; y estaba
David vestido con un efod de lino. Así David y toda la casa de
Israel conducían el arca de Jehová con júbilo y sonido de trompeta.
—2 SAMUEL 6:14-15

"**M**I ALMA TIENE sed de ti, mi carne te anhela" (Salmos 63:1). Piense en esto: antes de que fuera posible nacer de nuevo por medio de la sangre de Jesús, David dijo que su cuerpo de hecho tenía hambre de Dios. Es posible estar tan empapado en la gloria de Dios por medio de un estilo de vida de adoración que nuestro cuerpo descubra uno de los grandes propósitos para el que fue creado. Nacimos para vivir en la gloria de Dios. Ya sean cinco minutos o cinco horas, tomarnos el tiempo con Dios fuera de la necesidad del desempeño cristiano es una de las decisiones más importantes que podamos tomar. ¿Cómo se siente con respecto a abandonarse en adoración simplemente porque Él es tan digno?

PUNTO PARA MEDITAR

Estoy prosiguiendo por la libertad de adorar sin reservas.

REFLEXIÓN PERSONAL

_____

_____

_____

_____

_____

_____

EL MOMENTO CREATIVO

Por medio de él todas las cosas fueron creadas;
sin él, nada de lo creado llegó a existir.
—Juan 1:3, NVI

CUANDO ME SIENTO delante del Señor en momentos de inactividad, con frecuencia recuerdo cosas que tengo que hacer o ideas que podrían ser buenas para mi vida o ministerio. En mis años de juventud pensé que este siempre era el diablo tratando de distraerme de mi tiempo con Dios. Pero a medida que envejezco, caigo en cuenta de que Dios meramente me está mostrando que está preocupado por lo que sea que me preocupa. El tiempo con Él suelta una creatividad que es de suprema importancia para cumplir con nuestras asignaciones en la vida. ¿Con cuánta frecuencia sintoniza sus oídos a los susurros creativos de Dios en su tiempo a solas con Él? ¿Qué sucede cuando lo hace?

PUNTO PARA MEDITAR

Escucharé los susurros de Dios y consideraré una
bendición que comparta su creatividad conmigo.

REFLEXIÓN PERSONAL

_____

_____

_____

_____

_____

_____

Día 255
REVELACIÓN QUE SATISFACE EL CORAZÓN

Deléitate asimismo en Jehová, y él te concederá
las peticiones de tu corazón.
—Salmos 37:4

AHORA LLEVO UNA pluma y un cuaderno conmigo en mis tiempos a solas con Dios. A medida que las ideas vienen, le doy gracias a Dios y las escribo. Al hacerlo no tengo que tratar de recordar lo que Dios dijo, pero puedo regresar mi atención a Él. No tener la presión de recordar detalles me suelta en un proceso creativo. En este tipo de tiempo de oración no voy delante de Él para obtener respuestas y direcciones. Estoy allí simplemente para experimentar su amor. Pero he descubierto que en ese lugar de comunión y amor es su placer darme revelación que satisface nuestros corazones. Simplemente no quiero que nada se convierta en el carro de fuego que me distraiga de mi oportunidad de deleitarme en el Señor. Así que recibo lo que me da y luego vuelvo mi atención al dador mismo. ¿Cuál es el enfoque de sus tiempos a solas con Dios? ¿Se encuentra anhelando recibir algo de Dios o simplemente estar en su presencia? ¿O ambos?

PUNTO PARA MEDITAR

Anhelo el lugar de comunión y amor que el Padre se deleita en darme.

REFLEXIÓN PERSONAL

_____

_____

_____

_____

Día 256
EL FRUTO NECESARIO

Por tanto, no sean insensatos, sino entiendan
cuál es la voluntad del Señor.
—Efesios 5:17, NVI

Necesitamos desarrollar la capacidad de sostener una gran pasión y enfoque si vamos a convertirnos quienes le ponemos emboscadas a Dios. Hay una palabra en la Escritura que describe esta capacidad: es la palabra *dominio propio*. El dominio propio es primero y sobre todo un fruto del Espíritu, lo cual significa que usted solo lo puede obtener por medio de intimidad con Él. El fruto de nuestra vida no es algo que nos esforzamos en producir; es meramente la evidencia de aquello con lo que tenemos comunión espiritual. El dominio propio en nuestra vida es la evidencia del control e influencia del Espíritu Santo sobre nosotros. Este fruto en particular del Espíritu produce su propio fruto. ¿Hasta qué grado permite que el Espíritu Santo controle e influencia su vida, y cuáles son los frutos que fluyen cuando Él está en control?

Punto para meditar

Estoy de acuerdo en rendir cada aspecto de mi vida
al control e influencia del Espíritu Santo.

Reflexión personal

_____

_____

_____

_____

_____

Día 257
EL FRUTO DEL AMOR

*Porque nuestra gloria es esta: el testimonio de nuestra
conciencia, que con sencillez y sinceridad de Dios, no con
sabiduría humana, sino con la gracia de Dios, nos hemos
conducido en el mundo, y mucho más con vosotros.*
—2 Corintios 1:12

HAY MUCHAS PERSONAS en el mundo quienes parecen tener mucho dominio propio porque tienen vidas disciplinadas en ciertas áreas. La religión ofrece abundantes maneras de controlar nuestro comportamiento, al igual que la psicología popular, los medicamentos y las dietas. Pero la práctica de estas disciplinas falla en traer a la gente al lugar donde las cualidades de justicia, paz y gozo en el Espíritu Santo están continuamente presentes en su vida. El amor de Dios derramado en gran manera en nuestro corazón trae libertad de la religión y búsquedas vacías. Este amor lleva el fruto del dominio propio que anima la vida de los creyentes. ¿Qué tipo de fruto está el amor de Dios produciendo en su corazón y su vida?

Punto para meditar

*Voy a prescindir del control de la religión por la libertad
del Espíritu; llevaré mucho fruto para su Reino.*

Reflexión personal

_____

_____

_____

_____

_____

Día 258
IMITAR A CRISTO

Sed, pues, imitadores de Dios como hijos amados.
—Efesios 5:1

LOS QUE SON más fructíferos en el Espíritu no son necesariamente los que dan una primera impresión de ser muy controlados y disciplinados. Si llega a conocerlos, encontrará que en verdad son disciplinados, pero esa *disciplina* es de hecho un factor inadecuado para medir su éxito en la vida. Es como ir a la casa de la proverbial pareja amorosa y describir al marido como disciplinado por ir a trabajar y a la esposa como disciplinada por mantener limpia la casa y cocinar la cena. Ellos probablemente responderían que la disciplina no tiene nada que ver con ello; si son disciplinados, es simplemente el fruto de su amor y compromiso mutuos. ¿Cómo es su amor y compromiso?

PUNTO PARA MEDITAR
*Quiero que el amor sea el fruto más importante
del Espíritu de Dios en mi vida.*

REFLEXIÓN PERSONAL

_____

_____

_____

_____

_____

_____

$Día$ 259
GUARDE SU CORAZÓN

Sobre toda cosa guardada, guarda tu
corazón; porque de él mana la vida.
—PROVERBIOS 4:23

EL CENTRO DE la vida cristiana es pasión por Dios, y es esta pasión lo que define los límites de nuestra vida. El dominio propio es el producto secundario de vivir en pacto con Dios. Para demostrar el rasgo de carácter del verdadero dominio propio uno debe ser capaz de ilustrar como luce vivir en perfecta armonía con los valores del Espíritu de Dios. Nosotros también mostramos dominio propio de la manera en que protegemos nuestra conexión con Dios de otras influencias que nos podrían distraer y disuadirnos. Cuando fallamos en proteger nuestro corazón, las influencias poco santas pueden comenzar a fluir. Lo que entra determina lo que sale. ¿Tiene presente guardar su corazón? ¿Cómo lo hace?

PUNTO PARA MEDITAR

Proteger mi corazón para Dios es una prioridad para mí.

REFLEXIÓN PERSONAL

_____

_____

_____

_____

_____

_____

_____

AFIRME SU ROSTRO

Porque en él habita corporalmente toda la plenitud de la Deidad.
—Colosenses 2:9

EL DOMINIO PROPIO no solo es la habilidad de decir "no" a todas las opciones y voces que son contrarios a los valores del Reino de Dios. También es la habilidad de decirle que sí a algo de una manera tan plena que todas las demás voces y valores quedan silenciados. Jesús demostró esto mejor que todos. Afirmó su rostro para ir a Jerusalén y morir. Nada lo podía distraer de su propósito.

El mismo desafío es suyo: afirme su rostro para ir hacia sus propósitos y experimentará el mayor privilegio conocido a la humanidad. Afirme su rostro y verá su rostro. Jesús lo está llamando a que le diga que sí de una manera tan completa que todo lo demás en su vida palidezca en comparación. ¿Está dispuesto a hacerlo? ¡No espere! Diga que si hoy.

Punto para meditar

Hoy le digo que sí a Jesús de una manera completa.

Reflexión personal

_____

_____

_____

_____

_____

_____

_____

Día 261
INNOVACIÓN SANTA

La creación aguarda con ansiedad la revelación de los hijos de Dios.
—Romanos 8:19, NVI

A LO LARGO DE la historia grandes cantidades de personas se han rehusado a conformarse con lo que se ha convertido en la norma. Aplaudimos a los líderes políticos por ser de esta manera y lo mismo es verdad con respecto a los innovadores en educación y entretenimiento. Los líderes empresariales y especialmente de tecnología y farmacéutica atraen grandes elogios de la sociedad por salirse de los confines de los logros del pasado. Sin duda, esto se debe en gran parte al hecho de que sus avances traen grandes beneficios a las masas. Dios es el autor de la creatividad y el soltará su creatividad a través de usted si está disponible a Él. Pondrá su espíritu en usted y le dará gran libertad para ser un innovador santo. ¿De qué manera lo está guiando a ser innovador en su esfera de influencia?

PUNTO PARA MEDITAR

Dios me está llamando a ser un innovador santo que
suelte la creatividad del cielo en la Tierra.

REFLEXIÓN PERSONAL

_____

_____

_____

_____

_____

_____

Día 262

SABIDURÍA SANA: UN TESORO PARA EL JUSTO

El provee de sana sabiduría a los rectos; es
escudo a los que caminan rectamente.
—PROVERBIOS 2:7

LAS NUEVAS IDEAS pueden ser intimidantes: tenemos la tendencia de querer mantener nuestra distancia de los que van a la vanguardia. Las ideas que al final duran más tiempo usualmente fueron rechazadas primero. Luego fueron toleradas y con el tiempo, aceptadas. Jesús es el ejemplo más radical de esto. Cuando trajo el Reino de Dios a la Tierra muchos mantuvieron su distancia porque lo que hacía amenazaba su manera de pensar. Incluso sus discípulos batallaban con entender lo que estaba haciendo. Cuando ve que alguien parece estar yendo más allá de los límites espirituales, ¿cómo reacciona a lo que ve? ¿Juzga o acude al Señor para que le dé su sabiduría?

PUNTO PARA MEDITAR

Buscaré la sabiduría del Señor y esperaré en ella, especialmente
cuando me siento confundido por lo que veo.

REFLEXIÓN PERSONAL

_____

_____

_____

_____

_____

_____

HAMBRE APASIONADA

*Gloria de Dios es encubrir un asunto; pero
honra del rey es escudriñarlo.*
—PROVERBIOS 25:2

LOS LÍDERES ESPIRITUALES que viven en la vanguardia como pioneros tienden a sufrir conflicto. También son quienes es más probable que sean rechazados al principio. Los oponentes con frecuencia hacen casi cualquier cosa para silenciar la voz de aquel que dice que hay más. Sentirnos bien acerca de nosotros mismos se ha convertido en un ídolo tal que muchos se han vuelto ciegos al filo profético de las Escrituras. En cambio, otros no se van a conformar con lo que existe actualmente porque ven que hay mucho más disponible, como se ilustra en la vida de Jesús. En lugar de ser ciegos a los filos proféticos de las Escrituras los buscan y los abrazan porque saben que Dios quemará la escoria. Entienden que su posición como hijos exige nada menos que lo mejor de sí. ¿Qué tan dispuesto está a qué Dios lo afine en el fuego de su Palabra?

PUNTO PARA MEDITAR

La Escritura contiene todo lo que necesito para vivir una vida santa.

REFLEXIÓN PERSONAL

_____

_____

_____

_____

_____

_____

Día 264

IR MÁS ALTO

Pídeme, y te daré por herencia las naciones, y
como posesión tuya los confines de la tierra.
—Salmos 2:8

L A VIDA DE Jesús demuestra que hay más. Y para llevarnos a
nuestro destino dijo: "De cierto, de cierto os digo: El que en mí
cree, las obras que yo hago, él las hará también; y aun mayores hará,
porque yo voy al Padre" (Juan 14:12). Es difícil imaginarlo, pero
Jesús declaró que habría una generación que se levantaría por *encima*
de su marca más alta. Eso desconcierta a muchos creyentes porque
todavía no han aprendido lo que significa vivir como hijos e hijas
amadas en la casa del Padre. Si vive en casa del Padre, obtiene su
herencia, y Él quiere que usted haga algo con esa herencia. La pone
a su disposición para que haga las obras mayores de las que habló
Jesús. Recuerde: Jesús solo decía lo que escuchaba decir al Padre.
No sé usted, pero yo estoy reclamando mi herencia completa. Estoy
buscando eso y *más*. ¿Y usted? ¿Habrá algo que lo esté deteniendo?

PUNTO PARA MEDITAR

Estoy listo para que Jesús me lleve a mi destino.

REFLEXIÓN PERSONAL

_____

_____

_____

_____

_____

_____

Día 265
CONSTRUIR EN CIMIENTOS FIRMES

Hermanos, no pienso que yo mismo lo haya logrado ya.
Más bien, una cosa hago: olvidando lo que queda atrás
y esforzándome por alcanzar lo que está delante, sigo
avanzando hacia la meta para ganar el premio que Dios
ofrece mediante su llamamiento celestial en Cristo Jesús.
—FILIPENSES 3:13-14, NVI

STAMOS ATRAVESANDO EL cambio: una reforma impactará a la sociedad en todos los frentes. Esto está sucediendo principalmente porque hoy hay una nueva raza de creyentes. Quizá parezcan distintos unos de otros, pero son conocidos por su amor y fe. Simplemente no se conforman con lo que ha sido. Aunque hay gran admiración por los que nos han antecedido este grupo no se detendrá lo suficiente como para edificarles un monumento o un memorial. De hecho, esta generación sabe que la mejor manera de honrar los logros del pasado es construir sobre sus avances. ¿Sobre los avances de quién está construyendo?

PUNTO PARA MEDITAR

Estoy hambriento por aún más de Dios que siempre está frente a mí.

REFLEXIÓN PERSONAL

Día 266
LAS VOCES DE LA HISTORIA

No les ocultaremos estas verdades a nuestros hijos; a la próxima generación le contaremos de las gloriosas obras del Señor, de su poder y de sus imponentes maravillas.
—Salmos 78:4, NTV

Algunos de los héroes más notables de la fe tuvieron momentos en los que Dios invadió su vida de maneras que con frecuencia fueron únicas y algunas veces difíciles de creer. Fueron cambiados dramáticamente a menudo en igual proporción con lo extraño de su encuentro. No obstante, todos ellos pudieron manifestar un aspecto del cielo a lo largo del resto de su vida y abrir un camino para futuros creyentes. Lo aliento a leer las historias de algunos que dejaron su marca en la historia: Evan Roberts, John G. Lake, Smith Wigglesworth, Charles Finney, T. L. Osborn y otros. Estos predicadores evangelistas son mis héroes personales. Ayudaron a darle forma al curso de la historia. Sin embargo, sus experiencias son solo una gota en un cubo en comparación con lo que se está soltando ahora alrededor del mundo. Lea estas historias de encuentros divinos y su fruto. Tenga hambre de la misma manera que ellos. Y vea como Dios escoge manifestarse en su vida. ¿Quién de su generación está abriendo el camino para los que vienen como resultado de un encuentro dramático con Dios?

PUNTO PARA MEDITAR

Estoy listo para recibir y correr con lo que Dios actualmente está soltando en la Tierra a sus amados.

REFLEXIÓN PERSONAL

_____

_____

Día 267
¿AHORA QUÉ?

Y dije: No me acordaré más de él, ni hablaré más en su
nombre; no obstante, había en mi corazón como un fuego
ardiente metido en mis huesos; traté de sufrirlo, y no pude.
—JEREMÍAS 20:9

ES IMPOSIBLE PARA mí leer las historias de estos hombres y mujeres de Dios y seguir siendo el mismo. Como resultado el fuego que quema en mi alma arde cada vez más fuerte por más de Dios. A través de sus testimonios sé que tales posibilidades existen y qué la búsqueda de ellos vale cualquier precio. Me inspiran a tomar riesgos para Dios y a ir en pos de Él todavía más. Pero sobre todo aprendo a estar agradecido, pero no satisfecho. ¿Cuándo piensa en los héroes de la fe, quienes lo inspiran a un lugar de insatisfacción agradecida?

PUNTO PARA MEDITAR

Estoy agradecido, pero no satisfecho, hago mi mejor esfuerzo
por cuidar del fuego santo de Dios en lo profundo de mi alma.

REFLEXIÓN PERSONAL

_____

_____

_____

_____

_____

_____

_____

$\mathcal{D}$ía 268
VALE LA PENA EL RIESGO

Entonces el Espíritu de Jehová vendrá sobre ti con poder, y profetizarás con ellos, y serás mudado en otro hombre.
—1 Samuel 10:6

RECUERDO CUANDO ERA niño y mis padres recibían visitas. Siempre era emocionante ser parte de la comida y de la diversión. Pero era doloroso tener que irse a la cama mientras todavía estaban ahí sentados en nuestra sala hablando y divirtiéndose. La risa que se escuchaba en mi habitación era tortura. Era imposible para mí dormir en esa atmósfera. Algunas veces, cuando no podía resistir más, me introducía a hurtadillas al pasillo, solo para escuchar. No me quería perder nada. Si mis padres me atrapaban, solían enviarme de vuelta a la cama. Pero hubo algunos momentos en los que pensaron que mi curiosidad era lo suficientemente divertida para dejarme salir a estar con ellos un poco más. ¡El riesgo lo valía!

Me encuentro de nuevo en el pasillo. Y el prospecto de perderme algo que podría haber sido la experiencia de mi generación es pura tortura. No puedo siquiera dormir en esta atmósfera porque si lo hago sé que me perderé la razón por la cual nací. ¿Se conforma con dormir a lo largo de este poderoso mover de Dios o el Señor lo encontrará en el pasillo?

PUNTO PARA MEDITAR

No me voy a perder un minuto siquiera de lo que Dios está haciendo.

REFLEXIÓN PERSONAL

_____

_____

_____

GOZO: LA RECOMPENSA

El buen juicio hace al hombre paciente; su
gloria es pasar por alto la ofensa.
—PROVERBIOS 19:11, NVI

E L NACIMIENTO DE Cristo fue proclamado con esta declaración: "Os doy nuevas de gran gozo" (Lucas 2:10). Aparentemente existe el gozo *normal* y luego está el *gran* gozo. La venida del Hijo de Dios a la Tierra eran nuevas de gran gozo que llevarían a todos los que lo recibieran al gozo mismo.

Por razones desconocidas para mí, una de las mayores ofensas en este mover de Dios presente es la manifestación del gozo. En cada temporada que trae un nuevo derramamiento del Espíritu Santo (avivamiento) se interpone una nueva experiencia y manifestación que ofende a ciertas personas. Es necesario. Solo cuando podemos ir más allá del temor a la crítica de otros que tal experiencia genera nos colocamos en posición de recibir todo lo que Dios tiene para nosotros. ¿Cómo responde cuando ve a alguien sobrecogido por el gozo del Señor?

PUNTO PARA MEDITAR

Cuando dejo ir el espíritu de ofensa mis manos
están libres para recibir de Dios.

REFLEXIÓN PERSONAL

_____

_____

_____

_____

Día 270
INFRACCIÓN DE TRÁNSITO

Mas os digo, amigos míos: No temáis a los que matan
el cuerpo, y después nada más pueden hacer.
—LUCAS 12:4

EL TEMOR AL hombre es el corazón y el alma de la religión: forma sin poder. La mayoría de nosotros nos inclinamos a probar y embotellar lo que Dios está haciendo para poder analizar y controlarlo con el fin de mantenernos cómodos. Es el camino a la muerte. Y debe ser derrotado en nosotros. La gente parece estar cómoda con la idea del gozo como un valor teológico, pero lo desprecian como una experiencia real, especialmente como una expresión colectiva. Parece estar fuera de orden. Y lo está. ¿Pero el orden de quién infringe en realidad el gozo? ¿Ha experimentado el gozo absoluto en el Señor que lo ha levantado a un lugar en el que no le ha importado lo que los demás piensen de usted? De ser así, ¿de qué manera lo cambió? Si no, ¿tiene hambre de ello?

PUNTO PARA MEDITAR

Nada más importa cuando el gozo de Dios viene sobre mí.

REFLEXIÓN PERSONAL

_____

_____

_____

_____

_____

_____

Día 271
ORDEN DESORDENADO

Y hecho este estruendo, se juntó la multitud; y estaban confusos, porque cada uno les oía hablar en su propia lengua. Y estaban atónitos y maravillados, diciendo: Mirad, ¿no son galileos todos estos que hablan? ¿Cómo, pues, les oímos nosotros hablar cada uno en nuestra lengua en la que hemos nacido? [...] Y estaban todos atónitos y perplejos, diciéndose unos a otros: ¿Qué quiere decir esto? Mas otros, burlándose, decían: Están llenos de mosto.
—Hechos 2:6-8; 12-13

Estuve presente en el nacimiento de mis tres hijos. Fue asombroso, maravilloso; y muy ofensivo. Aunque hubo risa y celebración, también hubo dolor y lágrimas. Para el no conocedor, parecía caótico. La falta de pánico en el personal me ayudó a calmar cualquier recelo que yo pudiera haber tenido.

Me pregunto con cuánta frecuencia Dios ha tenido el propósito de hacer algo maravilloso por su pueblo, y luego nos ponemos nerviosos y tomamos el control porque no nos sentimos cómodos. A Él eso no le preocupa. El primer derramamiento del Espíritu Santo hizo que muchos se sintieran incómodos. Muchos tienden a responder de la misma manera hoy. ¿Cómo responde cuando la presencia de Dios lo hace sentir incómodo?

Punto para meditar
Confiaré cuando Dios haga cosas que no comprenda.

Reflexión personal

_____

_____

_____

Día 272
GOZO CUMPLIDO

*Estas cosas os he hablado, para que mi gozo esté
en vosotros, y vuestro gozo sea cumplido.*
—JUAN 15:11

LO QUE MÁS ofende del gozo es la risa. A menudo viene la pregunta: ¿dónde se encuentra eso en la Biblia? No es tan complicado. La risa es a la salvación lo que las lágrimas son al arrepentimiento. No se nos manda llorar cuando pasamos al frente a recibir a Cristo. Pero sucede con frecuencia, como debería. Nuestro conjunto de valores torcido ha distorsionado la naturaleza de la vida con Cristo. "Me mostrarás la senda de la vida; en tu presencia hay plenitud de gozo; delicias a tu diestra para siempre" (Salmos 16:11). ¿Qué no es la risa por lo menos parte del gozo? ¿Qué no "cumplido" significa que todas las partes se juntan en el todo, sea que incluya risa, sonrisa, felicidad interna o cualquier otra cosa? Aunque la risa no debería ser nuestra única respuesta a su presencia es una expresión normal y aceptable de estar con Dios. El cumplimiento del gozo de Dios es opcional para los creyentes: podemos tomarlo o dejarlo. ¿Qué elige hacer?

PUNTO PARA MEDITAR

*No me voy a conformar con menos que con el gozo cumplido
que Jesús ofrece, aunque signifique parecerle ridículo a otros.*

REFLEXIÓN PERSONAL

_____

_____

_____

_____

Día 273
REGOCÍJESE EN EL GRAN
AMOR DE DIOS

Me condujo a un lugar seguro; me rescató porque en mí se deleita.
—Salmos 18:19, NTV

He descubierto que suele requerir una mayor fe regocijarse en su presencia que llorar. Para regocijarme tengo que creer que soy aceptable a Dios. Solía llorar mucho con un sentir de indignidad. Esconderme detrás de eso era a causa de mi falta de habilidad para ver que era aceptable a Dios. Pero cuando las personas descubren que no solamente son aceptables a Dios, sino que también, de hecho, Él se deleita en ellos, ¡es tiempo de regocijarse! Pablo en su carta a los filipenses dijo: "Regocijaos en el Señor siempre. Otra vez digo: ¡Regocijaos!" (Filipenses 4:4). Es bastante sencillo: si usted quiere gozo, regocíjese. Dios lo ama con amor eterno. Nada puede apagarlo. ¿Tiene suficiente fe en quién es Dios para regocijarse en su presencia cuando su corazón quiere llorar?

Punto para meditar
Dios se deleita en mí y yo en Él.

Reflexión personal

_____

_____

_____

_____

_____

_____

Día 274
LA CURA A LA ENFERMEDAD

Y no hizo allí muchos milagros, a causa de la incredulidad de ellos.
—MATEO 13:58

MUCHA DE LA cultura actual cristiana involuntariamente ha fomentado maneras de vivir y patrones de pensamiento que permiten que la gente sea cargada pesadamente y se desanime como la norma. Ese hábito con frecuencia nos lleva a la fortaleza de la incredulidad. De este modo, nos sentimos mucho más cómodos aplaudiendo las lágrimas sobre la risa, la pobreza sobre la riqueza y la perseverancia o aflicción sobre recibir respuestas rápidas y obtener avances. Somos más rápidos para creer en la supremacía de la enfermedad que en que Dios sana; es decir, para creer que el amor de Dios tiene límites. De tal manera amó Dios al mundo que dio lo mejor. ¿Qué más necesita hacer para demostrar su amor? ¿Está viviendo de manera que sin querer fomenta pensamientos y comportamientos que traen desánimo y dudas acerca de la bondad de Dios? ¿Qué se necesita para sacarlo de esa mentalidad?

PUNTO PARA MEDITAR

*No voy a permitir que la incredulidad estorbe
lo que Jesús hace disponible.*

REFLEXIÓN PERSONAL

_____

_____

_____

_____

_____

Día 275
EL REY HA VENIDO

Jesús recorría todos los pueblos y aldeas enseñando
en las sinagogas, anunciando las buenas nuevas del
reino, y sanando toda enfermedad y toda dolencia.
—MATEO 9:35, NVI

NUESTRA PERSPECTIVA NECESITA cambiar. Una visión incorrecta del sufrimiento ha permitido que el caballo de Troya de la enfermedad entre por las puertas de la comunidad de los redimidos. Mal entender este tema sencillo ha invitado al ladrón a entrar por la puerta principal a menudo franqueado por la enseñanza de nuestros mayores púlpitos. Cuando luchamos con la agonía de la derrota es más fácil ver el sufrimiento como la voluntad de Dios que aceptar que no entendemos plenamente todo acerca de Él. Queremos una explicación de lo inexplicable. Jesús es nuestra explicación y todavía tendemos a considerarlo y no ver al Padre. Jesús trajo el Reino de Dios con Él (Marcos 1:15). ¡El Rey ha venido! ¿Ha aceptado lo que Jesús trajo o todavía está batallando para recibir el gran regalo del Hijo de Dios?

PUNTO PARA MEDITAR

El Reino de Dios ha venido a mi corazón en la persona de Jesucristo.

REFLEXIÓN PERSONAL

_____

_____

_____

_____

_____

Día 276
EL CORDERO DE DIOS

Él fue traspasado por nuestras rebeliones, y molido por
nuestras iniquidades; sobre él recayó el castigo, precio de
nuestra paz, y gracias a sus heridas fuimos sanados.
—Isaías 53:5, NVI

LOS SUFRIMIENTOS DE Jesús se cumplieron en la persecución que enfrentó y en la carga que llevó por la gente. Él no sufrió con enfermedad. Eso debe ser removido de nuestra idea de sufrimiento cristiano. Es vano poner algo bajo el letrero de la voluntad de Dios cuando Él ya pagó para destruir su poder sobre nosotros. Un concepto adicional que debemos recordar es que Él sufrió para que nosotros *no tuviéramos* que sufrir. Por ejemplo, sufrió las llagas en su cuerpo infligidas por un soldado romano para que pudieran convertirse en su pago por nuestra sanidad. Tome tiempo el día de hoy para reflexionar sobre el gran amor que Jesús tiene por usted. ¿Qué está haciendo disponible y posible para usted su amor?

PUNTO PARA MEDITAR
Puedo amar porque Él me amó primero.

REFLEXIÓN PERSONAL

_____

_____

_____

_____

_____

_____

Día 277
NUESTRA REGLA DE VIDA

Por último, hermanos, consideren bien todo lo verdadero, todo lo respetable, todo lo justo, todo lo puro, todo lo amable, todo lo digno de admiración, en fin, todo lo que sea excelente o merezca elogio. Pongan en práctica lo que de mí han aprendido, recibido y oído, y lo que han visto en mí, y el Dios de paz estará con ustedes.
—Filipenses 4:8-9, NVI

Si este sufrimiento suyo fue insuficiente entonces que logró? Este error, si es transmitido, pone todo el asunto de la conversión y el perdón de pecados en tela de juicio. Es verdad que los sufrimientos de Jesús todavía no están completos, pero tienen que ver con nuestro llamado a una vida recta en un mundo injusto. Esto trae presiones sobre nuestra vida que van desde el plano de la persecución por vivir para Cristo, a las cargas que llevamos como intercesores delante de nuestro Padre celestial donde suplicamos por el caso de los perdidos. ¿Qué plan intencional de disciplinas espirituales ha establecido en su vida que lo ayudan a mantenerse en el sendero del crecimiento en santidad?

Punto para meditar

Soy llamado a vivir de una manera justa en un mundo injusto; a crecer continuamente en madurez en Cristo.

Reflexión personal

_____

_____

_____

_____

NO ME AVERGÜENZO DEL EVANGELIO

Mi pueblo fue destruido, porque le faltó conocimiento.
—OSEAS 4:6

L A IGNORANCIA QUE se exalta a sí misma con un sentido falso de logro por cumplir con ciertos requerimientos religiosos es uno de nuestros mayores enemigos. Porque la ignorancia genera tolerancia. Y lo que toleramos domina. Desestimar la obra del Señor con el fin de justificar nuestra dificultad para creer lo imposible lo deshonra. Es tiempo de aceptar la naturaleza del evangelio y predicarla como es. Es la respuesta para cada dilema, conflicto y aflicción en el planeta. Declárelo con valentía y véalo invadir la Tierra una vez más. Olvídese de verse ridículo. La Escritura dice que el mensaje de la cruz es locura para los que no lo han recibido (1 Corintios 1:18) y que es poder de Dios para salvación a todo aquel que cree (Romanos 1:16). Jesús es quien atrae a todos los hombres a sí mismo. Predique el evangelio con denuedo y deje que Él haga el resto. ¿Hay algo que lo está deteniendo?

PUNTO PARA MEDITAR

No me avergüenzo del evangelio; es el poder de Dios para salvación a todo aquel que cree (Romanos 1:16).

REFLEXIÓN PERSONAL

_____

_____

_____

_____

_____

CONSUMADO ES

Y sin embargo él estaba cargado con nuestros sufrimientos, estaba
soportando nuestros propios dolores. Nosotros pensamos que
Dios lo había herido, que lo había castigado y humillado.
—ISAÍAS 53:4, DHH

CUANDO PERMITIMOS QUE la enfermedad, el tormento y la pobreza sean considerados como herramientas ordenadas por Dios que utiliza para hacernos más como Jesús, hemos participado en un acto bastante vergonzoso. No hay duda de que puede usarlos, ya que el Señor también es conocido por ser capaz de utilizar al diablo mismo para sus propósitos. Pero pensar que estas cosas son soltadas en nuestra vida a través de su *designio* o que Él aprueba tales cosas es socavar la obra en el Calvario. Para hacerlo, uno debe completamente hacer a un lado la vida de Cristo y el propósito de la cruz. Ninguno de nosotros diría que murió por nuestros pecados, pero que todavía tiene el propósito de que estemos atados a los hábitos pecaminosos. Tampoco pagó por mi sanidad y liberación para que yo continúe en tormento y enfermedad. Su provisión para tales cosas no es figurada: es real. ¿Es difícil para usted comprender que Dios no es el autor del sufrimiento? ¿Por qué? ¿Sus razones se alinean con Dios según son reveladas en Jesús?

PUNTO PARA MEDITAR

Creo en la obra plena y consumada de la cruz.

REFLEXIÓN PERSONAL

_____

_____

_____

Día 280
ALIMÉNTESE DE SU FIDELIDAD

Y el efecto de la justicia será paz; y la labor de la
justicia, reposo y seguridad para siempre.
—Isaías 32:17

Un acercamiento falso a la vida cristiana también tiende a inflar el poder del diablo en la mente de los creyentes. En la atmósfera incorrecta la queja y la crítica se disfrazan como información necesaria para nuestra vida de oración. Esta mentalidad nos aparta del Reino donde hay justicia paz y gozo y nos lleva una esfera de pesadez que enfatiza las estrategias del diablo y sus logros. No se nos ordena llevar registro de los logros del diablo. Se nos ordena llevar el testimonio de la maravillosa obra de Dios en la Tierra, haciendo de sus obras nuestro deleite y el objeto de nuestra fascinación y estudio. Se nos ordena que nos "apacentemos de su verdad" (Salmos 37:3). La atmósfera establecida a nuestro alrededor es determinada por el tesoro que guardamos (el tesoro revelado en nuestras conversaciones). ¿Qué tesoro, que le fue revelado en su conversión, mantiene usted cerca de su corazón?

Punto para meditar

Todo el tesoro que necesito se encuentra en Jesús.

Reflexión personal

_____

_____

_____

_____

_____

Día 281
ASÓMBRESE DELANTE DE DIOS

Hijitos, vosotros sois de Dios, y los habéis vencido; porque
mayor es el que está en vosotros, que el que está en el mundo.
—1 Juan 4:4

No es saludable tener un diablo grande y un Dios pequeño (poco práctico). No es que el diablo no tenga poder o que deba ser ignorado. El apóstol Pablo nos enseñó en contra de tal ignorancia. No podemos darnos el lujo de impresionarnos con aquel que está restringido en poder cuando servimos a un Dios todopoderoso. Yo trato de vivir de tal manera que nada sea más grande que mi conciencia de la presencia de Dios. Cuando pierdo la perspectiva, descubro que necesito arrepentirme, cambiar mi enfoque y volver a asombrarme delante de Dios de nuevo. Una manera segura de estar al tanto de los intentos del diablo de obtener poder en mi vida es la presencia del temor. Cuando comienzo a estar temeroso por algo, estoy en peligro de estar más impresionado por el diablo que por Dios. El único temor que tiene algún lugar en la vida del creyente es el temor saludable de Dios. Cualquier otro tipo de temor debería ser echado a la acera inmediatamente. ¿Ha sido el diablo capaz de engañarlo para hacerlo pensar que lleva la delantera? ¡No le crea!

PUNTO PARA MEDITAR
Declaro que todas las cosas están bajo los pies de Jesús.

REFLEXIÓN PERSONAL

_____

_____

_____

_____

Día 282
¡GRITE DE GOZO!

En esa misma ocasión, Jesús se llenó del gozo del Espíritu Santo y dijo: "Oh Padre, Señor del cielo y de la tierra, gracias por esconder estas cosas de los que se creen sabios e inteligentes y por revelárselas a los que son como niños. Sí, Padre, te agradó hacerlo de esa manera".
—Lucas 10:21, NTV

PERMITIR QUE LA información sobre la obra del diablo se disfrace de verdad socava el gozo, el rasgo obvio de los que están en el Reino de Dios. La verdad se vuelve evidente solo en la mente de Cristo, y la mente de Cristo es dada para gozo. "En esa misma ocasión, Jesús se llenó del gozo del Espíritu Santo" (Lucas 10:21). Aquí la frase *se llenó del gozo* sugiere *gritar y saltar* una imagen bastante distinta de Jesús de la que nos dan en las películas o sermones. ¿Se le dificulta imaginarse a Jesús gritando y saltando de gozo por quién es Dios? ¿Cómo cambia esa imagen la manera en que usted piensa acerca de Jesús y la forma en la que le responde a Dios?

PUNTO PARA MEDITAR

Seguiré el ejemplo de Jesús, de adorar al Padre sin reparo alguno.

REFLEXIÓN PERSONAL

_____

_____

_____

_____

_____

_____

$Día$ 283
LA MOTIVACIÓN DE JESÚS

Fijemos la mirada en Jesús, el iniciador y perfeccionador
de nuestra fe, quien, por el gozo que le esperaba, soportó la
cruz, menospreciando la vergüenza que ella significaba, y
ahora está sentado a la derecha del trono de Dios.
—HEBREOS 12:2, NVI

JESÚS VIVIÓ EN perfecta obediencia tanto en motivo como en acción. Todo lo que hizo Jesús lo hizo como un hombre dependiente de Dios. También sabemos que Jesús se deleitaba en hacer la voluntad de su Padre. Pero fue el Padre quien trajo otro elemento a la ecuación: "Jesús, el iniciador y perfeccionador de nuestra fe, quien, por el gozo que le esperaba, soportó la cruz" (Hebreos 12:2, NVI). El Padre añadió una recompensa tan significativa que haría que el Hijo del Hombre pudiera atravesar el mayor sufrimiento conocido por un ser humano. Y este, quién iba a pagar el precio máximo, recibiría la recompensa máxima: gozo. El gozo es la recompensa. ¿Es el gozo de Dios su recompensa máxima?

PUNTO PARA MEDITAR

Como el gozo es la recompensa máxima de Jesús, también será la mía.

REFLEXIÓN PERSONAL

_____

_____

_____

_____

_____

_____

Día 284
LA RECOMPENSA DE LA PERSEVERANCIA

No perdáis, pues, vuestra confianza, que tiene grande galardón; porque os es necesaria la paciencia, para que habiendo hecho la voluntad de Dios, obtengáis la promesa.
—HEBREOS 10:35-36

HAY UN PRECIO que pagar por seguir a Cristo. Y también hay una recompensa por seguir a Cristo. Enfatizar el costo sin la recompensa es mórbido. Pasar por el dolor de la disciplina por cualquier razón debe tener un resultado que valga la pena el dolor. Cuando el Padre quiso darle la mejor recompensa a su propio Hijo escogió darle gozo. ¿Qué va a hacer la gente que no le gusta el gozo cuando llegue al cielo? Cada uno tenemos la elección de vivir en el derramamiento de su gozo o no. Quizá muchos escogen el *no* porque no han gustado el gozo real que fluye del corazón del Padre. Dios pone su gozo a disposición de cada uno de nosotros. Es nuestra recompensa. ¿Lo tomará?

PUNTO PARA MEDITAR

Quiero gustar del verdadero gozo que fluye del corazón del Padre sin importar el precio.

REFLEXIÓN PERSONAL

_____

_____

_____

_____

_____

Día 285
¡ALÁBELO!

*Porque con alegría saldréis, y con paz seréis vueltos; los
montes y los collados levantarán canción delante de vosotros, y
todos los árboles del campo darán palmadas de aplauso.*
—Isaías 55:12

JESÚS SABÍA QUE la recompensa del gozo valía la pena el precio. Esto es difícil de entender. Pero el gozo es un bien tan invaluable en el cielo que también se convirtió en la recompensa del creyente: "Bien, buen siervo y fiel [...] *entra en el gozo de tu señor*" (Mateo 25:21, énfasis añadido). La implicación es que el gozo no solamente es la recompensa, sino que también vamos a entrar en el gozo personal de nuestro Padre: "El que mora en los cielos se reirá" (Salmos 2:4). Es la misma naturaleza de Dios lo que disfrutaremos y celebraremos por la eternidad. Y parte de esa naturaleza es vista en el gozo. Considérelo una mansión que usted ha heredado. Su gran privilegio será *entrar* a cada habitación de ese lugar con asombro y deleite. Mientras que será un honor simplemente estar ahí, la impactante realidad es que es su herencia. ¡Qué asombrosa es esta imagen de Isaías de toda la creación —incluso las montañas y los collados y los árboles— uniéndose en gran gozo y paz para alabar a Dios! ¿Lo hace querer gritar sus alabanzas?

PUNTO PARA MEDITAR
¡Exaltaré a mi Dios y haré su alabanza gloriosa!

REFLEXIÓN PERSONAL

_____

_____

_____

LA ESFERA DEL GOZO DEL PADRE

Antes bien, creced en la gracia y el conocimiento de
nuestro Señor y Salvador Jesucristo. A él sea gloria
ahora y hasta el día de la eternidad. Amén.
—2 Pedro 3:18

Todo el interminable dominio del gozo del Padre es su posesión personal, y es suya para explorarla durante la eternidad. En cuanto a usted, la eternidad comenzó en el momento en que usted nació de nuevo. Hay algunos que piensan que es carnal hacer cosas por obtener una recompensa. El ejemplo de Jesús debería disipar tal concepto. Las recompensas son parte de la economía del cielo y son motivadores legítimos. De hecho, los que pierden de vista su recompensa no han mantenido una visión saludable de la eternidad. Y no nos va bien si no tenemos la eternidad en mente. La economía del cielo no es anémica. Los estantes de los almacenes del cielo nunca están en peligro de vaciarse. Están rebosando ahora y para siempre. Las esferas del gozo del Padre no están reservadas para una fecha posterior. Las ha hecho disponibles en su Hijo Jesús junto con su herencia ahora. ¿Cómo se siente al respecto? ¿Puede recibir lo que Jesús murió para darle en esta vida y la siguiente?

Punto para meditar

Recibo todo lo que Jesús pone a mi disposición
ahora y para la eternidad.

Reflexión personal

Día 287
EL GOZO DE SU ROSTRO

Regocijaos en el Señor siempre. Otra vez digo:
¡Regocijaos! [...] El Señor está cerca.
—FILIPENSES 4:4-5

EL GOZO ES una parte importante de la naturaleza del Padre. Experimentamos su gozo, y ahora lo heredamos como de nuestra propiedad. "Justicia y juicio son el cimiento de tu trono; misericordia y verdad van delante de tu rostro. *Bienaventurado el pueblo que sabe aclamarte*; andará, oh Jehová, *a la luz de tu rostro*. En tu nombre se alegrará todo el día, y en tu justicia será enaltecido" (Salmos 89:14-16, énfasis añadido). ¡Qué maravilloso es esto! "¡Fíjense qué gran amor nos ha dado el Padre, que se nos llame hijos de Dios! ¡Y lo somos! El mundo no nos conoce, precisamente porque no lo conoció a él" (1 Juan 3:1, NVI). Cuando usted piensa en Dios, ¿lo ve como gozoso o como alguien demasiado magnífico como para participar en el gozo?

PUNTO PARA MEDITAR

Mi Padre celestial es un Padre gozoso. Su gozo es mi herencia.

REFLEXIÓN PERSONAL

_____

_____

_____

_____

_____

_____

_____

INVASIÓN CELESTIAL

Se ha acercado a vosotros el reino de Dios.

—Lucas 10:9

Nuestro gozo es un resultado directo de estar delante del rostro de Dios. Un rostro lleno de gozo es el reflejo del deleite del Padre en nosotros. Los que viven delante del rostro de Dios conocen el sonido del gozo, porque el sonido del gozo es el sonido real del cielo. No hay oscuridad en el cielo, ni siquiera una sombra, porque la luz de su rostro está en todos lados. De la misma manera, no hay desánimo o depresión en el cielo, porque el sonido del gozo irradia del rostro de Dios. Orar porque el Reino de Dios venga a la Tierra "como en el cielo, así también en la tierra" (Mateo 6:10) es en esencia una oración para que la atmósfera del cielo impregne la Tierra, y eso incluye el gozo del cielo. ¿Cómo ve el Reino de Dios venir a la Tierra hoy? ¿Gozosamente o de otra manera?

Punto para meditar

Estoy agradecido de que el Reino de Dios está aquí
y ahora, y de que puedo ser parte de Él.

Reflexión personal

_____

_____

_____

_____

_____

_____

ENTRENAMIENTO PARA EL GOZO

El corazón me dice: "¡Busca su rostro!". Y yo, Señor, tu rostro busco.
—Salmos 27:8, NVI

SE DICE QUE la mente de un niño es entrenada en gozo a una edad temprana. Es como si se establecieran límites semejantes a cuando un agrimensor va a un terreno y clava estacas en la tierra para marcar los límites de la propiedad. Así que la capacidad del niño para el gozo y la salud es establecida por su relación con adultos amorosos que se deleitan en ellos. Hay una parte del cerebro que algunos llaman el centro del gozo. Esta zona es activada a través del rostro gozoso de los padres al mirar a su hijo a los ojos. Esta experiencia de afirmación es su entrenamiento real para el gozo. A lo largo de la vida nos permitimos ser entrenados en muchas cosas y nos enorgullecemos de nuestros logros. Sin embargo, la mayoría de nosotros nunca consideramos permitirle a Dios que nos entrene para el gozo. ¿Por qué? ¿Le está permitiendo a Dios que lo entrene para el gozo?

PUNTO PARA MEDITAR

Viviré gozoso, por medio de contemplar
sus ojos y participar de su gozo.

REFLEXIÓN PERSONAL

_____

_____

_____

_____

_____

_____

Día 290
CONFIANZA Y SEGURIDAD EN DIOS

*Bellos lugares me han tocado en suerte; ¡preciosa
herencia me ha correspondido!*
—Salmos 16:6, NVI

Muchos batallan con el gozo. La mayoría de la gente de la
Iglesia tiene poco gozo en su vida personal. No han visto el favor
y la aprobación de su Padre celestial. La vida cristiana de la Iglesia
está paralizada principalmente porque la gente ve a Dios como el
que anhela castigarlos en lugar de salvarlos, y el que les recuerda el
pecado en lugar de perdonarlos. La Iglesia ha llegado a considerar la
falta de gozo como algo piadoso, como si Dios nos hubiera creado
para arrastrarnos por la vida con una pesada seriedad. Ese tipo de
pensamiento ilustra nuestra falta de entendimiento con respecto a
la naturaleza de Dios. ¿Cómo ve a Dios; como un juez severo o un
amoroso Padre celestial? Con base en el ejemplo de Jesús, ¿cómo
cree que Dios quiere que lo vea?

Punto para meditar

*Confío en Dios. Él es un padre amoroso, y yo soy su
tesoro. Se deleita grandemente en mí incluso cuando me
quedo corto de ser la persona que quiere que sea.*

Reflexión personal

_____

_____

_____

_____

_____

Día 291
SU REINO GOZOSO

Toda buena dádiva y todo don perfecto descienden de lo alto,
donde está el Padre que creó las lumbreras celestes, y que no
cambia como los astros ni se mueve como las sombras.
—SANTIAGO 1:17, NVI

JESÚS LES ENSEÑÓ a sus discípulos a buscar el rostro de su Padre. Los que lo hacen obtienen el conocimiento de afirmación de que somos "la chispa de sus ojos". A partir de este lugar de intimidad con Dios encontramos respuestas y soluciones. Con respecto a esto Jesús dijo: "Hasta ahora nada habéis pedido en mi nombre; pedid, y recibiréis, para *que vuestro gozo sea cumplido*" (Juan 16:24, énfasis añadido). Una vez más vemos que se espera que el gozo sea el resultado de una relación correcta con Dios. Es normal. Cualquier cosa por debajo de eso no lo es. Algunos enseñan acerca de la vida cristiana equilibrada como si necesitáramos medidas iguales de gozo y depresión. ¡Tonterías! El Reino es de gozo. Y no tengo que irme jamás. ¿Tiene el hábito de recibir las buenas dádivas que el Padre tiene para usted? ¿Está el gozo en su lista?

PUNTO PARA MEDITAR
Yo recibo cada buena dádiva que el Padre tenga para mí.

REFLEXIÓN PERSONAL

_____

_____

_____

_____

_____

Día 292

EL GOZO TRAE FUERZA

*Y Nehemías el gobernador, y el sacerdote Esdras, escriba, y los
levitas que hacían entender al pueblo, dijeron a todo el pueblo:
Día santo es a Jehová nuestro Dios; no os entristezcáis, ni lloréis;
porque todo el pueblo lloraba oyendo las palabras de la ley.
Luego les dijo: Id, comed grosuras, y bebed vino dulce, y enviad
porciones a los que no tienen nada preparado; porque día santo
es a nuestro Señor; no os entristezcáis, porque el gozo de Jehová
es vuestra fuerza. Los levitas, pues, hacían callar a todo el pueblo,
diciendo: Callad, porque es día santo, y no os entristezcáis.*
—NEHEMÍAS 8:9-11

PARA MÍ EL lugar más sorprendente para encontrar una de las mayores revelaciones del gozo se encuentra en el Antiguo Testamento. Gracias a Dios que permitió que Israel probara la realidad de la obra redentora de Cristo. Pero vino cuando los hijos de Israel estuvieron de pie desde temprano en la mañana hasta la noche escuchando a los sacerdotes leer el libro de la Ley. Cuando la gente no entendía lo que se leía los sacerdotes corrían entre la multitud para explicarles. Vieron que el estándar de requerimientos de Dios para su vida era extremadamente alto. También vieron que le habían fallado a Dios en lo que requería. Este fue un momento de impacto. Y respondieron de la manera más natural imaginable: con lágrimas. ¿Cómo va a responder al alto llamado de Dios en su vida?

PUNTO PARA MEDITAR

El gozo del Señor es lo que me da fuerza.

REFLEXIÓN PERSONAL

_____

_____

Día 293
CÓMO CULTIVAR SU CORAZÓN

Les daré un nuevo corazón, y les infundiré un espíritu
nuevo; les quitaré ese corazón de piedra que ahora
tienen, y les pondré un corazón de carne.
—EZEQUIEL 36:26, NVI

CONTRISTARSE Y LLORAR por el pecado se piensa que es consistente con el tema de la santidad. En nuestro mundo las lágrimas casi siempre son sinónimo de arrepentimiento. Sin embargo, no fue así en el contexto de Nehemías 8:9-11. Había mucho lloro y lamentación porque vieron que no se habían acercado ni siquiera un poco a los propósitos de Dios para su vida. Eso solo podía suceder con una convicción abrumadora del Espíritu Santo. Sinceramente, este es el tipo de momento que muchos de nosotros los predicadores buscamos: que las personas estén conscientes de su necesidad de Dios, conscientes de su necesidad de perdón y que estén listas para hacer un cambio permanente. Y tal quebranto es el clima del corazón que hace el cambio posible. No obstante, el Espíritu de Dios contaba con otra herramienta que tenía el propósito de utilizar para llevar a cabo la transformación que deseaba hacer. Es el poder de la celebración; el poder del gozo. ¿Por qué temporadas de quebrantamiento ha pasado que produjeron un cambio? ¿Tuvieron que ver con celebración y gozo?

PUNTO PARA MEDITAR

Invito al Espíritu Santo a que venga cuando quiera y prepare mi
corazón para las temporadas divinas de cambio en mi vida.

REFLEXIÓN PERSONAL

_____

_____

SIEMBRE CON LÁGRIMAS, COSECHE CON ALEGRÍA

Porque un momento será su ira, pero su favor dura toda la vida.
Por la noche durará el lloro, y a la mañana vendrá la alegría.
—SALMOS 30:5

EN NEHEMÍAS CAPÍTULO 8 los sacerdotes vieron sus lágrimas y cayeron en cuenta de que esto transgredía lo que Dios estaba haciendo. ¡Su responsabilidad ahora era correr entre la gente y decirles que dejarán de llorar! No sólo debían dejar de llorar, tenían que llevarlo un paso más allá y regocijarse y celebrar. ¿La razón? Ellos *entendieron* la Ley. Entender lo que Dios les estaba diciendo debía convertirse en el punto de su gozo y, por lo tanto, en el origen de su gozo. Cuando se trata de la relación con Dios, la ignorancia no es un lujo. Dios tiene el propósito de que vivamos como hijos de la luz, que entendamos quién es Él y lo que tiene para nosotros. ¿Está caminando como un hijo de la luz de Dios? ¿De qué manera este don del arrepentimiento lo impacta?

PUNTO PARA MEDITAR

Dios me ha llamado a conocerlo y a regocijarme
en todo lo que tiene para mí.

REFLEXIÓN PERSONAL

_____

_____

_____

_____

_____

Día 295
ENTRE POR SUS ATRIOS CON GOZO

*¡Cuán amables son tus moradas, oh Jehová de los ejércitos!
Anhela mi alma y aun ardientemente desea los atrios de
Jehová; mi corazón y mi carne cantan al Dios vivo.*
—SALMOS 84:1-2

SI ALGUNA VEZ existió un momento en el Antiguo Testamento que hubo un atisbo de la vida del Nuevo Testamento es esta historia de Nehemías 8 cuando el pueblo lloró delante del Señor al entender la Ley. Viola toda nuestra comprensión de la gravedad de la Ley e incluso viola nuestra comprensión de la manera en que Dios se mueve en los avivamientos. Por esta razón, muchos se han perdido de la muy necesaria revelación del gozo a través de la gracia que vino con este mover actual de Dios. Es legítima. Comenzó con gozo. Qué típico de nuestro Padre celestial: avivarnos con gozo. ¿Está usted permitiendo que Dios traiga restauración a su vida mediante el gozo?

PUNTO PARA MEDITAR

Le doy permiso a Dios de que me avive con su gozo.

REFLEXIÓN PERSONAL

_____

_____

_____

_____

_____

_____

DIGA QUE SÍ

"Olviden las cosas de antaño; ya no vivan en el pasado. ¡Voy a hacer algo nuevo! Ya está sucediendo, ¿no se dan cuenta? Estoy abriendo un camino en el desierto, y ríos en lugares desolados.
—Isaías 43:18-19, NVI

LOS CREYENTES VERDADEROS están siendo posicionados para mostrar las maravillas del Dios todopoderoso al mundo a nuestro alrededor. La Biblia, de hecho, nos llama una nueva creación, una nueva raza de personas que nunca había existido antes. Muchas de las profecías que Jesús hizo con respecto a su Iglesia no se han cumplido. Las obras mayores de Juan 14:12 todavía están por venir sobre toda una generación. Pero esta es la hora de la que todos los profetas hablaron. Reyes y profetas anhelaron ver lo que hemos visto. Es importante que le digamos que sí a todo lo que nos ha sido provisto a través de la sangre de Jesús. Es tiempo de que el pueblo de Dios se levante como uno y muestre el poder y la gloria de Dios. ¿Está dispuesto a decirle que sí a *todo* lo que ha sido provisto por medio de la cruz?

PUNTO PARA MEDITAR
Digo que sí a todo lo que Jesús puso a mí disposición.

REFLEXIÓN PERSONAL

LA PRUEBA MÁXIMA

Si no hago las obras de mi Padre, no me creáis. Mas si las
hago, aunque no me creáis a mí, creed a las obras, para que
conozcáis y creáis que el Padre está en mí, y yo en el Padre.
—JUAN 10:37-38

JESÚS UNA VEZ le dijo a una multitud: "Si no hago las obras de mi Padre, no me creáis" (Juan 10:37). Los ángeles, los profetas, la naturaleza y la Escritura testificaron acerca de quién era Jesús. No obstante, estaba dispuesto a colgar la credibilidad de todos estos testigos en una cosa: las obras del Padre. Sin duda, las obras del Padre a la que Jesús se refiere son los milagros registrados a lo largo del Evangelio de Juan. Si Jesús no hacía milagros, no se requería que las personas creyeran. Espero el día cuando la Iglesia, su cuerpo, haga la misma afirmación al mundo a nuestro alrededor: si no hacemos las obras de nuestro Padre, no nos crean. ¿Está dispuesto a hacer tal afirmación?

PUNTO PARA MEDITAR

Si no hago las obras de mi Padre, no me crean.

REFLEXIÓN PERSONAL

_____

_____

_____

_____

_____

_____

Día 298
JESÚS: TEOLOGÍA PERFECTA

Y si una casa está dividida contra sí misma,
tal casa no puede permanecer.
—MARCOS 3:25

JESUCRISTO ES TEOLOGÍA perfecta. Para cualquiera que quiera conocer la voluntad de Dios, vea a Jesús. Él es la voluntad de Dios. Algunos oran: "Si es tu voluntad", como si la voluntad de Dios fuera poco clara. Uno tendría que ignorar la vida de Cristo para llegar a tal conclusión.

¿Cuántas personas vinieron a Jesús por sanidad y se fueron enfermas? Ninguna. ¿Cuántos vinieron a él por liberación y se fueron de su presencia todavía atormentados? Ninguno. ¿Cuántas tormentas mortales bendijo Jesús? Ninguna. ¿Cuántas veces Jesús retuvo un milagro porque la persona que vino a Él tenía muy poca fe? Jamás. Con frecuencia habló acerca de su poca fe o incredulidad, pero siempre los dejaba con un milagro como camino a una mayor fe. Jesucristo, el Hijo de Dios, perfectamente ilustra la voluntad de Dios el Padre. Pensarlo de otra manera es poner al Padre y al Hijo en conflicto. Y una casa dividida caerá. ¿Es Jesús su teología perfecta?

PUNTO PARA MEDITAR
La voluntad perfecta de Dios es revelada en Jesús.

REFLEXIÓN PERSONAL

_____

_____

_____

_____

Día 299
DIOS ESTÁ A CARGO

Por tanto, no seáis insensatos, sino entendidos
de cuál sea la voluntad del Señor.
—Efesios 5:17

¿Por qué Jesús resucitó a los muertos? Porque no todos mueren en el tiempo de Dios. No podemos tener al Padre escogiendo hacer una cosa y a Jesús contradecirlo con un milagro. No todo lo que sucede es voluntad de Dios. Dios es culpado por tantas cosas en nombre de su soberanía. Hemos ocultado nuestra irresponsabilidad con respecto a la comisión que Jesús nos dio bajo el velo de la soberanía de Dios durante bastante tiempo. Sí, Dios puede usar la tragedia para su gloria. Pero la habilidad de Dios para gobernar sobre malas circunstancias nunca ha significado que sea la evidencia de que esas circunstancias eran su voluntad. Más bien era mostrar que sin importar lo que suceda Él está a cargo y que cambiará el curso de las cosas para nuestra ventaja y su gloria. Nuestra teología no debe estar basada en lo que Dios no ha hecho. Se encuentra definida por lo que hace y está haciendo. ¿Qué hace cuando las circunstancias lo llevan a cuestionar la voluntad de Dios?

Punto para meditar

Dios está a cargo. Confiaré en lo que ha
hecho y en lo que veo que hace.

Reflexión personal

_____

_____

_____

Día 300
LA VOLUNTAD DE DIOS

No puedo yo hacer nada por mí mismo; según oigo, así
juzgo; y mi juicio es justo, porque no busco mi voluntad,
sino la voluntad del que me envió, la del Padre.
—Juan 5:30

SE PUEDE VER perfectamente la voluntad de Dios en la persona de Jesucristo. Ninguno de los que acudieron a Él fue rechazado. La Biblia celebra al hombre que fue sanado en el estanque de Betesda. Si eso hubiera sucedido hoy, los periódicos cristianos hubieran entrevistado a las personas cerca del estanque que no fueron sanadas. Los teólogos entonces utilizarían la ausencia de un milagro para los demás como texto de prueba para decir que no siempre es la voluntad de Dios sanar. En ausencia de una experiencia es que se forma la teología equivocada. Dios quiere que usted lo experimente y a su Reino para que pueda conocerlo mejor. Porque cuando lo conocemos mejor, podemos recibirlo más plenamente y representarlo con el honor debido a su gran hombre. Cuando conoce su voluntad puede hacer su voluntad. En un sentido es bastante sencillo. ¿Qué tan complicada o sencilla es la voluntad de Dios para usted?

PUNTO PARA MEDITAR
No voy a permitir que mi experiencia defina mi teología.

REFLEXIÓN PERSONAL

_____

_____

_____

_____

Día 301
LA GRAN JORNADA

Como tú me enviaste al mundo, así yo los he enviado al mundo.
JUAN 17:18

A TODO EL QUE confiesa conocer a Jesucristo en una relación personal le es asignado el privilegio de representarlo. Esto fue aclarado en la declaración de Jesús: "Como me envió el Padre, así también yo os envío" (Juan 20:21). El mandato es claro y fuerte y no hay opciones. Descubrir quién es Él y cómo es, es la mayor jornada para el creyente. Es una búsqueda eterna, una en la que nos deleitaremos para siempre. Pero en nuestro descubrimiento está la responsabilidad de darlo a conocer. ¿Lo hacemos por medio de predicar la Palabra? Sí. Pero también debe manifestarse a través de nuestra vida. Debemos convertirnos en un retrato de Dios. Eso es parte de lo que significa ser el cuerpo de Cristo. ¿Cómo es usted un retrato de Dios manifestándolo al mundo a su alrededor?

PUNTO PARA MEDITAR
Estoy descubriendo quién es Dios para ser más como Él en el mundo.

REFLEXIÓN PERSONAL

VER CON CLARIDAD

Señor, he sabido de tu fama; tus obras, Señor, me dejan
pasmado. Realízalas de nuevo en nuestros días, dalas a conocer
en nuestro tiempo; en tu ira, ten presente tu misericordia.
—Habacuc 3:2, NVI

Nos volvemos como aquello que adoramos. Verlo nos cambia. La adoración incrementa nuestra capacidad para ver. Pero si vemos a Dios a través de los lentes incompletos del Antiguo Testamento entonces con mucha probabilidad trataremos de llevar un mensaje de ira y enojo pensando que estamos honrando a Dios. No es que Dios no pueda mostrar enojo. Todo el punto es que quiere que mostremos misericordia y busca a aquellos que intercedan a favor de los que no tienen esperanza. Él es quien dijo que la misericordia triunfa sobre el juicio. Los que no lo ven a través de la revelación del Nuevo Testamento tratan de recrear quién es por medio del razonamiento humano. Usualmente es una visión distorsionada de un Dios enojado. Pero algunas veces es el otro extremo en donde predican acerca de un Dios que ignora el pecado. Ninguna es correcta, ambas son producto de la mente de los que no pueden ver.

Él es perfecto en *amor, poder, carácter y sabiduría.* Estas expresiones deben ser vistas a través de nosotros. ¿Cómo es usted una expresión de la naturaleza perfecta de Dios a otros?

Punto para meditar

Las expresiones perfectas de la naturaleza de Dios vistas
en mí y a través de mí son un acto de adoración.

Reflexión personal

_____

_____

Día 303
AMOR SACRIFICIAL

Nosotros le amamos a él, porque él nos amó primero.
—1 JUAN 4:19

ES UN HONOR amar porque Dios nos amó primero. Solo damos lo que hemos recibido. Dios estableció el estándar de dar amor que no exige nada a cambio. También estableció el estándar para el amor sacrificial. "Porque de tal manera amó Dios al mundo, que ha dado..." (Juan 3:16). Es nuestro privilegio dar tiempo, dinero, atención, amistad y demás. Dar de una manera sacrificial es vivir de una manera sacrificial. Mientras podemos dar sin amar, no podemos amar sin dar. Por naturaleza el amor no exige nada a cambio, o no es amor. La verdadera prueba del amor es cuando somos capaces de amar a los no amables, quienes no pueden dar de vuelta. Nuestra naturaleza humana puede hacer que este tipo de amor sea bastante desafiante. Pero con la naturaleza de Dios el amor sacrificial se vuelve posible. ¿Es el amor sacrificial una parte de la manera en la que usted vive?

PUNTO PARA MEDITAR
Dios establece mi estándar para el amor.

REFLEXIÓN PERSONAL

_____

_____

_____

_____

_____

_____

Día 304
EL "ID" DEL EVANGELIO

Por tanto, id, y haced discípulos a todas las naciones.
—MATEO 28:19

MUCHOS DE NOSOTROS crecimos pensando que la manera en que podemos alcanzar a nuestra comunidad es orar mucho por las personas para que vayan a las reuniones de la iglesia con la esperanza de que se conviertan. Es difícil para nosotros ser eficaces en demostrar el amor de Dios si se requiere que la gente venga a nosotros. Es en *ir* que es más probable que demos de una manera auténtica. La historia del Buen Samaritano se destaca como un buen ejemplo de amor. Adoptó los problemas del extraño lesionado como propios. Cuando no se pudo quedar para ayudar al hombre de primera mano contrató a alguien que hiciera lo que Él no podía hacer. Es una historia maravillosa de amar a un completo extraño. ¿Cómo "va" por el evangelio?

PUNTO PARA MEDITAR

El evangelio llega al mundo a medida que yo voy al mundo.

REFLEXIÓN PERSONAL

_____

_____

_____

_____

_____

_____

_____

DEMOSTRAR SU AMOR

*Porque de tal manera amó Dios al mundo, que ha
dado a su Hijo unigénito, para que todo aquel que
en él cree, no se pierda, mas tenga vida eterna.*
—JUAN 3:16

HE ESCUCHADO ENSEÑANZAS sobre el tema dar a los pobres y a los necesitados que enfatiza nuestra mayordomía en lugar de la compasión. Lo que significa básicamente es que no se considera conveniente darle a alguien que no usará lo que se le dio apropiadamente. Mi opinión es que hay demasiada preocupación con respecto a darle algo a alguien que podría mal utilizar lo que se le da. Eso no detuvo a Dios. Mientras que nosotros sí tenemos la responsabilidad de administrar bien lo que Dios nos da no somos responsables por lo que otra persona hace con lo que se le da. Somos responsables de amar y el amor requiere dar. Incluso si una persona mal utiliza el dinero o el donativo que le doy, el mensaje de amor ha sido demostrado. Dar su amor es la meta.

Las personas que obtienen victorias en la esfera de los milagros enfrentan una tentación: es fácil perseguir los milagros por causa de los milagros mismos. Pero la mayor ambición debería ser que en todo lo que hagamos mostremos el amor de Dios. ¿Qué hace para mostrar el amor de Dios?

PUNTO PARA MEDITAR
Dar el amor de Dios es mi responsabilidad y mi meta.

REFLEXIÓN PERSONAL

_____

_____

Día 306
EN TODA FE, CREA

Y andad en amor, como también Cristo nos amó, y se entregó a sí
mismo por nosotros, ofrenda y sacrificio a Dios en olor fragante.
—**Efesios 5:2**

L A TENDENCIA A abrazar el concepto de que Dios es un Padre
enojado corre en la misma proporción que la incapacidad de la
persona de demostrar el poder de Dios. Hay una conexión entre
nuestro sistema de creencias y lo que realmente fluye a través de
nosotros. Si no vemos la vida de Jesús como la máxima ilustración
de la voluntad de Dios continuamente socavaremos nuestra habilidad de demostrarlo. Jesús mismo dijo muchas veces que Él solo
hacía lo que veía hacer al Padre y que solo decía lo que escuchaba
decir al Padre. El amor es su mayor mandamiento y su mayor don.
Si vivimos con toda la fe, creyendo en Él, lo que está en Él fluirá a
través de nosotros. ¿Cuál es el concepto de Dios y qué está fluyendo
a través de usted como resultado? ¿Acepta la fragante ofrenda de
Jesús como ilustración del amor del Padre?

Punto para meditar
La vida de Jesús es la ilustración máxima de la voluntad de Dios.

Reflexión personal

_____

_____

_____

_____

_____

_____

(ía 307

UNO EN EL ESPÍRITU

Pero el que se une al Señor, un espíritu es con él.
—1 Corintios 6:17

LA FALTA DE poder es una aberración tal que, o somos compelidos a buscar un bautismo fresco en el Espíritu hasta que el poder que fue prometido se manifieste a través de nosotros, o creamos razones doctrinales para consolarnos por nuestra carencia de poder. No quiero consuelo. Quiero poder. Nunca está bien quedarse corto de lo milagroso. Estoy en deuda con Él en este asunto: dio el ejemplo, envío al maravilloso Espíritu Santo y nos dio su Palabra en nuestra comisión. ¿Qué más debe hacer? Le debemos milagros como testimonio de que está vivo y que su rostro está volteado hacia nosotros. El Espíritu del Cristo resucitado, ese mismo Espíritu que ungió a Jesús para el ministerio vive dentro de nosotros. El evangelio hace suficiente provisión para que este asunto quede resuelto para cualquiera que busque su rostro con abandono temerario. ¡Cristo en usted, la esperanza de gloria (Colosenses 1:27)! ¿Buscará hoy su rostro con abandono temerario?

PUNTO PARA MEDITAR

Buscaré con abandono temerario el rostro del que vive dentro de mí.

REFLEXIÓN PERSONAL

Día 308
UNA COMBINACIÓN SANTA

Digo, pues: Andad en el Espíritu, y no
satisfagáis los deseos de la carne.
—GÁLATAS 5:16

HE ESCUCHADO DECIR a personas que si tuvieran que escoger entre pureza y poder escogerían pureza. Eso suena bien, pero es una elección ilegal. Los dos no deben ir separados. Ambos son los dos lados de la misma moneda y deben permanecer intactos. Le he dicho a nuestra iglesia: "No me impresiona la vida de una persona que no tenga carácter. Pero no estoy contento con esa vida hasta que haya poder". No está bien conformarse con uno o con el otro. Dios quiere que ambos estén presentes en la vida del creyente. Una vida de pureza le abre la puerta a su poder. Pero su poder no fluye cuando la pureza está ausente. ¿Está batallando con falta de pureza o de poder en su vida, qué se necesita hacer para remediar su situación?

PUNTO PARA MEDITAR

Andaré en el Espíritu; en la pureza y el
poder que están disponibles para mí.

REFLEXIÓN PERSONAL

_____

_____

_____

_____

_____

_____

Día 309
PERMANECER EN CRISTO

Yo soy la vid, vosotros los pámpanos; el que permanece en mí, y yo en él, éste lleva mucho fruto; porque separados de mí nada podéis hacer.
—JUAN 15:5

EL CARÁCTER SEMEJANTE a Cristo no es solamente tener victoria sobre los asuntos del pecado. Es el fruto de la vida de fe, el cual es justicia, paz y gozo, que, como ya aclaré, es la definición de Pablo del Reino. Estas tres cosas demuestran el carácter de Cristo en la vida de un creyente. Cuando uno vive en la esfera del Reino de Dios por fe, lo que es del Reino se vuelve disponible para usted. Usted toma el carácter de Cristo a medida que es transformado más como Él, de gloria en gloria. Así usted vive como un pámpano pegado a la vid, arraigado con la suficiente profundidad en Cristo para demostrar su carácter y su Reino. ¡Qué maravillosa manera de vivir! Si esto no describe su vida probablemente se ha desconectado de la vid. ¿Cómo se puede reconectar con Jesús?

PUNTO PARA MEDITAR

Permaneceré en la vid que es Cristo para que mi vida continuamente refleje su carácter.

REFLEXIÓN PERSONAL

_____

_____

_____

_____

_____

_____

Día 310
EL SOL DE JUSTICIA

*Sin embargo, para ustedes que temen mi nombre, se levantará el
Sol de Justicia con sanidad en sus alas. Saldrán libres, saltando
de alegría como becerros sueltos en medio de los pastos.*

—MALAQUÍAS 4:2, NTV

VIVIR DE UNA *manera justa* significa que vivo completamente para
Dios, sin apego a las cosas impías. Vivir para Dios significa que
rechazo las cosas inferiores que dan satisfacción temporal porque
solo el Reino de Dios satisface. Algunos han reducido la justicia a
moralidad. La moralidad es esencial, pero es el primer peldaño de
la escalera. Es el primer paso. Pero la verdadera justicia es demostrada con una indignación semejante a la de Cristo en contra de la
injusticia. Busca vindicar el maltrato al pobre, la viuda y el nonato.
También estimula nuestro corazón hacia los que están atados por la
enfermedad porque fue el Sol de *Justicia* quien se levantó con sanidad en sus alas. La sanidad es una expresión de su justicia a nuestro
favor. ¿En qué peldaño de la escalera está parado actualmente?

PUNTO PARA MEDITAR

*Que mi corazón sea estimulado de tal manera por la
injusticia que la vida justa se convierte en mi norma.*

REFLEXIÓN PERSONAL

_____

_____

_____

_____

_____

Día 311
SANTIFICADO POR SU VERDAD

No ruego que los quites del mundo, sino que los guardes
del mal. No son del mundo, como tampoco yo soy del
mundo. Santifícalos en tu verdad; tu palabra es verdad.
—JUAN 17:15-17

M E ENTRISTECE VER que los cristianos no se relacionen con no creyentes porque quieren apartarse del mundo; no obstante, su estilo de vida es el mismo que el de los no creyentes. La iglesia primitiva se relacionaba con no creyentes, pero no vivía como ellos. Ese día está volviendo a medida que el asunto del carácter está siendo abordado nuevamente, esta vez correctamente asociada con el poder. A menos que vivamos en una relación con Él, no lo conocemos y Él no nos conocerá: "No todo el que me dice: Señor, Señor, entrará en el reino de los cielos, sino el que hace la voluntad de mi Padre que está en los cielos. Muchos me dirán en aquel día: Señor, Señor, ¿no profetizamos en tu nombre, y en tu nombre echamos fuera demonios, y en tu nombre hicimos muchos milagros? Y entonces les declararé: Nunca os conocí; apartaos de mí, hacedores de maldad" (Mateo 7:21-23). ¿Ve su vida santificada por su verdad de tal manera que es completamente conocido por Jesús?

PUNTO PARA MEDITAR
Viviré en la justicia de Cristo santificado por su verdad.

REFLEXIÓN PERSONAL

_____

_____

_____

_____

REINAR EN VIDA

Pues si por la transgresión de uno solo reinó la muerte, mucho
más reinarán en vida por uno solo, Jesucristo, los que reciben
la abundancia de la gracia y del don de la justicia.
—ROMANOS 5:17

AL IGUAL QUE la paz y el gozo, la justicia es un regalo. "Mucho más reinarán en vida por uno solo, Jesucristo, los que reciben la abundancia de la gracia y del don de la justicia" (Romanos 5:17). La palabra *reinarán* en este versículo significa "serán reyes". La imaginería es fuerte. La justicia habilita a una persona a ejercitar dominio sobre su propia vida y no vivir como una víctima. El sobrino de Abraham, Lot, se quedó cortó de esta realidad cuando dice que era "abrumado por la nefanda conducta de los malvados" (2 Pedro 2:7). La conducta de otros lo afectaba y lo abrumaba. La vida en Dios ha sido diseñada de tal manera que la justicia en nuestra vida de hecho afecta a las personas a nuestro alrededor, muy semejante a la manera en cómo el reino de un rey afecta todos bajo su influencia. Este es un tema central en el tema de la transformación de la ciudad. ¿Está ansioso por ver ciudades transformadas? ¿Vivir de una manera justa está siendo expresado en su vida al grado que afecta a los que están a su alrededor?

PUNTO PARA MEDITAR

Puedo reinar en vida a través de Jesucristo.

REFLEXIÓN PERSONAL

_____

_____

_____

Día 313
PERMANECER EN SU PAZ

Y el mismo Señor de paz os dé siempre paz en toda
manera. El Señor sea con todos vosotros.
—2 TESALONICENSES 3:16

P AZ ES MÁS que la ausencia de ruido, conflicto y guerra. Es la presencia del que ejerce autoridad militar sobre todo lo que está en conflicto con su dominio. Mientras disfrutamos su orden y calma los poderes de las tinieblas son destruidos por su magnificencia abrumadora. Es una vida de reposo para nosotros, pero una vida de *terror* para los poderes de las tinieblas. Por esta razón la Biblia declara: "Y el Dios de paz aplastará en breve a Satanás bajo vuestros pies" (Romanos 16:20). A medida que su paz viene sobre nosotros, nuestros enemigos son destruidos. Cuando la ansiedad y el temor se acercan, debemos regresar a nuestro lugar de paz. Es nuestra herencia legítima en Cristo y es el lugar a partir del cual vivimos. Este atributo del cielo es evidencia de una victoria que ya ha sido ganada. Es esta característica la que frustra tanto al diablo. No sentirnos atemorizados por él a causa de nuestra paz permanente de hecho aterroriza al enemigo de nuestra alma. ¿Qué hace cuando el temor y la ansiedad comienzan a introducirse en su pensamiento? ¿Adónde o a quién recurre?

PUNTO PARA MEDITAR
Abrazo la paz de Dios que siempre está disponible para mí.

REFLEXIÓN PERSONAL

_____

_____

_____

Día 314
RECIBIR SU AMOR

En gran manera me gozaré en Jehová, mi alma se
alegrará en mi Dios; porque me vistió con vestiduras de
salvación, me rodeó de manto de justicia, como a novio
me atavió, y como a novia adornada con sus joyas.
—Isaías 61:10

EL GOZO LE pertenece al creyente. El gozo es a la salvación lo que las lágrimas son para el arrepentimiento. Es una de las expresiones más esenciales de la fe que permanece. Ser estricto y áspero es sobreestimado. Cualquier incrédulo puede hacer eso. Jesús solamente fue de esta manera con los que lo rechazaron, pero que debían haber sabido que estaban equivocados. Lo llamaron borracho y comilón simplemente porque los borrachos y los comilones experimentaban su amor y aceptación. La fe cree que soy aceptado por Dios y que no hay poder o autoridad que pueda quitarme eso. ¿Lo hace sentir humilde saber que nada lo puede separar del amor de Dios?

PUNTO PARA MEDITAR
Soy amado por Dios y nada puede quitarme su amor.

REFLEXIÓN PERSONAL

_____

_____

_____

_____

_____

_____

Día 315
DIOS ME HA ALEGRADO

Por cuanto me has alegrado, oh Jehová, con tus
obras; en las obras de tus manos me gozo.
—SALMOS 92:4

SI USTED CARECE de gozo hay una manera en que puede participar en el proceso de obtener gozo siempre creciente: aprender a regocijarse. La decisión de regocijarse no puede depender de las circunstancias porque opera a partir del corazón que tiene fe. Vive sin importar lo que haya sucedido, y abraza las realidades de este mundo a las que solo se puede tener acceso por medio de confiar en Dios y su Palabra. Regocijarse libera gozo. Isaías 61:3-4 dice que Dios nos dará "una corona en vez de cenizas, aceite de alegría en vez de luto, traje de fiesta en vez de espíritu de desaliento. Serán llamados robles de justicia, plantío del Señor, para mostrar su gloria. Reconstruirán las ruinas antiguas, y restaurarán los escombros de antaño; repararán las ciudades en ruinas, y los escombros de muchas generaciones." (NVI). Esta es una increíble imagen de transformación en medio del gozo. Cuando celebramos con alegría quién es Dios y lo que ha hecho, el gozo es soltado de una manera que cambia las cosas. ¿Está listo para convertirse en un transformador gozoso?

PUNTO PARA MEDITAR

Le permitiré a Dios que me transforme para que
pueda ser un transformador gozoso.

REFLEXIÓN PERSONAL

_____

_____

_____

REGOCÍJESE EN SU AMOR

*Sacó a su pueblo, a sus escogidos, en medio de gran alegría
y de gritos jubilosos. Les entregó las tierras que poseían las
naciones; heredaron el fruto del trabajo de otros pueblos.*
—SALMOS 105:43-44, NVI

QUIZÁ EL MAYOR secreto con respecto al gozo se encuentra en descubrir el gozo de Dios sobre nosotros. La Biblia nos dice que "el gozo de Jehová es vuestra fuerza" (Nehemías 8:10). Dios tiene gozo. ¡Y es su gozo sobre nosotros lo que nos hace fuertes! Esa verdad nos libera como ninguna otra cosa. ¡Regocíjese, porque Él se ha deleitado en usted! Su Palabra dice que lo sacará con alegría y gritos jubilosos de lo que sea que lo esté oprimiendo para llevarlo a un lugar de abundancia. Y en sus manos pondrá a las naciones y todo lo que poseen. Dios tiene bendiciones para usted que son soltadas cuando se regocija en Él y recibe su alegría. Lo está esperando. ¿Apartará tiempo hoy para recibir su amor y se regocijará en Aquel que se deleita en usted?

PUNTO PARA MEDITAR

El gozo de Dios sobre mí me libera.

REFLEXIÓN PERSONAL

_____

_____

_____

_____

_____

Día 317
SABIDURÍA

*En cambio, la sabiduría que desciende del cielo es ante
todo pura, y además pacífica, bondadosa, dócil, llena de
compasión y de buenos frutos, imparcial y sincera.*
—Santiago 3:17, NVI

Jesús es llamado *el Deseado de todas las naciones.* Para hacernos exitosos en la comisión de discipular las naciones escogió vivir dentro de nosotros. Esto nos da el potencial de ser atractivos al mundo a nuestro alrededor. Eso está lejos de la experiencia actual para la mayoría de nosotros. Aunque a los pecadores les encantaba estar con Jesús, pocas veces les gusta estar con nosotros. Depende de nosotros descubrir por qué y arreglarlo. Parte de la razón es porque tendemos a ser poco prácticos, respondemos preguntas que pocas personas están haciendo, traemos dirección que nadie está buscando. ¿Cómo puede ser más como Jesús para los que están a su alrededor que no están en Cristo?

Punto para meditar

*Quiero la sabiduría del cielo de modo que pueda
traer el pan del cielo al hambriento.*

Reflexión personal

_____

_____

_____

_____

_____

_____

Día 318

AGUA VIVA

Muchos de los samaritanos que vivían en aquel pueblo creyeron
en él por el testimonio que daba la mujer: "Me dijo todo lo que he
hecho". Así que cuando los samaritanos fueron a su encuentro le
insistieron en que se quedara con ellos. Jesús permaneció allí dos
días, y muchos más llegaron a creer por lo que él mismo decía.
—Juan 4:39-41, NVI

ES EL TIEMPO de Dios para que de nuevo su pueblo se vuelva altamente estimado por los no creyentes (preferimos llamarlos "precreyentes"). Jesús tiene todas las respuestas a todos los problemas del mundo. Nosotros tenemos acceso legal a los misterios del Reino. Su mundo es la respuesta para este. Sin importar el problema, ya sea médico, político, tan sencillo como un problema de tráfico en nuestro vecindario o un conflicto en la junta local escolar, Jesús tiene las respuestas. No solo eso, sino que también desea revelárnoslas y a través de nosotros. Su método preferido es usar a sus hijos, los descendientes del Creador para representarlo en tales asuntos. ¿Está listo y dispuesto para representar a Jesús, el agua viva, a aquellos que están sedientos?

PUNTO PARA MEDITAR
Cristo en mí, la esperanza de gloria es
una fuente de agua viva sin fin.

REFLEXIÓN PERSONAL

_____

_____

_____

NUESTRA GRAN HERENCIA

*Entonces el Rey dirá a los que estén a su derecha: "Vengan,
ustedes, que son benditos de mi Padre, hereden el reino
preparado para ustedes desde la creación del mundo".*
—Mateo 25:34, NTV

Es difícil para nosotros brindar soluciones a los dilemas de este mundo cuando nuestra esperanza (la teología de los postreros días) ansiosamente espera la destrucción del planeta. Tanto Jesús como el apóstol Pablo dijeron que heredamos este mundo. Nuestra correcta mayordomía debería comenzar ahora. Ignorar esta parte de la comisión por la convicción de que el mundo no puede ser perfeccionado antes del regreso de Cristo es muy similar a ignorar a los pobres porque Jesús dijo que siempre estarán con nosotros. Es una mayordomía irresponsable de nuestra comisión y unción. ¿Cuál es su teología de los últimos tiempos que está ayudando u obstaculizando su deseo de administrar apropiadamente su herencia del Reino?

Punto para meditar

*Jesús regresará por una novia sin mancha y restaurará
lo que se perdió. Yo recibo mi herencia y le doy todo para
que pueda participar en este proceso de restauración.*

Reflexión personal

LA SABIDURÍA CELEBRA A DIOS

¡Oh profundidad de las riquezas de la sabiduría y de la ciencia de Dios! ¡Cuán insondables son sus juicios, e inescrutables sus caminos!
—ROMANOS 11:33

LA SABIDURÍA ES la expresión creativa de Dios. Fue parte de la fuerza creativa utilizada en hacer "todo" lo que hay.

Además de Jesús, Salomón es quien es más conocido por su sabiduría extraordinaria. De hecho, la sabiduría de Salomón fue el punto más alto en la historia de Israel. Con ella hizo callar a la reina de Saba cuando vino a sentarse a sus pies y aprender. Le respondió muchas preguntas acerca de la vida que eran desconcertantes para ella. Pero cuando Dios decidió mencionar las cosas que la impresionaron, registró una lista "…la casa que él había edificado, los manjares de su mesa, las habitaciones de sus siervos, el porte de sus ministros y sus vestiduras, sus coperos, y la escalinata por la cual él subía a la casa del Señor…" (1 Reyes 10:4-5, NBLH). Estas eran cosas cotidianas. Solo la expresión creativa de Dios podía cautivar el corazón de una reina con lo ordinario. Ella ya había visto riqueza y tesoros. Pero ahora estaba viendo cosas mundanas que habían tomado significado mediante la expresión creativa de Dios a través de un hombre. Y quedó atónita.

¿Está viendo las cosas simples y mundanas a su alrededor ser transformadas por la expresión creativa de Dios a través de usted?

PUNTO PARA MEDITAR

Quiero realizar una transformación a través de la sabiduría de Dios.

REFLEXIÓN PERSONAL

_____

_____

D^{ia} 321
LA MENTE RENOVADA

Con respecto a la vida que antes llevaban, se les enseñó que
debían quitarse el ropaje de la vieja naturaleza, la cual está
corrompida por los deseos engañosos; ser renovados en la
actitud de su mente; y ponerse el ropaje de la nueva naturaleza,
creada a imagen de Dios, en verdadera justicia y santidad.
—EFESIOS 4:22-24, NVI

Usted sabe que su mente ha sido renovada cuando lo imposible parece lógico. La manera más consistente de mostrar el Reino de Dios es a través de una mente renovada. Es mucho más que pensar los pensamientos correctos. Es cómo pensamos; a partir de qué perspectiva. Si se hace correctamente debemos razonar del cielo a la Tierra.

Cuatro *piedras angulares de pensamiento* han cambiado la manera en que vivimos la vida. Deben convertirse en más que doctrinas con las que estamos de acuerdo. Deben convertirse en perspectivas que cambien la manera en la que vemos la vida; actitudes que definan la cultura en la que hemos escogido vivir. ¿Cuáles son algunas de sus actitudes que están definiendo la cultura espiritual en la que usted actualmente vive?

PUNTO PARA MEDITAR
Escojo vivir en la cultura del cielo.

REFLEXIÓN PERSONAL

_____

_____

_____

_____

DIOS ES BUENO

Pues si vosotros, siendo malos, sabéis dar buenas dádivas
a vuestros hijos, ¿cuánto más vuestro Padre celestial
dará el Espíritu Santo a los que se lo pidan?
—MATEO 7:11

CON FRECUENCIA ABRO nuestras reuniones el domingo con este anuncio: "Dios está de buen humor". Asombra a la gente. Tan simple como es, en realidad no muchas personas lo creen. Pero Dios está realmente seguro en su soberanía y se regocija en la novia de su Hijo. Dios piensa que el precio pagado vale lo que están obteniendo. Los que tienen mensajes airados en nuestros púlpitos necesitan conocer al Padre. Él es realmente bueno todo el tiempo. Él es mejor de lo que pensamos, así que cambiemos la manera en la que pensamos. Si usted encontrara a alguien que estuviera batallando para creer que Dios es bueno, ¿cómo le explicaría su bondad?

PUNTO PARA MEDITAR
La plenitud de la bondad de Dios se encuentra en Jesucristo.

REFLEXIÓN PERSONAL

_____

_____

_____

_____

_____

_____

_____

Día 323
NADA ES IMPOSIBLE
Porque nada hay imposible para Dios.
—Lucas 1:37

"NADA ES IMPOSIBLE" se ha convertido en un lema que define nuestra perspectiva de vida. Cómo creyentes hemos sido asignados a invadir lo que previamente había sido llamado imposible. Algunos cristianos rehúyen la búsqueda de milagros porque los consideran imposibles. La parte más triste de su historia es que piensan que el resto de la vida cristiana es posible. ¡No es así! Todo el asunto es imposible para la mente natural. Solamente Dios puede decir por experiencia: "Nada es imposible". Pero nos dio acceso al plano que solo Él disfruta y añadió: "Al que cree todo le es posible" (Marcos 9:23). ¿Vive a partir de un lugar donde todas las cosas son posibles para Dios? Si no, ¿se está acercando?

PUNTO PARA MEDITAR
Creo que todas las cosas son posibles para Dios.

REFLEXIÓN PERSONAL

_____

_____

_____

_____

_____

_____

_____

_____

Día 324
PELEAMOS A PARTIR DE LA
VICTORIA DE CRISTO

Porque no tenemos lucha contra sangre y carne, sino contra
principados, contra potestades, contra los gobernadores
de las tinieblas de este siglo, contra huestes espirituales
de maldad en las regiones celestes. Por tanto, tomad
toda la armadura de Dios, para que podáis resistir en
el día malo, y habiendo acabado todo, estar firmes.
—Efesios 6:12-13

No hacemos guerra con el fin de ganar. Más bien, es para establecer la victoria que Jesús ya ganó a nuestro favor. Hacemos guerra a partir de su victoria hacia una situación dada. Eso cambia nuestra perspectiva, lo cual es la mitad de la batalla. Para el creyente, la mayoría de los cielos cerrados se encuentran entre las orejas. Cuando creemos que las cosas son oscuras y alimentamos nuestra alma con esa realidad tenemos una gran batalla que librar. A través de la intimidación el enemigo ha tenido éxito en ponernos en una postura defensiva. Es la posición equivocada; estamos a la ofensiva, y nosotros tenemos la pelota. La hemos tenido desde que Jesús nos mandó: *"Id* por todo el mundo" (Marcos 16:15, énfasis añadido). Si usted *tiene el balón,* entonces ¿cómo luce luchar a partir de su victoria?

Punto para meditar

Lucho a partir de la victoria de Cristo hacia cada
situación en la vida porque Él ya ganó la victoria.

Reflexión personal

_____

_____

$Día$ 325
SOY TRASCENDENTE

*También escogió Dios lo más bajo y despreciado, y
lo que no es nada, para anular lo que es, a fin de
que en su presencia nadie pueda jactarse.*
—1 Corintios 1:28–29, nvi

ES MÁS FÁCIL decir que *somos* trascendentes en lugar de decir *soy trascendente*. Sin embargo, es el descubrimiento de esta verdad lo que nos libera a la verdadera humildad. Cualquiera que habla de su propia trascendencia, pero entra en orgullo, realmente nunca entendió esta revelación importante. Hay una humildad que viene de ver nuestro pasado. Pero viene una mayor medida de humildad por ver nuestro futuro. Lo que está delante de nosotros es imposible sin el favor, la fuerza y la dirección de Dios. La dependencia de Él es el resultado del descubrimiento de la trascendencia personal. ¿Ha emprendido la tarea de descubrir su trascendencia para Dios? Si no, comience. ¡Él quiere que usted sepa quién es!

Punto para meditar

*Enfrento el futuro dependiente de Dios porque sin
Él nada es posible y con Él todo es posible.*

Reflexión personal

_____

_____

_____

_____

_____

_____

Día 326
EL PLAN FINAL DE DIOS
Perseverad en la oración, velando en ella con acción de gracias.
—Colosenses 4:2

DIOS HA HECHO volver nuestro corazón una vez más para buscar su rostro. Los movimientos de oración están surgiendo en casi cada rama del cuerpo de Cristo. Lo que ha hecho Lou Engle con TheCall literalmente está dándole forma al curso de la historia a medida que una generación entera es convocada por Dios para cambiar una nación a través de la oración y la intercesión. A la luz de este cambio en el Espíritu, también debemos abrazar el llamado a orar. Pero a medida que lo hacemos aprendamos a orar como Jesús: que se haga la voluntad de Dios en la Tierra cómo se hace en el cielo. Debemos ser diligentes en no tener otra agenda. Jesús es nuestro ejemplo. Nos ha demostrado cómo adherirnos apasionadamente a la voluntad de Dios en todo. Y nos ha dado su Espíritu para ayudarnos. Si Dios está moviendo su corazón a orar, a participar en el gran gozo de venir delante de su trono con confianza, no se tarde. Si la oración no es una de sus fortalezas, ¿qué puede hacer para incrementar su tiempo de oración y su confianza para orar?

PUNTO PARA MEDITAR
Oraré continuamente y daré gracias en toda circunstancia (1 Tesalonicenses 5:16-17).

REFLEXIÓN PERSONAL

_____

_____

_____

Día 327
ORACIÓN EFICAZ

Y si sabemos que él nos oye en cualquiera cosa que pidamos,
sabemos que tenemos las peticiones que le hayamos hecho.
—1 Juan 5:15

No tenemos registro de que Jesús le haya pedido a su Padre que sanara a alguien; tampoco hay registro de Él clamando al Padre para ser liberado de una tormenta mortal. En lugar de ello, había obtenido un lugar de autoridad en oración de modo que simplemente daba la orden y veía la voluntad de su Padre ser hecha.

Es tiempo de usar una buena parte de nuestro tiempo de oración para buscar su rostro. El resultado será visto claramente, porque cuando hablemos, las cosas sucederán, y cuando toquemos a las personas al ministrar los traeremos a un encuentro con Dios que cambiará todo. ¿Confía en que Dios responde sus oraciones en su tiempo, de acuerdo con su buena y perfecta voluntad?

Punto para meditar

Tengo la confianza de que Dios escucha mis oraciones
y las responde según su perfecta voluntad.

Reflexión personal

_____

_____

_____

_____

_____

_____

Día 328
UN PUEBLO DE SU GLORIA

Pero ahora en Cristo Jesús, vosotros que en otro tiempo estabais lejos, habéis sido hechos cercanos por la sangre de Cristo.
—EFESIOS 2:13

JESÚS ERA COMPLETAMENTE Dios. No era un ser creado. No obstante, se hizo hombre y vivió enteramente dentro de las limitaciones humanas. Su habilidad para demostrar poder, caminar sobre el agua y llevar a cabo incontables otras manifestaciones divinas se debía por completo al hecho de que no tenía pecado y estaba totalmente rendido al Espíritu Santo. Se convirtió en el modelo para todos los que experimentaran la limpieza de pecado por su sangre.

El perdón que Dios da pone a cada creyente en un lugar sin pecado. La única pregunta que permanece es ¿cuánto poder del Espíritu Santo deseamos tener? ¿Cómo respondería esa pregunta?

PUNTO PARA MEDITAR

Soy lavado por la sangre de Jesús para hacer buenas obras para la gloria de su nombre.

REFLEXIÓN PERSONAL

_____

_____

_____

_____

_____

_____

_____

EXPERIENCIAS PARA HIJOS E HIJAS

Jesús contestó: —Mi reino no es un reino terrenal. Si lo fuera,
mis seguidores lucharían para impedir que yo sea entregado
a los líderes judíos; pero mi reino no es de este mundo.
—JUAN 18:36, NTV

LA MAYORÍA DE las experiencias de Jesús registradas en la Escritura fueron ejemplos proféticos de las esferas en Dios que están disponibles para el creyente. El monte de la transfiguración elevó el estándar sobre el potencial de la experiencia humana. La lección abrumadora de esta historia es que Jesucristo, el *Hijo del Hombre* tuvo la gloria de Dios sobre Él. El rostro de Jesús brilló con la gloria de Dios de manera similar a Moisés después de que descendió del monte. Pero la ropa de Jesús también irradiaba la gloria de Dios, como diciendo que se trataba de una nueva era en comparación con la época de Moisés. En esta era los límites habían cambiado: no se utilizaría un velo para cubrir el rostro de Jesús mientras brillaba con la gloria como si el velo mismo pronto fuera a irradiar con la misma gloria. Influenciamos e impartimos lo que Dios nos ha dado para cambiar la naturaleza de lo que sea que toquemos. Recuerde que tocar el borde del manto de Jesús sanó a una mujer. En este Reino las cosas son diferentes. Cuando usted ora: "Venga tu Reino", ¿piensa en su Reino viniendo a la Tierra o a su corazón, o ambos?

PUNTO PARA MEDITAR

El Reino sobrenatural de Jesús se extiende al mundo
cuando está establecido en mi corazón.

REFLEXIÓN PERSONAL

_____

_____

Día 330
PODER DE PACTO

Después de padecer la muerte, se les presentó dándoles
muchas pruebas convincentes de que estaba vivo. Durante
cuarenta días se les apareció y les habló acerca del reino de
Dios. Una vez, mientras comía con ellos, les ordenó: —No
se alejen de Jerusalén, sino esperen la promesa del Padre, de
la cual les he hablado: Juan bautizó con agua, pero dentro de
pocos días ustedes serán bautizados con el Espíritu Santo.
—Hechos 1:3-5, NVI

Pedro, Jacobo y Juan tuvieron el privilegio de ser parte de la transfiguración. Fue tan extremo que Jesús les advirtió que no le dijeran a nadie. Su muerte satisfaría los requerimientos tanto de la Ley (Moisés) como de los profetas (Elías). A través del Espíritu del Cristo resucitado somos designados para llevar la misma gloria. Debemos subir el monte y encontramos con Dios cara a cara.

Antes de esta experiencia, Jesús hizo la declaración: "De cierto os digo que hay algunos de los que están aquí, que no gustarán la muerte hasta que hayan visto el reino de Dios venido con poder" (Marcos 9:1). No creo que se estuviera refiriendo a la experiencia del monte de la transfiguración. Se estaba refiriendo al bautismo en el Espíritu que estaría disponible después de su resurrección. ¿Qué tan bien comprende la resurrección de Jesús?

Punto para meditar

Recibo el bautismo en el Espíritu para que me llene de poder
con el fin de vivir conforme al Reino de una manera mayor.

Reflexión personal

_____

_____

$\mathcal{D}$ía 331
¿POR QUÉ NO AHORA?

Alumbrando los ojos de vuestro entendimiento, para que
sepáis cuál es la esperanza a que él os ha llamado, y cuáles
las riquezas de la gloria de su herencia en los santos.
—EFESIOS 1:18

ES UNA IRRESPONSABILIDAD teológica tener las grandes promesas de la Escritura y pasar su cumplimiento para un periodo de tiempo para el cual no tenemos responsabilidad. Se ha vuelto demasiado fácil pasar todo lo que es bueno al milenio y mantener las pruebas y las temporadas oscuras para esta época. Mi mayor dificultad con esa línea de pensamiento es que no requiere fe para lograrlo, y eso parece ser inconsistente con el resto de los tratos de Dios con la humanidad. También coloca un énfasis poco sano en las generaciones futuras hasta el punto en que perdemos nuestro sentido de propósito, llamado y destino. Mientras vivo para dejar un legado, a cada generación se le ha dado suficiente favor del Señor para considerarse capaces de ser la generación "final" que viva en la gloria de Dios, para la gloria de Dios. ¿Le pasará la responsabilidad de llevar la gloria de Dios a futuras generaciones o la está abrazando ahora?

PUNTO PARA MEDITAR
Viviré mi vida para la gloria de Dios.

REFLEXIÓN PERSONAL

_____

_____

_____

_____

JESÚS, LA LUZ DEL MUNDO

Otra vez Jesús les habló, diciendo: Yo soy la luz del mundo; el que me sigue, no andará en tinieblas, sino que tendrá la luz de la vida.
—Juan 8:12

UNA DE MIS declaraciones favoritas de la Escritura se encuentra en Isaías 60:1: "Levántate, resplandece; porque ha venido tu luz, y la gloria de Jehová ha nacido sobre ti". La gente tropieza con determinar la audiencia a la que este mandamiento está dirigido. Algunos lo pasan a los tratos futuros de Dios con Israel, lo cual creo es un gran error. Mientras que el gran plan de Dios está desarrollándose en su pueblo Israel, el mandamiento es para *todos los que han recibido su luz*. ¿Qué es esa luz y a quiénes ha llegado? Jesucristo es la luz del mundo. Alumbra a cada persona que viene a este mundo. ¿Qué tanto está dispuesto a permitir que la luz de Cristo alumbre su vida para que pueda ser uno que alumbre al mundo?

PUNTO PARA MEDITAR

Hoy me levantaré a una nueva vida, radiante con la gloria de Cristo.

REFLEXIÓN PERSONAL

_____

_____

_____

_____

_____

_____

Día 333
LEVÁNTATE Y RESPLANDECE

Vosotros sois la luz del mundo; una ciudad asentada
sobre un monte no se puede esconder.
—MATEO 5:14

Cuando Isaías hizo la declaración de *levantarse* y *resplandecer* era un mandamiento reservado a los que habían recibido la luz que Jesús trajo al mundo. Él es esa luz. Y los que han recibido su luz para salvación se requiere que se *levanten*. Es un mandamiento. Muchos esperan que algo más les suceda. Pero Él dice: "¡Levántate, ahora! ¡Y mientras te estás levantando, resplandece!".

Esta declaración asombrosa comenzó a desplegarse en los días de Jesús, porque la segunda parte de la declaración fue cumplida: Él, la luz, *había* venido. Antes de que Jesús se fuera, les dijo a sus discípulos que ellos eran la luz del mundo. Esa afirmación con frecuencia es considerada lenguaje figurado, lo cual es desastroso cuando Dios está hablando de una manera literal. La Iglesia *es* la luz del mundo. ¿Está viviendo como una luz al mundo? Si no, ¿qué se necesita para que usted se levante y resplandezca?

PUNTO PARA MEDITAR

Jesús es la luz del mundo. Él vive en mí. Por lo
tanto, yo también soy la luz del mundo.

REFLEXIÓN PERSONAL

_____

_____

_____

_____

UNA HERENCIA GLORIOSA

Entre tanto que tenéis la luz, creed en la
luz, para que seáis hijos de luz.
—JUAN 12:36

CUANDO LA LUZ de Dios lo toca, usted se vuelve luz. De la manera que sea que Dios toque nuestra vida nos convertimos en una manifestación de esa misma realidad. Es uno de los grandes misterios del evangelio: testificar de su habilidad para transformar completamente la naturaleza de todo lo que toca. El asunto de *volverse luz* no es una ilustración aislada como veremos. Es el poder del evangelio que transforma completamente la naturaleza de lo que sea que toque. A través de Jesús usted tiene la habilidad de convertirse en un portador de la luz. Es su herencia. Juan 3:34 dice: "Porque el que Dios envió, las palabras de Dios habla; pues Dios no da el Espíritu por medida". Dios quiera que usted permita que el poder del evangelio transforme su naturaleza de modo que pueda convertirse en uno que transforma. ¿Está dispuesto a darle la bienvenida a este proceso de transformación?

PUNTO PARA MEDITAR

Le doy la bienvenida al proceso de transformación de Dios.

REFLEXIÓN PERSONAL

_____

_____

_____

_____

_____

Día 335
MANIFESTACIONES DE SU GRACIA

*Y ahora, hermanos, os encomiendo a Dios, y a la
palabra de su gracia, que tiene poder para sobreedificaros
y daros herencia con todos los santificados.*
—HECHOS 20:32

JESÚS ES NUESTRA justicia. Pero cuando somos tocados por
su justicia, no solo nos volvemos justos, sino que también nos
convertimos en *la justicia de Dios*. Considere este efecto extremo
del evangelio. No solo llevamos está gracia de Dios. Nos volvemos
una manifestación de esa gracia. Cuando pensamos solamente en
lenguaje figurado y simbólico socavamos el poder del propósito de
Dios. Con promesas tan extraordinarias no debemos ser un pueblo
restringido por los límites establecidos por una generación anterior.
En lugar de ello debemos construir sobre su experiencia e ir adonde
ellos no tuvieron el tiempo de llegar. ¿Quién entre los creyentes de
la generación anterior lo inspira a proseguir más alto, y qué hay en
ellos que lo inspire?

PUNTO PARA MEDITAR

*Con un corazón agradecido me pararé sobre los hombros de aquellos
que me precedieron para traer gloria fresca a Dios en esta generación.*

REFLEXIÓN PERSONAL

_____

_____

_____

_____

_____

Día 336

LA MISERICORDIA
GRATUITA DEL PERDÓN

De modo que se toleren unos a otros y se perdonen
si alguno tiene queja contra otro. Así como el Señor
los perdonó, perdonen también ustedes.
—Colosenses 3:13, NVI

DIOS LLEVA LA vida justa a otro extremo en el tema del perdón. Cuando uno es perdonado se convierte en perdonador. Jesús prosiguió más allá de mi zona de comodidad al decir: "A quienes remitiereis los pecados, les son remitidos; y a quienes se los retuviereis, les son retenidos" (Juan 20:23). De hecho, somos corredores del perdón de Dios. Por lo menos Dios está diciendo que cuando perdonamos a la gente Él se mueve sobre ellos con su perdón. De nuevo, nuestra naturaleza ha sido cambiada por la manera en la que Dios nos tocó. Cuando piensa en algún momento en el que usted o alguien que usted conoce intermedió el perdón de Dios, ¿cuál fue el resultado?

PUNTO PARA MEDITAR

Quiero ser un agente confiable del perdón de Dios.

REFLEXIÓN PERSONAL

_____

_____

_____

_____

_____

_____

Día 337
PREPARADO PARA EL SALVADOR

No piensen que he venido a anular la ley o los profetas; no
he venido a anularlos, sino a darles cumplimiento.
—MATEO 5:17, NVI

Bajo el Antiguo Testamento, si usted tocaba un leproso se volvía inmundo. El mensaje principal de ese pacto era revelar el poder del pecado. Pero la Ley de Dios no era la respuesta al problema del pecado. Era incapaz de ser la solución. Era el ayo que tenía el propósito de guiar a la gente a Cristo. A medida que las personas descubrían que no podían ser justos por sí mismas, la Ley género tal tensión en la vida de las personas que preparó con éxito a Israel para el Salvador. Así que, tocar al leproso lo hacía inmundo. Dios tiene que entrenarnos para reinar. ¿A qué leprosos Dios le ha pedido que toque como parte de su entrenamiento para reinar?

PUNTO PARA MEDITAR

Me someto a su entrenamiento para reinar aún y cuando
signifique ir en contra de lo que sé en lo natural.

REFLEXIÓN PERSONAL

AMOR AUTÉNTICO: PODER DEL REINO

Hijitos míos, no amemos de palabra ni de
lengua, sino de hecho y en verdad.
—1 JUAN 3:18

EN EL NUEVO Testamento tocamos al leproso y el leproso se vuelve limpio. Eso es porque el mensaje principal de este pacto es el poder del amor de Dios para restaurarnos. Cuando demostramos amor auténtico, Él lo respalda con poder del Reino. El que es limpiado por la sangre de Jesús ahora es capaz de limpiar; esto se encontraba en la comisión que Jesús les dio a sus discípulos: "Limpiad leprosos" (Mateo 10:8). Jesús le está dando la misma comisión: limpiar leprosos. No obstante, para cumplir esa comisión se requiere un corazón de compasión; el mismo tipo de compasión que impulsaba a Jesús a tocar al inmundo. Ninguno de nosotros posee ese tipo de compasión fuera del amor de Dios. Necesitamos que su amor auténtico se mueva en el poder de su Reino. Es un proceso de toda una vida. ¿Dónde se encuentra en la jornada?

PUNTO PARA MEDITAR

Quiero limpiar leprosos con el mismo grado de fe que llevó
al leproso a Jesús en primer lugar (Marcos 1:40-45).

REFLEXIÓN PERSONAL

_____

_____

_____

_____

_____

Día 339
LA GUERRA ENTRE LA CARNE Y EL ESPÍRITU

Los que viven conforme a la naturaleza pecaminosa fijan la mente en los deseos de tal naturaleza; en cambio, los que viven conforme al Espíritu fijan la mente en los deseos del Espíritu.
—ROMANOS 8:5, NVI

POR CIENTOS DE millones, la gente reconoce el poder del pecado. Viven bajo el entendimiento de que no pueden cambiar su naturaleza. Así que pasan la vida cambiando el color de su cabello, adelgazando y aprendiendo nuevas habilidades para de alguna forma apagar ese deseo interno por una transformación personal. Algunos se rebelan en contra de ese deseo y se rinden a lo inevitable por medio de estregarse a una naturaleza pecaminosa que no pueden controlar. Los resultados están en los encabezados de los diarios todos los días. Se le ha dado el don de una naturaleza cambiada por medio de una relación con el Dios viviente. ¿Qué tan bien está siendo mayordomo de ese don?

PUNTO PARA MEDITAR

Mi transformación interna está en marcha. Prosigo al premio.

REFLEXIÓN PERSONAL

_____

_____

_____

_____

_____

_____

EL PODER DEL AMOR AUTÉNTICO

Porque no me avergüenzo del evangelio, pues es el
poder de Dios para la salvación de todo el que cree, del
judío primeramente y también del griego.
—ROMANOS 1:16

¡EL PODER DEL pecado es cosa del pasado! Las noticias que necesitamos este día son que el poder del amor auténtico de Dios transforma todo lo que toca. Los que son cambiados por su amor son personas que aman verdaderamente, y los que no aman a otros no tienen evidencia de haber experimentado el amor de Dios alguna vez. Al enfrentarnos a Él nuestra naturaleza es cambiada a la naturaleza de quien nos ha tocado, y soltamos el poder de su amor a los que están a nuestro alrededor. Su amor auténtico conquista todo enemigo. Ha puesto todas las cosas bajo sus pies. Jesús quiere que usted viva lleno de este amor auténtico. Esto comienza mediante experimentar el amor de Dios por usted y el mundo. Si no ha experimentado plenamente su amor, vive con un tanque medio lleno. Él quiere llenar su tanque. De hecho, tiene el propósito de que tenga más que suficiente para la jornada. ¿Qué tan lleno está su tanque?

PUNTO PARA MEDITAR

Me permitiré ser llenado y cambiado por su amor todos los días.

REFLEXIÓN PERSONAL

_____

_____

_____

_____

Día 341
DEBEMOS RESPLANDECER

Les he dado la gloria que tú me diste, para que
sean uno, como nosotros somos uno.
—JUAN 17:22, NTV

UNO DE LOS asuntos que debemos resolver en la mente de los creyentes, si vamos a obedecer el mandamiento de Dios de levantarnos y resplandecer, es el asunto de ser gloriosos. Para muchos cristianos la idea de ser glorioso suena llena de orgullo o ridícula. Pero hay una gloria que existe en la humanidad simplemente porque hemos sido hechos a su imagen. Hay una gloria en los animales, el sol, las estrellas y todas las cosas creadas. Él lo hizo así.

Minimizar nuestro papel en estos últimos días y *jugar en pequeño* en la vida restringe la medida de gloria que poseemos y somos capaces de dar a Dios. Nuestra capacidad de dar gloria termina siendo reducida por nuestra incredulidad en nuestra trascendencia. ¿Qué medida de su gloria ve que usted posee? ¿Vive en pequeño o busca vivir en grande para Dios?

PUNTO PARA MEDITAR

Soy trascendente, hecho a la imagen de Dios para reflejar su gloria.

REFLEXIÓN PERSONAL

_____

_____

_____

_____

_____

_____

Día 342
PERMANEZCA EN HONOR

Para que, como está escrito: El que se gloría, gloríese en el Señor.
—1 CORINTIOS 1:31

NUESTRA TRASCENDENCIA NO se basa en cualquier cosa dentro de nosotros o que nos pertenezca. Está enteramente basada en Aquel que nos llama a sí mismo. Al parecer Salomón sabía esto cuando dijo: "Alábete el extraño, y no tu propia boca; el ajeno, y no los labios tuyos" (Proverbios 27:2). Dios nos advierte en contra de alabarnos nosotros mismos, pero añade que debemos permitir que otros lo hagan con nosotros. El honor es un valor del reino. Si no sabemos cómo recibirlo correctamente no tendremos corona qué arrojar a sus pies. Nuestra guerra en contra del orgullo está desencaminada cuando es inconsistente con la Palabra de Dios. La falsa humildad es la forma más peligrosa de orgullo ya que con frecuencia se confunde con una virtud. ¿Batalla con la falsa humildad? De ser así, Dios quiere que usted aprenda cómo recibir el honor que es suyo. ¿Está listo y dispuesto?

PUNTO PARA MEDITAR

Aprenderé la verdadera humildad de modo que no sufra una caída (Proverbios 18:12).

REFLEXIÓN PERSONAL

_____

_____

_____

_____

_____

Día 343
ÉL ES DIGNO

Pelearán contra el Cordero, y el Cordero los vencerá,
porque él es Señor de señores y Rey de reyes; y los
que están con él son llamados y elegidos y fieles.
—APOCALIPSIS 17:14

CUANDO LA GENTE me honra, le agradezco su consideración. Pero me rehúso a responder con la jerga religiosa nauseabunda de: "No fui yo, fue Jesús". Más bien, cuando estoy a solas con Dios traigo el honor que me ha sido dado y se lo entrego a Él diciendo: "Mira lo que alguien me dio. Creo que esto te pertenece". No hay duda en mi mente de quién realmente lo merece. No quiero aferrarme a algo que le pertenece a Dios. Si mi corazón no está rebosando de amor por Él de modo que me lleve a darle todo el honor y la gloria entonces necesito una corrección de rumbo. Yo recibiré el honor por causa de su nombre y luego lo reuniré todo en mis brazos y se lo daré a Él porque es muy digno. ¿Qué le trae a Dios al final del día?

PUNTO PARA MEDITAR

Yo estaba en necesidad de un Salvador y lo
encontré a Él: quien es digno de todo.

REFLEXIÓN PERSONAL

_____

_____

_____

_____

_____

VIVIR EN LA LUZ

*Nadie enciende una lámpara y luego la pone debajo
de una canasta. En cambio, la coloca en un lugar alto
donde ilumina a todos los que están en la casa.*
—MATEO 5:15, NTV

SIMPLEMENTE ES FASCINANTE para mí que Él disfrute que nosotros estemos *en la línea de fuego* cuando están siendo soltados gloria y honor. Afirma nuestra trascendencia eterna y destino. Y si cometemos el error de tomar ese honor para nosotros mismos, entonces ya hemos recibido nuestra recompensa en esta vida. El aspecto eterno ha sido removido. Lo que es invertido en la eternidad paga dividendos eternos.

Jesús añadió a este mandamiento al decir: "Así alumbre vuestra luz delante de los hombres, para que vean vuestras buenas obras, y glorifiquen a vuestro Padre que está en los cielos" (Mateo 5:16). Hay una manera en la que podemos resplandecer que hace que otros adoren a Dios y le den gloria. Fue en este contexto que Jesús nos enseñó que nuestra luz no debe estar escondida, sino puesta en un lugar abierto para que otros la vean. Otros son atraídos a Dios por nuestro brillo. ¿Ha notado en los Evangelios que el ministerio de Jesús era un ministerio bastante público? Él no trajo el Reino en secreto. ¿Cómo lo está llamando a usted para traer el Reino?

PUNTO PARA MEDITAR
*Viviré en la luz y tendré el denuedo de traer
el Reino de Dios a todos lados.*

REFLEXIÓN PERSONAL

_____

_____

CÓMO RESPLANDECER

Jehová te bendiga, y te guarde; Jehová haga resplandecer
su rostro sobre ti, y tenga de ti misericordia; Jehová
alce sobre ti su rostro, y ponga en ti paz.
—NÚMEROS 6:24-26

PARA APRENDER CÓMO resplandecer en respuesta al mandamiento de Dios en Isaías 60 debemos aprender cómo Dios resplandece. Lo representamos a Él. Al igual que Aarón y sus hijos debían liberar una bendición sobre los hijos de Israel, nosotros también debemos liberar su bendición hoy sobre los hijos de Dios.

Cuando Dios muestra su favor a la gente, nos está dando un modelo a seguir. Nos está enseñando como resplandecer. Mostrar favor a otros es una manera de seguir su ejemplo. Ser aceptados por Dios nos habilita para aceptar a otros, para demostrar una vez más que nos hemos convertido en una manifestación de la naturaleza del toque de Dios en nuestra vida. ¿Qué tan bueno es usted para aceptar a otros? ¿Algunas veces es difícil para usted? ¿Qué lo haría más fácil?

PUNTO PARA MEDITAR

Aceptaré y amaré a otros, así como soy aceptado y amado por Dios.

REFLEXIÓN PERSONAL

_____

_____

_____

_____

_____

_____

Día 346
LIBERE FAVOR DIVINO

Ninguna palabra corrompida salga de vuestra boca, sino la que sea buena para la necesaria edificación, a fin de dar gracia a los oyentes.
—EFESIOS 4:29

EL ROSTRO DE Dios resplandece sobre nosotros cuando suelta su favor y bendición en nuestra vida. Se nos ha dado el poder de soltar vida y muerte a través de nuestras palabras. En este lugar de responsabilidad debemos ser capaces de hablar palabras que animen según las necesidades que tenga la persona en ese momento. Pero la parte del versículo que me asombra más es que somos capaces de dar *gracia a los oyentes.* La gracia es favor divino. En un sentido somos corredores del favor de Dios. Es como si estuviera diciendo: *"A quiénes les muestren favor les mostraré favor".* Cada vez que usted anima a otro, suelta favor divino; quedan marcados para recibir atención de Dios a causa de sus palabras. ¡Eso es resplandecer! ¿Hasta qué grado es usted capaz de resplandecer y soltar el favor divino a otros? ¿Le trae gozo cuando lo hace?

PUNTO PARA MEDITAR
Estoy listo para animar más y soltar el favor de Dios a otros.

REFLEXIÓN PERSONAL

_____

_____

_____

_____

_____

_____

REGALE LA GRANJA

Den, y se les dará: se les echará en el regazo una medida
llena, apretada, sacudida y desbordante. Porque con la
medida que midan a otros, se les medirá a ustedes.
—Lucas 6:38, NVI

Se dice comúnmente que "usted no puede dar más que Dios". Y es cierto, Él se asegura de que recibamos principalmente según lo que hemos dado, pero no es solo porque Dios nos devuelve conforme lo que hemos dado, es porque Él cambia nuestra naturaleza cuando nos toca, hasta el punto en que, de hecho, produce lo mismo que damos. Eso no es para decir que algo de eso se origine en nosotros; todas las buenas dádivas provienen de Dios, punto. Pero lo que un hombre siembre, eso también cosechará. Algunos de nosotros somos demasiado inseguros como para sembrar honor; es casi como si pensáramos que nos hará falta si lo damos. No es así, todos los bienes celestiales incrementan cuando son soltados. Así es cómo funciona el Reino.

Si hemos recibido algo de Dios, resplandecemos cuando lo damos. Es el acto de soltar realidades internas y experiencias lo que nos ayuda a redefinir la naturaleza del mundo en que vivimos. Las realidades internas se convierten en realidades externas. Ese es el acto de resplandecer. Cuando usted suelta las realidades internas de Dios al mundo a su alrededor, ¿qué sucede?

Punto para meditar

Estoy creciendo en mi habilidad para dar a Jesús.

Reflexión personal

_____

_____

LAS RIQUEZAS DEL CIELO
...el reino de Dios está entre vosotros.
—Lucas 17:21

YO NO HAGO un cheque si no sé si tengo el dinero en el banco. Es el descubrimiento del tesoro que está en nosotros por medio de encontrar el rostro de Dios lo que nos habilita para escribir cheques que sean consistentes con lo que hay en su cuenta, no en la nuestra. Pedro le dijo al cojo: "No tengo plata ni oro, pero *lo que tengo te doy*" (Hechos 3:6, énfasis añadido) Entonces escribió un cheque que solo Dios podía respaldar. Esta es la manera en qué funciona el Reino. La cuenta bancaria de Dios siempre está llena. No hay escasez en el cielo. Usted no puede sobregirar a Dios. Él siempre lo tiene cubierto. ¿Tiende usted a escribir cheques pequeños en contra de la gran cuenta de Dios? Quizá sea tiempo de revisar su saldo.

PUNTO PARA MEDITAR
Aprenderé a escribir cheques más grandes para Dios porque las riquezas del cielo que están dentro de mí son sin medida.

REFLEXIÓN PERSONAL

_____

_____

_____

_____

_____

_____

_____

Día 349
EL REINO DENTRO DE NOSOTROS
Pero a cada uno de nosotros fue dada la gracia
conforme a la medida del don de Cristo.
—EFESIOS 4:7

EN CIERTO PUNTO, Jesús invitó a toda la humanidad a venir a Él a beber: "...Si alguno tiene sed, venga a mí y beba. El que cree en mí, como dice la Escritura, de su interior correrán ríos de agua viva" (Juan 7:37-38). La imagen dibujada por Jesús nuevamente es bastante extrema. ¡Si tomo un trago refrescante de Él, un río refrescante fluirá a través de mí! Un trago se convierte en un río. Hay un incremento exponencial en todo lo que Dios libera a nuestra vida cuando nosotros lo liberamos. Crece a través del uso. Las aguas refrescantes que salen a través de nosotros no disminuyen a medida que las damos. Lo opuesto es cierto. Nuestra capacidad de corazón para dar incrementa con el dar. Lo que al parecer es pequeño por fuera se vuelve eternamente trascendente una vez que está dentro: el Reino dentro de nosotros. Recibir gracia de Dios define el tipo de gracia que podemos distribuir. ¿Es usted un buen mayordomo: da continuamente conforme la medida que le ha sido dada? Si no, es probable que no conozca su medida. Pídale a Dios que le muestre.

PUNTO PARA MEDITAR
Cristo mora en mí sin medida. Por lo tanto, lo puedo dar sin medida.

REFLEXIÓN PERSONAL

_____

_____

_____

_____

Día 350
EL RÍO QUE NUNCA SE SECA

El que cree en mí, como dice la Escritura, de su interior
correrán ríos de agua viva. Esto dijo del Espíritu que habían
de recibir los que creyesen en él; pues aún no había venido el
Espíritu Santo, porque Jesús no había sido aún glorificado.
—JUAN 7:38-39

EL RÍO DEL que Jesús está hablando en Juan 7:37-38 es de hecho el Espíritu Santo mismo. Está dentro de nosotros como un río, no como un lago. No está meramente con nosotros para consolarnos y morar en nosotros. Está en nosotros para fluir a través nuestro para transformar la naturaleza del mundo a nuestro alrededor. Esto fue lo que le soltó Pedro al cojo en la puerta. Le dio lo que tenía. En su inventario de su herencia en Cristo descubrió un río que nunca se seca. Fluye a partir del templo de Dios haciéndose más profundo a medida que avanza y obra para cambiar el curso de la historia del mundo a través de nosotros. ¿Qué tiene de Jesús que usted suelta a las personas a su alrededor que están en necesidad? ¿Es su agua viva o algo más?

PUNTO PARA MEDITAR
¡Tengo este río de vida fluyendo a través de mí!

REFLEXIÓN PERSONAL

_____

_____

_____

_____

_____

Día 351
EL TIEMPO PERFECTO DE DIOS

Pues si vosotros, siendo malos, sabéis dar buenas dádivas
a vuestros hijos, ¿cuánto más vuestro Padre celestial
dará el Espíritu Santo a los que se lo pidan?
—Lucas 11:13

En cierto punto tenemos que creer en la trascendencia del toque de Dios en nuestra vida. Muchos se forman para oraciones de impartición, semana tras semana, esperando finalmente obtener algo poderoso. Es noble tener tal hambre como para viajar alrededor del mundo con el fin de recibir de grandes hombres y mujeres de Dios. Yo lo hago y creo en ello. Pero la frecuencia no debe de ser vinculada con la incredulidad de que Dios no ha soltado lo que le he pedido en encuentros previos. Para evitar que nos volvamos adictos a la impartición algunas veces coloca su mayor impartición en algo semejante a *una cápsula de liberación por tiempo*. Es una imagen extraña, pero es cierta. Hay momentos en los que Dios nos toca de una manera tan significativa que su efecto tiene que extenderse a lo largo del tiempo o podría distraernos de sus propósitos. Nuestra fe no puede depender meramente de lo que *sentimos* en la experiencia. Debe estar puesta en las promesas de Dios. ¿Cuánta fe tiene para estar parado firme en las promesas de Dios y esperar creyendo que su tiempo es perfecto?

Punto para meditar
Confío en que Dios me dará lo que sabe
que necesito cuando lo necesite.

Reflexión personal

_____

_____

SOLTAR EL REINO A TRAVÉS DE DECLARACIONES

Y aquel Verbo fue hecho carne, y habitó entre
nosotros (y vimos su gloria, gloria como del unigénito
del Padre), lleno de gracia y de verdad.
—JUAN 1:14

JESÚS ES LA Palabra de Dios hecha carne. Pero cuando habló la Palabra se volvió Espíritu. Y el Espíritu dio vida. Este pasaje revela una de las maneras en que el Espíritu de Dios es soltado en una situación: por medio de hacer una declaración. Cuando seguimos el ejemplo que Jesús nos dio y decimos solo lo que el Padre dice, nuestras palabras también se vuelven Espíritu. Es soltado en el ambiente a medida que hablamos. Este concepto es consistente con toda la Escritura: "El reino de Dios [...] es [...] en el Espíritu Santo" (Romanos 14:17). Cuando el Espíritu Santo es soltado en una situación el dominio del Rey se manifiesta. El Espíritu siempre obra para demostrar libertad, la cual es una señal de que el Rey está presente. Dios quiere que usted viva con una fe lo suficientemente valiente como para soltar su Reino a través de declaraciones de su Palabra. ¿Está usted viviendo actualmente con este tipo de fe valiente?

PUNTO PARA MEDITAR

Soltaré el Reino por medio declarar con denuedo su Palabra.

REFLEXIÓN PERSONAL

_____

_____

_____

$\mathcal{D}$ía 353
LIBERAR EL REINO A TRAVÉS DE ACTOS DE FE

Al oírlo Jesús, se maravilló, y dijo a los que le seguían: De cierto os digo, que ni aun en Israel he hallado tanta fe.
—Mateo 8:10

AY UNA MANERA de soltar el Espíritu por medio de actos de fe. La fe impresionaba a Jesús tanto que lo llevó a anunciar que ciertas historias de fe serían contadas por la eternidad dondequiera que su historia fuera contada. Al caer en cuenta de que la fe produjo milagros extraordinarios, y que los milagros sucedieron por la obra del Espíritu Santo, no es difícil ver cómo el Espíritu Santo es soltado a través de actos de fe. Un acto de fe es una acción que es evidencia de la fe que tiene la persona. He sido testigo de cómo algunas personas recibieron su sanidad hasta que intentaron hacer lo que antes era imposible para ellos. El milagro fue soltado en el acto. ¿Participa en actos de fe y ve lo imposible ser soltado? Si no, ¿qué lo está deteniendo?

PUNTO PARA MEDITAR

Una gran fe produce un gran fruto. Por lo tanto, buscaré mayores medidas de fe.

REFLEXIÓN PERSONAL

_____

_____

_____

_____

_____

Día 354
SOLTAR EL REINO POR MEDIO
DE NUESTRAS MANOS

…sobre los enfermos pondrán sus manos, y sanarán.
—MARCOS 16:18

ALGUNAS VECES EL Espíritu de Dios es soltado a través de un toque; más específicamente de la imposición de manos. El poder de Dios mora dentro de una persona. Imponer las manos sobre alguien que está enfermo suelta el poder de Dios para destruir la aflicción. Si es un lugar apropiado dónde poner mi mano toco el lugar donde se encuentra la lesión o la enfermedad. He sentido tumores desaparecer bajo mis manos. Una mujer tenía un tumor en su abdomen que era tan grande como si tuviera seis meses de embarazo. Puse mis manos sobre su abdomen y el tumor desapareció. Como Jesús estableció esta manera de orar, yo lo seguiré. ¿Está listo para seguir el ejemplo de Jesús e imponer manos sobre los enfermos cuando ora por sanidad?

PUNTO PARA MEDITAR

Creo en la imposición de manos para sanidad de los enfermos.

REFLEXIÓN PERSONAL

_____

_____

_____

_____

_____

_____

Día 355
LIBERAR EL REINO A TRAVÉS DE ACTOS PROFÉTICOS

El varón de Dios preguntó: ¿Dónde cayó? Y él le mostró el lugar.
Entonces cortó él un palo, y lo echó allí; e hizo flotar el hierro.
—2 Reyes 6:6

PROBABLEMENTE LA MANERA más inusual para soltar el Espíritu de Dios es a través de un acto profético. Es cuando se realiza una acción en lo natural que no tiene nada que ver con el milagro que se necesita. El profeta arrojó un palo al agua porque había caído la cabeza de un hacha prestada al fondo del río. La cabeza del hacha flotó a la superficie y fue recuperada. No existe una ley natural que diga que los palos en el agua hagan flotar el hierro. Sin embargo, cuando es un acto dirigido por Dios siempre suelta el Espíritu de Dios para lograr sus propósitos. Esta manifestación en particular es especialmente importante para los que solo quieren hacer lo que entienden. A Dios le encanta abordar esta debilidad en nosotros. ¿Qué tan cómodo se siente de operar en la sabiduría divina de un acto profético o en cualquier otro acto que no comprende completamente? ¿Qué le daría más confianza para soltar el Reino de esta manera?

PUNTO PARA MEDITAR
Prosigo por mayor fe para operar en actos proféticos.

REFLEXIÓN PERSONAL

_____

_____

_____

DAR LO QUE TIENE

Y la paz de Dios, que sobrepasa todo entendimiento, guardará
vuestros corazones y vuestros pensamientos en Cristo Jesús.
—FILIPENSES 4:7

JESÚS DORMÍA EN la barca durante una tormenta letal. Algunos dicen que era porque estaba exhausto. Pero yo no lo creo. El mundo en el que Él moraba no tenía tormentas. Pablo más tarde le puso palabras al ejemplo de Jesús diciendo que vivimos en "lugares celestiales en Cristo" (Efesios 1:3). Jesús vivió del cielo a la Tierra. Esa es la naturaleza de la fe. Cuando llegó el momento de detener la tormenta lo hizo por medio de soltar paz. La tenía para dar. Cómo su paz era auténtica, y verdaderamente moraba en Él, pudo soltarla sobre la tormenta. Y la tormenta no fue rival. Al igual que Jesús, tenemos autoridad sobre cualquier tormenta en medio de la cual podamos dormir.

A través de la declaración su realidad interna se convirtió en su realidad externa. La paz que lo estaba gobernando pronto se convirtió en lo que fue soltado para gobernar a su alrededor. Esa es la naturaleza de la vida cristiana. Damos lo que tenemos, y al hacerlo, el mundo a nuestro alrededor se ajusta a ello. El suyo es un Reino superior en el cual se nos ha dado mucho. ¿Qué está dando usted?

PUNTO PARA MEDITAR

Cuando recibo paz de Aquel que es paz, se
me vuelve disponible para repartirla.

REFLEXIÓN PERSONAL

_____

_____

$\mathcal{D}$ía 357
LA GLORIA DE DIOS SE HACE MANIFIESTA

Porque he aquí que tinieblas cubrirán la tierra, y oscuridad las naciones; mas sobre ti amanecerá Jehová, y sobre ti será vista su gloria. Y andarán las naciones a tu luz, y los reyes al resplandor de tu nacimiento.
—Isaías 60:2-3

LA PARTE MARAVILLOSA de resplandecer para Dios es que Él lo respalda. Él literalmente resplandece a través de nosotros cuando nuestra gloria es usada para Él y nuestros esfuerzos son rendidos para sus propósitos. Este es el papel de colaborar con Cristo. Cuando lea su Biblia hoy también lea Isaías 60:1-5. Observe que la gloria de Dios es soltada como su marca final sobre un pueblo que resplandece cómo Él les ha asignado.

Ahí yace el desafío: se nos ordena que nos levantemos y resplandezcamos en medio de una oscuridad profunda y depresiva que cubre a todos a nuestro alrededor. Dios responde a nuestra obediencia por medio de soltar su gloria. ¡El que resplandezcamos atrae su gloria! Y es la liberación de su gloria lo que trae la mayor transformación en las vidas, ciudades y naciones. No solo debemos brillar para Dios. Somos llamados a resplandecer de una manera brillante. ¿Está escondiendo su luz bajo una canasta o brilla lo suficiente como para atraer su gloria?

DECLARACIÓN
Resplandeceré con la brillantez de Aquel que vive dentro de mí.

REFLEXIÓN PERSONAL

_____

_____

Día 358
AQUELLO

...sobre ti será vista su gloria...
—Isaías 60:2

A TRAVÉS DE ESTA promesa profética en Isaías, Dios brinda instrucción específica con respecto a nuestro acercamiento a la vida, y qué tipo de resultados está buscando por medio de ese acercamiento. Debemos vivir de una manera intencional conociendo el tipo de impacto qué debemos tener incluso antes de que nosotros mismos lo veamos. Las ramificaciones de esta palabra profética van más allá de la mayoría de nuestras esperanzas sueños y visiones. Isaías declaró que naciones enteras y sus líderes serían transformados. Y entonces veríamos las riquezas de las naciones soltadas a la Iglesia para cumplir los propósitos del Reino. Pero todo el fruto y avance provisto en estas promesas están conectados con una cosa: la presencia manifiesta de Dios sobre su pueblo. Es la manifestación de su gloria. Dios tiene el propósito de que vivamos de manera intencional completamente conscientes del impacto que puede tener su gloria a través de nosotros en el mundo. Con ese fin, ¿qué tan intencional es su vida a la luz de su gran gloria?

DECLARACIÓN

Viviré con una conciencia intencional de la presencia manifiesta de la gloria de Dios sobre mí.

REFLEXIÓN PERSONAL

_____

_____

_____

_____

EL REINO ESTÁ ENTRE
NOSOTROS PARA ESTE TIEMPO

Sin embargo, el Altísimo no habita en casas construidas
por manos humanas. Como dice el profeta: "El cielo es mi
trono, y la tierra, el estrado de mis pies. ¿Qué clase de casa me
construirán —dice el Señor—. ¿O qué lugar de descanso?".
—HECHOS, 7:48-49, NVI

CADA UNA DE las casas de Dios en la Biblia fueron construidas por manos humanas. Dios siempre ayudó por medio de dar las instrucciones sobre cómo se debería construir, pero Dios mismo está, de hecho, edificando a la Iglesia como su lugar de morada eterna. Si llenó las casas que Él no edificó con su gloria, cuánto más llenará la que está edificando. No está bien colocar ese evento en el futuro después de que Jesús regrese. Tiene que ser ahora. ¿Cómo sabemos que eso es para ahora? Porque la Escritura dice que sucederá cuando haya oscuridad profunda sobre el pueblo. Describe un tiempo como este. Además, la liberación de su gloria es prometida a los que tienen la capacidad de resplandecer con un propósito divino. Nosotros somos ese pueblo y Jesucristo, nuestra luz, ha venido. Jesús vino en la carne para que pudiéramos ser más que vencedores por medio de Él. ¿Puede el Señor contarlo entre los que se levantarán y resplandecerán con su propósito divino en un mundo oscuro?

DECLARACIÓN

Soy una casa hecha no por manos humanas
en la que el Señor mismo vive.

REFLEXIÓN PERSONAL

Día 360

UN PACTO SUPERIOR

*Pero ahora a Jesús, nuestro Sumo Sacerdote, se le ha
dado un ministerio que es muy superior al sacerdocio
antiguo porque él es mediador a nuestro favor de un
mejor pacto con Dios basado en promesas mejores.*
—Hebreos 8:6, NTV

SI USTED HA invertido tiempo en el Antiguo Testamento, probablemente esté familiarizado con la manera tan dramática en que Dios mostró su presencia en las casas que los hombres le construyeron. Estudiar estos eventos debería ayudarlo a poner en un contexto todavía mejor para usted la promesa de Dios de llenar a su Iglesia. Debemos recordar que los pactos inferiores no pueden brindar bendiciones superiores. Por ejemplo, ya que se encuentra en la Escritura a menudo damos por sentadas las cosas que fueron soltadas a Israel en el desierto camino a la Tierra Prometida, no solo los milagros de provisión y las victorias en batalla, sino también la presencia permanente de Dios en la nube y el fuego. No habían nacido de nuevo, estaban viviendo en rebelión y aún así, Dios era visto entre ellos. Todo eso sucedió bajo un pacto inferior. Necesitamos considerar estas cosas y preguntar: "Si Él hizo eso por ellos, ¿cuánto más hará por nosotros?". ¿Bajo qué pacto está viviendo, un pacto de obras o el pacto de gracia que Jesús le ha dado?

DECLARACIÓN

Estoy viviendo bajo el pacto superior que Jesucristo me ha dado.

REFLEXIÓN PERSONAL

_____

_____

Día 361
VER EN UN ESPEJO

Por tanto, nosotros todos, mirando a cara descubierta como en
un espejo la gloria del Señor, somos transformados de gloria en
gloria en la misma imagen, como por el Espíritu del Señor.
—2 Corintios 3:17-18

LA GLORIA DE Dios debería ser vista sobre su pueblo. Para mí hace poca diferencia si es una manifestación física vista por el ojo natural o si es algo que las personas perciben a través de los ojos de su corazón.

Hay una lección inusual que se encuentra en el tercer capítulo de 2 Corintios. El apóstol Pablo habla acerca de la experiencia de Moisés con la gloria de Dios y cómo Israel insistió en que se pusiera un velo sobre su rostro porque la gloria los asustaba. Pablo entonces dice: "…el cual por Cristo es quitado" (2 Corintios 3:14). Eso significa que lo que había estado escondido bajo el velo ahora está disponible para que todos lo vean. El elemento de temor con el cual Israel batalló ha sido removido porque el Espíritu de Cristo ha venido para hacernos libres. ¿En qué espíritu camina; en un espíritu de temor o en el Espíritu de libertad?

DECLARACIÓN

Ando en el Espíritu de libertad de Dios con
su gloria reposando sobre mí.

REFLEXIÓN PERSONAL

_____

_____

_____

_____

Día 362
SU NOVIA SIN MANCHA

A fin de presentársela a sí mismo, una iglesia
gloriosa, que no tuviese mancha ni arruga ni cosa
semejante, sino que fuese santa y sin mancha.
—Efesios 5:27

¡LA LIBERTAD QUE el Espíritu Santo trae nos libera para contemplar la gloria! Y, extrañamente, esa gloria es vista como si nos estuviéramos viendo en un espejo. En otras palabras, así es como nos vemos. Ese ha sido el trabajo del Espíritu Santo: hacernos gloriosos. Jesús volverá por una novia cuyo cuerpo esté en igual proporción a su cabeza. El mandamiento de *levantarnos y resplandecer* es el proceso por medio del cual somos capaces de entrar a la realidad de quienes dice Dios que ya somos. Usted fue creado para levantarse y resplandecer. En Jesús lo viejo se ha ido, lo nuevo ha venido. ¿Dónde se encuentra en el proceso de entrar a la realidad de quién Dios dice que usted ya es?

DECLARACIÓN

Estoy siendo transformado de gloria en gloria,
llamado a levantarme y resplandecer.

REFLEXIÓN PERSONAL

_____

_____

_____

_____

_____

Día 363
REDESCUBRIR NUESTRO MENSAJE

Y, así como hemos llevado la imagen de aquel hombre
terrenal, llevaremos también la imagen del celestial.
—1 Corintios 15:49, NVI

PUEDO AMENAZAR A la gente con el infierno y tener cierta medida de avance para obtener convertidos. El infierno es real y no debe ser ignorado. Pero no es el plan A, es el plan B. El plan A es: "...su benignidad te guía al arrepentimiento" (Romanos 2:4). Esta verdad debe afectar nuestra actitud. Cuando este concepto afecta nuestro acercamiento a la humanidad es mucho más probable que utilicemos nuestro favor para servirlos de una manera eficaz, lo cual representa mejor la vida en el Reino.

Estamos entrando en un período en el que veremos más y más personas venir a Cristo a causa de su rostro brillando sobre el pueblo de Dios. Algunas veces será su poder el cual se manifestará a través de nosotros y en otras ocasiones será su amor incondicional con obras de misericordia. Pero su rostro será visto, como debe ser. ¿A quién quiere que miren los demás cuando lo vean a usted?

DECLARACIÓN
Cuando otros me miren, quiero que vean a Jesús.

REFLEXIÓN PERSONAL

_____

_____

_____

_____

_____

Día 364
DESHECHO EN SU PRESENCIA

Así alumbre vuestra luz delante de los hombres, para
que vean vuestras buenas obras, y glorifiquen
a vuestro Padre que está en los cielos.
—Mateo 5:16

El rostro de Dios será encontrado una y otra vez. Está brillando sobre la Iglesia en este momento. Es tiempo de verlo y de que crezca, porque cambia nuestra capacidad de representarlo en este mundo así cómo cambia la naturaleza de quiénes somos. Tendemos a manifestar su semejanza en una medida igual a lo profundos que han sido nuestros encuentros con Él.

Un temor de Dios está a punto de venir sobre la Iglesia. Lo hemos experimentado en ocasiones a causa de las pruebas y la disciplina. Pero hay algo que está a punto de venir sobre el pueblo de Dios que proviene de una revelación de su benignidad. Este tipo de bendición no promueve la arrogancia. Al contrario, hay un sentir tan abrumador de su bondad que quedamos desechos. Nos convertiremos en un grupo de personas temblorosas porque conscientemente viviremos mucho más allá de lo que merecemos. Dios quiere que usted quede desecho en su presencia para entender plenamente su bondad y su benignidad porque su luz resplandecerá con mayor fuerza cuando esté totalmente abrumado por el resplandor de su presencia. ¿Está hambriento por un encuentro tan magnífico? Él tiene hambre de usted.

Declaración

Al Padre le ha placido darnos el Reino (Lucas 12:32). ¡Yo lo recibo!

Reflexión personal

_____

_____

Día 365
UNA IGLESIA CON AUTORIDAD

Porque nadie puede poner otro fundamento que
el que está puesto, el cual es Jesucristo.
—1 Corintios 3:11

La revelación de la benignidad de Dios no significa que se terminarán nuestros problemas actuales y que el conflicto se acabará. Simplemente significa que por primera vez en la historia esos problemas consistentemente se rendirán a una Iglesia con autoridad. Es el contraste del que se habla en Isaías 60 cuando dice: las tinieblas cubren la Tierra, pero su gloria está sobre su pueblo. Esa comprensión nos provocará temer a Dios de una manera que finalmente estimulará a las naciones a nuestro alrededor a venir a Cristo. Nos convertiremos en "una ciudad asentada sobre un monte" (Mateo 5:14). Hay una esfera de la bendición en Dios que todavía no ha sido experimentada. Y el propósito de Dios es soltarla sobre su pueblo antes de que venga el fin. Esta bendición nos habilita para funcionar más como corredores de este mundo que como mendigos de su invasión. ¿Está listo para recibir lo que el Señor va a soltar sobre la Iglesia? ¿Está listo para caminar por la senda del justo, para resplandecer con más y más fuerza hasta el mediodía para convertirse en la representación visible de Cristo en la Tierra? ¡El Espíritu y la novia dicen ven!

DECLARACIÓN

Soy una ciudad asentada sobre un monte, lista para recibir la
bendición de Dios y vivir con la autoridad del cielo en la Tierra.

REFLEXIÓN PERSONAL

_____

_____

CONCLUSIÓN

[L Salmo 67 captura la imagen profética del corazón de Dios para su pueblo como el método que Él quiere que usemos para alcanzar a las naciones. Podemos ser preparados por su Espíritu a través de encuentros divinos con el fin de estar cualificados para llevar tal responsabilidad. El rostro de su favor está disponible para los que están desesperados. Anhela que seamos capaces de llevar su semejanza a cualquier ambiente. Su bendición sobre nosotros traerá el temor de Dios de vuelta las naciones. Convirtámonos en candidatos para este mandato por medio de abrazar la búsqueda de encuentros cara a cara con Dios. Este es el momento.

> Dios tenga misericordia de nosotros, y nos bendiga;
> Haga resplandecer su rostro sobre nosotros; *Selah*
> Para que sea conocido en la tierra tu camino,
> En todas las naciones tu salvación.
> Te alaben los pueblos, oh Dios;
> Todos los pueblos te alaben.
> Alégrense y gócense las naciones,
> Porque juzgarás los pueblos con equidad,
> Y pastorearás las naciones en la tierra. *Selah*
> Te alaben los pueblos, oh Dios;
> Todos los pueblos te alaben.
> La tierra dará su fruto;
> Nos bendecirá Dios, el Dios nuestro.
> Bendíganos Dios,
> Y témanlo todos los términos de la tierra.

—Salmos 67:1-7

NOTAS

NOTAS

NOTAS

NOTAS

NOTAS

NOTAS

NOTAS

NOTAS